《晶报》浮沉录
近代上海的小报江湖与社会变迁

李时新 著

复旦大学出版社

目 录

绪论………1

第一章 上海社会与《晶报》的创办………29
 第一节 上海的政治、娱乐和商业环境………30
  一、上海租界的政治经济环境………30
  二、上海租界的人口状况………32
  三、上海租界的娱乐业………34
  四、上海租界社会的商业化………37
 第二节 《晶报》的创办与编撰群体………40
  一、脱胎于《神州日报》的《晶报》………40
  二、《晶报》编撰群体的建构………48

第二章 文人与市场：《晶报》的内容生产………61
 第一节 文人的文化习性与《晶报》的内容格调………62
  一、《晶报》早期的栏目结构和特点………63
  二、"大杂烩"：《晶报》的内容特色………70
 第二节 打趣与逢迎：《晶报》的趣味主义………79
  一、《晶报》趣味性的形成………80

二、《晶报》趣味性的生产……83
第三节 《晶报》版面编排的差异化……106
一、早期上海小报编排方式的演进……107
二、《晶报》对传统编排方式的沿袭与突破……108

第三章 "敢骂"和"敢言"：《晶报》的社会批评与监督……114

第一节 《晶报》"敢骂"和"敢言"之表现……116
一、"敢骂"……116
二、"敢言"……120
第二节 《晶报》"敢骂"和"敢言"精神探源……123
一、《晶报》所处的租界环境……124
二、《晶报》的市场定位……126

第四章 《晶报》的经营策略……130

第一节 《晶报》经营基础的创建……132
一、自建印刷所，自办发行……132
二、重视报纸商标和版权……139
三、延揽律师，寻求法律保护……144
第二节 《晶报》的沟通策略……146
一、刊登广告，制造声势……147
二、周年纪念，扩大影响……150
三、借势造势，塑造形象……156
第三节 《晶报》的发行策略……157

一、《晶报》的发行状况………158

　　二、《晶报》的营销手段………164

第四节　《晶报》的广告策略………180

　　一、广告招揽………180

　　二、广告设计………183

第五章　守成心态与上海战事：《晶报》的颓势与危机
………189

第一节　《晶报》"敢骂"和"敢言"精神的消减………190

　　一、《晶报》"敢骂"和"敢言"锋芒的钝化………191

　　二、《晶报》"敢骂"和"敢言"精神消减探因………196

第二节　《晶报》编撰优势的丧失………214

　　一、《晶报》撰稿人的离散………215

　　二、《晶报》撰稿人的日常生活和境遇………218

第三节　《晶报》对小报革新的漠然………225

　　一、上海小报面临的危机………226

　　二、小报革新与《晶报》的守成心态………230

第四节　《晶报》经营状况的恶化………238

　　一、经济和战争因素对《晶报》的冲击………238

　　二、《晶报》的苦闷迷茫与提前休刊………244

第六章　从文人到报人：《晶报》的"大报化"转向与困局
………251

第一节　"小报大报化"与"新闻趣味化"………252

一、"两化"办报方针的提出与实践………253
　　二、"两化"办报方针的推进与退缩………261
第二节　《晶报》的自救与困境………267
　　一、扩大销量和征求广告………268
　　二、经济形势恶化与《晶报》再陷困境………271
第三节　《晶报》的运营与色情文字………274
　　一、江南士风对上海社会风气的熏染………276
　　二、《晶报》色情文字的流播………278

结语………290

附录　《晶报》大事记………316

参考文献………321

后记………334

绪　论

一、研究缘起与价值

在中国近代新闻史研究领域，对于党派报纸和民营大报的研究已经非常突出，如维新派的报刊、革命派的报刊、中共的报刊、国民党的报刊以及民间创办的报刊等。在这些研究成果中，不仅有丰富的专题研究和个案研究，而且在通史、断代史中都有较为详细的介绍和阐述。但对于同样属于民营商业性报纸的上海小报的关注只是近年来的事。上海最早的小报是由李伯元于1897年6月创办的《游戏报》，最后一张小报是1952年11月停刊的《亦报》，在半个多世纪的时间里，上海先后出现过一千多种小报。这些小报在上海市民的日常生活和历次社会变革中都不同程度地发挥了自己的作用。在这些小报中，《晶报》是一张颇具特色、办得较成功的报纸。它在20世纪20年代掀起了创办三日刊小报的热潮，发行长期居于小报之首，其内容结构、版面编排、行文风格都为其他小报所仿效。

《晶报》由余大雄于1919年3月创办。余大雄曾经留学日本，在留学期间担任《神州日报》的东西文译务，兼撰时论。回国后应钱芥尘之约，担任《神州日报》协理。1918年钱芥尘因病将《神州日报》托付于余大雄，余大雄翌年便创办《晶报》。《神州日报》依然不见起色,而《晶报》却日见红火,成功地以"子报"养活"母报"。余大雄主持《神州日报》近十年,殚精竭虑,最后在1927年1月将《神州日报》托付给蒋光堂,自己专心致志经营《晶报》,《晶报》结束了"附庸"身份,脱离"母报"而独立。

《晶报》存在了21年,在旋办旋停、朝办夕停的小报中,是寿命较长的报纸。受复杂多变的环境的影响,先后由余大雄(1919年3月至1937年12月)、钱芥尘(1938年1月至1939年2月)和美商A. L. 特奥多罗(A. L. Teodoro)(1939年4月至1940年4月)担任《晶报》的主持人。30年代是《晶报》命运多舛的时期,在这十年时间里,《晶报》前后经历五次停刊或休刊。

《晶报》在创办之初以刊登文艺作品为主,但都具有较强的现实针对性,可说是"新闻视角,文学笔法"。之后开始拓展内容范围,增加社会新闻、时政新闻、时事评论、生活知识等内容,由"文艺定期日刊"向"社会定期日刊"转化,成为一张综合性(《晶报》所谓"大杂烩")的小报。在国民党执政时期,除了继续登载休闲性文字,《晶报》还报道了国民党政府开展的各项建设活动,就经济、社会、民生和市政建设等问题向国民政府和租界当局建言献策,显示出其"严肃"的一面。1930年代前期,面对日本的入侵,《晶报》刊登了不少评论文章,旗帜鲜明地宣传抗战。1938年,受租界当局的新闻检查影响,《晶报》结束了十多年的言论历史,同时大量刊载战事新闻、国内新闻、本地新闻,不断扩展小品文字(如"政海秘闻""社会珍屑""舞国佳话""肉市杂谭""茶室风光""学府新语"等专栏),并辟设了休闲性副刊。1940年,受经济等因素的影响,《晶报》只剩下小品文字和副刊了。但不管内容如何变迁,追求娱乐性和趣味性一直是《晶报》的重要特点。

《晶报》是一张娱乐消遣性小报,娱乐业是其关注的重要领域,从伶界(戏剧界)、娼界到歌舞界、电影界等,娱乐项目不管怎样花样翻新,都会成为《晶报》报道和评说的话题,特别是它对伶界和妓界的兴趣从未间断。花稿(或曰色情文字)几乎伴随《晶报》的整个历史,只是数量有多有少、描写尺度收敛或直露罢了。这正是人们简单地称《晶报》无聊、庸俗的主要原因。

《晶报》常常以戏谑之笔毫无惧色地讽刺北洋军阀以及各种社会丑恶现象,后又以稳健的姿态批评和嘲讽国民党政府的腐败行为,《晶报》因此赢得"敢骂"的名号。

本书以《晶报》为核心,探讨《晶报》的生命史以及与上海社会的关系,亦即,一方面上海的文化和商业环境为《晶报》准备了生成和成长的条件,另一方面《晶报》追踪读者的口味,提供趣味驳杂的文化产品,丰富了上海都市文化。同时,再现《晶报》文人的日常生活和工作状态,如他们的癖好、交往、同事关系、饮食、病痛、死亡等。

具体而言,包括如下方面:

(1)《晶报》是晚清小报与民国小报的连缀点,为什么《晶报》能够领风气之先,以三日刊盛极一时?《晶报》的内容特色是"大杂烩"、趣味性以及"敢骂"和"敢言"风格,这些特色是如何产生的?为什么能够受到读者的青睐?

(2)《晶报》创办于社会相对发达的上海租界,那么上海租界的社会环境又怎样塑造了《晶报》的基本特征(比如商业性、娱乐性)?随着社会环境的变迁,这些基本特征又发生怎样的变化?

(3)像许多小报报人一样,《晶报》报人也是玩世不恭、狂狷不羁的。但随着国民政府的成立和上海社会商业化程度的加深,他们的行止都发生了变化,"遁世"变成了"入世",发挥才情变成了鬻文谋食,那么,这些报人到底经历了怎样的心路历程?

可以说,《晶报》以其覆盖20世纪二三十年代的历史而成为上海小报的样本之一。通过对《晶报》的研究,可以了解《晶报》与上海社会、上海都市文化之间的关系,勾画同一时期上海小报的大致轮廓,也打破后人对小报的成见和简单化看法,即并非所有小报都是黄色的,并非小报始终是黄色的。

二、研究现状

小报长期以来被认为是一种低级趣味的报纸,这既是当时社会的普遍看法,也是学界的一般认识。当时的读报人根据自己有限的读报体验和道听途说得出了这个结论,而后人则通过前人经验范围内的回忆和零星的研究成果获得了这个印象。这都有一定的主观性和片面性。其实无论是小报群体还是小报个体本身都是复杂斑驳、动态变化的。小报像一个多棱镜,转动一个角度,就能折射出不同的光芒,不是一个简单的"好"或者"不好"可以定论的。也正因为世人对小报有很多的负面看法,小报研究一直都被排除在人们的学术视野之外。可喜的是,近年来人们慢慢认识到小报不同于大报的价值,小报研究已成温热趋势。相关资料统计显示,从2000年开始,关于小报的研究成果总体保持着持续增长的势头,不像前期那样数量少而且时有断层了。自2005年后,关于小报的研究专著陆续出现,如孟兆臣的《中国近代小报史》(2005)和《中国近代小报小说研究》(2020)、李楠的《晚清、民国时期上海小报研究——一种综合的文化、文学考察》(2005)、洪煜的《近代上海小报与市民文化研究(1897—1937)》(2007)、何宏玲的《晚清上海文艺报纸与近代文学变革》(2016)。这些专著吸收了前人的研究成果,从不同的视角(如文学、市民文化等)进行了开掘,为小报研究做出了重要贡献。这里基于研究取向的考虑,主要从新闻传播史的角度对以往的研究成果进行梳理和评述,总共包括两个部分:一是关于上海小报的研究综述,这可以为我们深入了解《晶报》提供一个全景式的背景;一是关于本研究主题《晶报》的研究综述。

(一) 上海小报研究综述

1. 小报的定义和特点

什么是小报一直是一个争论不休、莫衷一是的问题。我国新闻史学家戈公振从外形和篇幅两个方面指出:"与大报副张颉颃者有小报,以其篇幅小故名。"[①] 赵君豪则从内容上提出小报"无非描写社会间有趣味之事件,以供各级人士之消遣。三十余年前之初期小报,一味致力于风月,似无价值可言"[②]。1934年南京专电发布《中宣会解释取缔小报标准》,对小报作了解释:"所称小报,系指内容简陋、篇幅短小,专载琐闻碎事(如时人逸事、游戏小品之类)而无国内外重要电讯记载之类报纸而言。"[③]

秦绍德认为,小报是一种篇幅小、刊载趣味性消遣性内容(包括新闻、轶事、随笔小说、文艺小说等)为主的报纸。[④]

孟兆臣则采众家之言,对小报的外形、性质、内容等予以综合描述:"小报是相对大报而言的,首先在开张上小报是四开,或八开,或小于八开,比大报小。更重要的是内容上与大报不同,

---

① 戈公振:《中国报学史》,商务印书馆,1935年,第262页。
② 赵君豪:《中国近代之报业》,商务印书馆,1940年,第101页。
③ 《中宣会解释取缔小报标准》,载《申报》1934年1月16日第八版。
④ 秦绍德:《上海近代报刊史论》(增订版),复旦大学出版社,2014年,第131页。

大报以有关国家大计的新闻为主,而小报则以消闲娱乐为主,有小说、小品、漫画、新旧体诗、街巷琐事、名人轶事、花伶艳闻、影舞动态、地方掌故、生活常识,总之是容易引起人们兴趣的事和人。小报的笔调也与大报不同,大报严肃、客观,小报则诙谐风趣,机智灵活。"① "总之,小报是一种供城市市民消遣的休闲娱乐报纸。"②

吴福辉认为符合以下一些条件才能称之为小报:小开张,一般是四开或八开;性质是消闲的、游戏的;读者对象偏于中下层市民,如职员、店员、一般知识者、粗通文字的工人。③

以上观点从不同方面指出了小报与众不同的地方,抓住了小报的特点,因此,开本小、篇幅短、贴近一般市民日常生活、以消闲娱乐为主旨,应是小报的基本元素。

2. 小报的产生

对于小报的产生,人们各有自己的看法,如果将这些看法综合起来,可以完整地勾勒出小报的渊源。徐铸成对小报产生的背景提出了自己的观点:中国最早的一批近代报纸除了刊载一些新闻,还编发当时一些斗方名士的诗词、联句、诗钟、谜语等,这就是早期的副刊。"五四"以后,副刊内容出现明显分化,一部分探讨新问题,介绍新思潮,刊载新文艺,而一部分依然以小说、游戏笔墨为主,供人消遣,甚至以荒诞黄色小说相号召,吹捧权力者,影射攻击进步人士。而小市民又总爱听人们的丑闻。④

---

① 孟兆臣:《论中国近代小报的研究价值》,载《社会科学战线》2006年第5期。
② 同上。
③ 吴福辉:《海派文学与现代媒体:先锋杂志、通俗画刊及小报》,载《东方论坛》2005年第3期。
④ 徐铸成:《报海旧闻》(修订版),上海三联书店,2022年,第73页。

也就是说，小报是导源于报纸副刊，为适应市民的阅读需求而产生的。

秦绍德也持有类似的看法，他认为小报孕育于大报的母腹之中。近代上海报纸自诞生起，就一直刊载文人雅士的诗词小品。《申报》因为来稿甚多，专创月刊以发表这些文艺作品。这种情况可以说是后来小报和报纸副刊产生的基础，或者说，大报上诗词小品一类文字已隐含着小报和报纸副刊的影子。从时代背景看，一些中下层知识分子因朝廷的昏庸而感到报国无门，由激愤变为颓唐，希冀用辛辣玩世的文字，起到劝惩醒世的作用，于是就有小报的问世。当然也有十里洋场市民文化生活的需要。①

俞月亭认为，戊戌变法前后，统治者昏愦无知，钳制舆论。士大夫中一部分受西方资产阶级思想影响的人，以积极的态度，提出创办报纸，鼓吹变法维新。另一部分人对腐败的朝政感到失望，又苦于回天乏力，走向消极遁世的一面，寄情声色，也办起一批报纸，专登吟风弄月的诗词、歌台舞榭的艳事以及道听途说的奇闻逸事。②

与有人把小报的面世归因于中文大报副刊不同，祝均宙认为，以《游戏报》为代表的第一批小报是在西方文化的直接影响下创立的，而20世纪二三十年代的一些小报以"洋名报"的面目问世，也表现了外来文化的影响。他还从政治、文化背景和报人心态三个方面探究了产生这种现象的深层原因。③ 应该说，这

---

① 秦绍德：《上海近代报刊史论》（增订版），复旦大学出版社，2014年，第131—132页。
② 俞月亭：《小报史话》，载《中国记者》1989年第7期。
③ 祝均宙：《上海小报三题》，载《新闻大学》1998年冬季号。

个观点为我们研究小报缘起提供了新的视角。

何宏玲认为小报的诞生与上海近代都市化的娱乐业发展有密切的渊源关系。小报立足于五方杂处的十里洋场,在歌台舞榭、戏馆茶楼、里巷市衢中采撷素材,其描写的触角延伸至社会的各个层面,将里巷趣事、街谈琐语详加描述。①

梳理以上观点,可以看出,早期报纸的副刊性文字已经蕴含了以文艺作品为主要内容的小报的因素,也就是说,以报纸的形式登载文艺作品对早期小报报人寻找针砭时弊、宣泄个人情感的通道具有启发意义。而对社会现实的不满、劝诫世人和施展个人才情的冲动,则使小报的诞生呼之欲出。早期报人在外国人所办的文化机构的工作经历使其了解到报纸的功能和工作流程,为其创办小报提供了可贵的参照。

3. 小报、小型报与大报的差异

先有大报,后有小报;先有"小报"之称,后有"小型报"之说。无论是报人还是研究者都对这三者的关系进行了比较、辨析。俞月亭认为,小型报最大的特点是以报道时事和发表评论为主要任务,坚持严肃的办报态度。小型报在内容上是浓缩的大报,在编辑方法上以简明扼要为原则,每条新闻反复琢磨,同时吸收小报的综合编辑方法,在排版、标题方面也吸收小报简明、生动、美观的特点。总之,小型报既吸收了大报严肃的办报作风和注重时事报道的一面,又吸收小报版式小、编辑方法生动活泼的一面,成为独树一帜的新型报纸。②

秦绍德也表达了类似的观点。他认为,小型报是介于大报

---

① 何宏玲:《晚清上海小报与近代小说关系初探》,载《江淮论坛》2006年第1期。
② 俞月亭:《小报史话》,载《中国记者》1989年第7期。

和小报之间的一个品种,集中了两者的优点,是"大报的缩影"。小型报与大报一样以新闻报道和评论文学为主要内容。但小型报对新闻取精编的办法,文字短小精悍,生动活泼,办众多副刊刊登广泛有趣味的文章,这又受小报的影响。①

台湾学者赖光临认为小报与小型报不同,两者虽纸张大小一样,但意义内容有别。小报(mosquito paper)不重视言论,不竞争新闻;而小型报(tabloid)是大报的精华,工作重心放在改写与精编,并广用图片,在质上求与大报争胜。至于储备人才,布置新闻网,也不比进步完善的大报减色。②

如果综合以上三者的观点,那么小报和小型报之间的差异就很明显了。但笔者宁愿把小型报的出现看作小报编辑方针变革的一个表征(尽管并非所有的小报都有变革)。自从成舍我创办《立报》之后就自称《立报》为小型报,以与那些格调低下、社会形象差的小报拉开距离,但追求趣味性仍然是《立报》的一个重要方面。《立报》不是远离了小报界,而是成了小报界的佼佼者。况且其他小报也都不约而同地追随《立报》,自称小型报了。

赵君豪通过比较大报和小报的内容差异,指出了小报有六点特色:大报因历史与环境等关系,报道一事,顾虑甚多,有的明知其内幕却不敢公然刊布;小报则无所顾忌,能揭举内幕,抨击奸匿之辈,使读者快意。小报取材以趣味为标准,这种内容的广泛和有趣,适应了广大读者的心理。小报所载文字,能记大报所不记,有趣细节,描写尽致,令人神往;大报的报道往往流于公式化、程式化,令人索然。大报的文字受习惯新闻体裁的限制,

---

① 秦绍德:《上海近代报刊史论》(增订版),复旦大学出版社,2014年,第149页。
② 赖光临:《七十年中国报业史》,台湾"中央日报社",1981年,第129页。

呆板沉滞；而小报文字生动活泼，不拘一格，婉而多讽。小报记述力戒冗长，一般最多不过一二千字。大报往往不太注意趣味小事；而小报独能迎合潮流，着其先鞭，深得大多数下层读者欢迎。①

俞月亭则从编辑方法的角度对大报和小报进行了比较。大报一般采用分版编辑法，某一内容固定在某一版面上；而小报则采用综合编辑法，内容错综排列，唯以美观和刺激为标准。大报标题以累赘冗长居多；小报力求简明生动，精雕细刻。在版面设计上，大报呆板零乱，而小报注意活泼多变，整齐易读。此外，小报暴露社会罪恶，叙述务求深刻，意义务求犀利，比大报更受欢迎。②

大报与小报之间的差异实际上道出了小报受市民读者喜爱的原因，但也不能由此否定大报的价值。如果说大报重在从"硬"入手，小报则主要从"软"入手，而"软"则适应了规模庞大、文化水平不高的中下层市民阅读群体。

4. 小报的历史分期

小报的历史分期也是学者论述较多的问题。老报人姚吉光等简略地回顾了小报的发展过程：小报最早出现于光绪年间，至《晶报》创刊，大量小报创办，一时风起云涌。《晶报》创办前后，出现了游戏场报。1926 年出现横报潮和画报潮。抗战前后又涌现出方型报潮。③

祝均宙注意到社会环境对小报发展的影响，因此以一些重

---

① 赵君豪：《中国近代之报业》，商务印书馆，1940 年，第 103—104 页。
② 俞月亭：《小报史话》，载《中国记者》1989 年第 7 期。
③ 姚吉光、俞逸芬：《上海的小报》，载《新闻研究资料》总第 8 辑，新华出版社，1981 年。

大历史事件为标志进行分期。(1) 清末到"五四运动"前夕(1896—1918):最早的文艺小报《游戏报》和《笑报》及其他文艺小报问世,具有代表性的有《趣报》和《采风报》等。(2)"五四运动"至北伐战争(1919—1926):以"四大金刚"(《晶报》《福尔摩斯》《金钢钻》《罗宾汉》)为代表的三日刊小报崛起,之后还产生了《上海画报》等"画报派"小报。(3) 北伐战争至"一·二八"抗战(1926—1932):出现了品种繁多的小报,包括黄色小报、社团小报、党派小报、娱乐性专业小报(电影、戏曲、美术、体育、音乐)、家庭常识与医药小报、行业小报与同乡会小报等。(4) 上海"一·二八"至"八一三"事变(1932—1937):小报从形式到内容进行革新,如《立报》《小晨报》和"四种日刊"(《小日报》《上海报》《上海日报》和《社会日报》)等。(5)"八一三"淞沪抗战至抗战胜利(1937—1945):抗战初期十家小报联合出版《战时日报》,"孤岛"时期和沦陷时期还出版了一些小报。(6) 抗战胜利至解放初期(1945—1952):这时的小报有解放战争时期出现的小报,如《铁报》,小报的变种方型周刊、艺术性小报(以戏剧小报为主)和解放后创办的两份小报《大报》和《亦报》。①

秦绍德按照小报的发展规模将小报的发展概括为发端、鼎盛、衍变三个时期,并探讨了引起小报变化的各种原因,归纳了各时期具有代表性的小报的特点。李伯元于1897年创办的《游戏报》开启了小报这种新的报纸类型,带动了一批仿效者。辛亥革命之后四五年间,小报处于沉寂阶段,1919年《晶报》的出版标志着小报鼎盛期的到来。20年代的小报数量多,品种丰富。

---

① 祝均宙:《上海小报的历史沿革》(上)(中)(下),载《新闻研究资料》总第42、43、44辑,中国社会科学出版社,1988年。

30年代小报发行种数从顶峰跌落下来,但是,部分小报发生了具有进步性的衍变,在大报和闲适小报之间闯出了一条新路,如:增加时事新闻的分量,向反映现实政治经济和联系社会实际的方向转型;新闻的增加使小报三日刊变为日刊;改进编排,如分版编辑、设置副刊等。①

通过阅读马光仁主编的《上海新闻史(1850—1949)》(修订版)中关于小报的叙述,我们可以从中提取小报发展的几个关键节点(即数量、性质、特点的变化),将小报的发展概括为四个阶段:(1)小报的出现:从李伯元1897年创办《游戏报》到1903年,每天有十余份小报同时出版。(2)小报商业化趋重:1903年以后小报数量渐趋减少,一直到1916年小报从消闲性向商业性(为娱乐场所经营服务)发展。(3)小报的泛滥:小报"四大金刚"的出版到30年代娱乐知识性小报的衰落。这一时期出现了黄色小报(包括横四开小报、横八开小报、花界小报)、政党团体类小报和知识娱乐类小报(包括电影小报、戏曲小报、生活常识小报、医药知识小报)三种小报。(4)小报的畸形发展:抗战期间,小报受到严重摧残,所剩无几;日本投降后,小报又重新活跃起来,但由于国民党政府控制报纸出版,大部分小报停刊,一些小报界人士为规避国民党政府的规定,出版方型周刊,形成又一个小报热,直到上海解放,小报成为历史陈迹。②

杨嘉祐以时间为经并结合当时出现的特色小报,概述了小报的发展历程,从中也可以了解一个粗略的分期。19世纪末20

---

① 秦绍德:《上海近代报刊史论》(增订版),复旦大学出版社,2014年,第129—149页。
② 马光仁:《上海新闻史(1850—1949)》(修订版),复旦大学出版社,2014年,第212—216、462—466、694—703、895—899、1059—1062页。

世纪初为小报发端。20世纪20年代出现"横报"以及失意政客创办的政治性小报。在"孤岛"时期，小报出现了分野，多数小报仍保持原来的趣味化报道主题，而另一些小报在刊载小说、诗词、笔记、掌故等时，侧面报道抗战形势以及上海社会的民生问题。日军进占租界后，一部分小报被勒令停刊，一部分小报减缩版面。抗战胜利初期，出现变相的小报——方型周刊，初期还能表现出进步的一面，但后来其内容又回到影星、歌星和伶角的报道上，以至又将淫秽色情的小说搬上版面，不久陆续停刊。之后，在小报界还出现了"租报头"的现象。①

孟兆臣认为，小报发展可分为三个时期：（1）从1897年到20世纪20年代（晚清至民初），以李伯元的《游戏报》和《世界繁华报》为代表，内容以花伶两界为主，常附名妓照片。（2）从20世纪20年代到1937年（民初至"八一三"抗战），以"四大金刚"为代表，内容多为军政新闻、社会秘辛，所载多为大报不敢载者，多为三日刊。（3）从1937年至1949年（"八一三"抗战至全国解放），以《上海报》《社会日报》《东方日报》为代表，多为日刊，内容更全面、丰富。② 孟兆臣的分期比较简明。

李楠认为，小报的发展可分为四个时期：（1）发轫时期（1897—1918），以李伯元的《游戏报》为开端。（2）定型时期（1919—1929），1919年《晶报》的创刊标志着现代上海小报的成形。（3）衍变时期（1930—1937），以1930年复刊并改版的《社会日报》为开端。（4）下降时期（1937—1952），1937年日本入侵上海，报纸纷纷停刊。自此之后有起有落，至1952年《亦报》并

---

① 杨嘉祐：《半个世纪的上海小报》，载《档案与史学》2002年第3期。
② 孟兆臣：《中国近代小报史》，社会科学文献出版社，2005年，"导言"部分。

入《新民晚报》。①

李楠后来又从文化和文学的角度对小报半个世纪的流变进行了归纳：晚清末年是近代市民文化最初的发生期，小报呈现出商业性和士大夫文化杂糅的底色。1912年至1917年，上海大型综合性游乐场和新剧场建成，小报进入"戏报"时代。20世纪20年代，为适应市民生活的新变化，小报摒弃了单纯的风花雪月，在消闲中融进新闻和知识。20年代末30年代前期，小报进入全盛时期，数量达到顶峰，内容和形式也产生进一步的衍变，新文学进入小报。抗战爆发后上海处于孤岛和沦陷时期，小报变得更加通俗。1945年日本投降后，小报再度热闹，但随着1952年新中国对上海私营报刊的接收和改造，小报成为历史陈迹。②

付建舟以小报的内容特色为切入点，认为小报的发展可分为五个时期。(1)"花报"时代(清末15年)：由于朝政不纲，而统治者对社会舆论严加控制，封建士人乃以游戏之笔，作游戏之文，搜集社会新闻，撰述花丛琐事。(2)"戏报"时代(民国初年)：随着游艺场的兴起，游艺场小报应运而生，为游艺场作宣传，同时刊载一些小品文和文化娱乐新闻，增加一些趣味性，而趣味主要来自"游戏""滑稽小品"等内容。(3)"三日报娱乐报"时代(20年代)：三日报有的侧重军政消息、要人简讯，有的侧重时评和消息，有的侧重通俗文艺，有的侧重名人逸事等等。娱乐性小报分为电影小报和戏剧小报，而变味的娱乐小报主要刊登

---

① 李楠：《晚清、民国时期上海小报研究——一种综合的文化、文学考察》，人民文学出版社，2005年，第36—61页。
② 李楠：《晚清、民国时期上海小报和小报中的文化人》，载《中华读书报》2004年1月14日。

色情、凶杀、犯罪等方面的内容迎合读者的胃口,格调比较低下。(4)"日报政报"时代(30年代):时局的变化促使三日刊向日刊发展,与时局联系紧密。这一时期的小报掀起改革浪潮,具有民族意识,关心时事,报道政治新闻、文化新闻以及社会新闻等。(5)"战报剧报"时代(40年代):十家小报联办《战时日报》,战时局势改变了小报的品格个性,使之放弃刊登妓家琐闻,致力于报道抗战新闻。"孤岛"时期,复刊的小报和新创的小报缺乏强烈的民族意识和高度的抗敌热情,一般刊登时事新闻,或者通俗文艺以及历史掌故。上海沦陷后至40年代后期,出现了20多种报道戏剧界新闻的戏剧小报。作者还列举了每一个时期具有代表性的小报,并对每一时期小报的创办人、内容特色、政治立场等进行了简要的评述。①

对小报历史进行分期其实是研究者主观对历史事实的分割,目的是便于表述和研究,因此,分期最好是既简明清晰又能反映每一时期小报的特点,关键是要抓住小报自身的发展规律。以上对小报的分期,反映了作者对小报发展特点的理解。虽说切入视角不同,彼此存在一定的差异,但并没有太大的分歧,都从不同侧面展示了小报发展过程中异彩纷呈的面貌,应该说都是有一定的道理的。

5. 小报的编辑和作者队伍

小报的编辑和作者是小报内容的创造者。杨嘉祐认为早期小报撰稿者多是旧文人、海上名士、通俗小说家、报纸编辑等。二三十年代,小报几成鸳鸯蝴蝶派、礼拜六派的天下。抗战前

---

① 付建舟:《旧上海文艺小报的历史分期及意义》,载《聊城大学学报》(社会科学版)2006年第5期。

后,涌现出一批"少壮派"作者。40年代,又多了一批"文艺青年",他们本为文艺刊物、大报副刊写小说、散文、电影稿,为适应小报的特点,开始写舞场、歌厅等欢场见闻或身边琐事。总之,编辑、作者难以计数,但全靠编写维持生计者不多,有人另有职业,如教书、行医、算命相面、影戏院宣传、广告设计,等等。①

李楠认为,小报的编者开始是洋场才子,是一批文化经营者和职业文人,包括谴责小说和鸳蝴小说作家、专门供职于大报的主笔或编辑和有闲有钱的海上名士。民国以后,名士退却医生上场,同时出现了专职小报报人。30年代中后期以后,新文学作家参与进来。总之,民国以后,小报文人与市民更加接近,市民的衣食住行等日常生活成为小报关注的内容。②

可以看出,小报的作者队伍并不是固定不变的,而是随着时代的变化或进入或退出、不断组合的。最根本的原因还在于小报读者喜好的变化决定了小报内容的变化,最终决定了对小报作者的取舍。

另外,孟兆臣通过阅读小报原始文本,从繁多的材料中吹沙得金,收集了不少小报报人的宝贵史料,包括生平、办报活动等,如余大雄、张丹翁、严独鹤、朱瘦竹、蔡钓徒、吴微雨、吴农花、卢溢芳、胡憨珠、谢豹、王雪尘、冯梦云、易立人等。③ 郑逸梅在《近代名人丛话》中介绍了《金钢钻》报创办人施济群的办报经历。④

---

① 杨嘉祐:《半个世纪的上海小报》,载《档案与史学》2002年第3期。
② 李楠:《晚清、民国时期上海小报和小报中的文化人》,载《中华读书报》2004年1月14日。
③ 孟兆臣:《中国近代小报史》,社会科学文献出版社,2005年,第170—202页。
④ 郑逸梅:《近代名人丛话》,中华书局,2005年,第251—261页。

6. 小报的版面和内容构成

杨嘉祐认为,小报的版面原来五花八门,但从 1930 年代后期开始,一张四开报纸四个版面大体定型。第一版主要是社会新闻,第二、三版有二至四篇连载小说,其余都是短文、小品、随笔、掌故、轶闻以及诗词、漫画等,大部分或捧或骂,或发牢骚,或者是名演员、歌星、舞星的起居注、罗曼史、隐私等。每篇二三百字,言简意赅。第四版一般分上、下版,上半版是影剧新闻,下半版是股市行情,也有的是体育版或跳舞版。① 这是作者对当时小报版面构成的粗略介绍。

吴福辉从文学的角度出发认为小报随笔包括衣、食、住、行、男女(两性和婚恋)、女性美和女权等主题,它是对市民生活的批量复制,其琐屑、世俗性为小报所独有。同时,小报也以色情内容为报纸谋销路。②

李楠专门研究了小报的散文(游戏文章),认为游戏文章的特征是:玩世的文化心态,市民的民间价值立场,娱乐休闲的书写主旨,集轻松诙谐、滑稽幽默、插科打诨、噱头打趣于一体的笔调风格,注重读者接受和商业效益。按照体式主要有:时评短论、影戏剧评、笔仗墨讼、闲适笔记、风月小品等。从不同时期来看,民国以前的小报散文以时政批评和风花雪月为两大主题,旁及历史掌故、官场笑话、市井嬉谈等。二三十年代增加了社会新闻报道、影戏剧评、知识小品和历史典故的分量。1930 年代后期至 40 年代,专栏散文成为主体,时评短论文学化,新旧文体并

---

① 杨嘉祐:《半个世纪的上海小报》,载《档案与史学》2002 年第 3 期。
② 吴福辉:《海派文学与现代媒体:先锋杂志、通俗画刊及小报》,载《东方论坛》2005 年第 3 期。

存,影戏剧评被舞评代替。①

何宏玲认为小报的内容具有相当的包容性,"所载上自国政,下及民情,以至白社清谈、青楼丽影,无一不备",以实现其"遣愁、排闷、醒睡、除烦"的宗旨。②

如果将几位论者的观点综合起来,则基本上囊括了小报版面的所有内容,也就是三大块:新闻、言论和小品文,只是小品文这一块非常复杂,可以说包罗万象。

7. 小报的语言特点

小报之所以深受读者青睐,其迥异于大报的语言风格是主要原因之一。李楠通过比较上海和北京两地小报的语言差异,总结了上海小报的语言文化现象。她认为"松动文言"贯穿上海小报的生命历程。20世纪初,小报文人将白话引入小报。30年代中期以后,随着现代白话文学的普及,松动文言较以前减少。30年代末期,白话渐渐靠近现代白话,同时小报开始使用不规范的标点符号,例如,用逗号或顿号断句。40年代则是文言、白话和方言的大融合阶段,且松动文言向现代白话更靠近一步,同时新式标点全面进入上海小报。李楠认为小报语言风格的变化起因于其发生的背景和历史渊源,同时受制于市民的文化水准和语言环境。晚清上海小报是洋场才子、谴责小说作家和狭邪小说作家所开创的属于自己的娱乐和话语空间,之后从顾影自怜的姿态转向市民日常生活,继承了老《申报》休闲、市井化的作风,"无论怎样的惨事,都要说得有趣"。而小报编者的文化立场

---

① 李楠:《游戏笔调之下的时评杂说和风月小品——上海小报(1897—1952)散文概貌》,载《广东社会科学》2005年第3期。
② 何宏玲:《晚清上海小报与近代小说关系初探》,载《江淮论坛》2006年第1期。

也决定了小报语言风格的形成。他们无论是嘲讽当局,捧优唱妓,还是笔战游戏,诗词唱和,都是性情所致,松动方言方显才情。①

如果说李楠触摸到了松动文言向现代白话靠近的脉搏,何宏玲则指出了这种语言本质的东西。她认为小报的文字风格就是通俗活泼、诙谐易入、风趣浅近,这也决定了其预期的读者就是官吏名士、走马王孙、深闺才友、童蒙学生、男女老幼这些人。②

8. 小报的笔战或文字官司

小报与小报、小报与大报、小报与社会人士发生笔战甚至引起诉讼,是小报的常态,从某个方面看,这也是小报的生存方式,其中的原因很复杂。江上行以自己的见闻讲述了旧上海小报界几个有名的文字官司,包括:小报在报道中影射他人,被当事人以造谣、诽谤罪诉诸法院;记载失实遭指控;小报报人之间由笔战转化为诉讼;戏剧演员没有按惯例向小报馆拜客,诸小报于是群起攻之,当事人忍无可忍,以诽谤罪、破坏名誉罪将小报告上法院。在以上所有这些诉讼中,当事报馆几乎都被法院判以罚金。③ 这就是一些小报正派人士屡加抨击、斥之为乌烟瘴气的一种现象,即不讲新闻规律、制造谣言、不尊重他人人格和道德水平低下,是小报不好的一面。老报人周楞伽回忆,自己曾想改革小报内容,肃清黄色流毒,结果遭到不少以写黄色文字和身边

---

① 李楠:《京沪两地晚清、民国小报的语言文化现象》,载《复旦学报》(社会科学版)2007年第3期。
② 何宏玲:《晚清上海小报与近代小说关系初探》,载《江淮论坛》2006年第1期。
③ 江上行:《旧上海的小报与报人》,载《上海滩》2000年第1期。

琐事为生的小报作者的人身攻击和造谣,引起多起笔战。① 这又说明了笔战的正当性。

9. 关于小报的评价

随着研究的深入和学者观点的散播,人们正在摆脱对小报简单、主观、偏激的看法,认识到小报也有其不可忽略的价值。有学者认为,小报是一个复杂多元的文化集合体,不能完全否定其进步文化功能,小报一直与近现代的进步文化有着密切联系。在国难家仇的关键时期,小报表现出令人敬佩的团结抗战的可贵精神。②

付建舟认为小报的意义表现在三个方面:一是办小报成为旧式文人的新型职业,他们创办的小报在政治立场、文化心理、欣赏习惯等方面虽具有浓厚的封建性和陈腐气息,但与文化素质低下、缺少新思想新文化的市民比较吻合。二是小报的创办过程是政治思想的现代转型过程,包括倡导民主自由精神、发扬不畏强暴和刚正不阿的正义精神。三是小报促进了我国报刊事业的发展,比如确立新的办报理念、生产专业化等。同时作者也指出小报浓厚的商业性和低俗的趣味性对社会造成不可低估的影响。③

孟兆臣认为小报是一种供城市市民消遣的休闲娱乐报纸,其研究价值表现在:(1)新闻史价值。小报数量大,种类多,内容丰富,有不同地方方言的小报,从小报中可以挖出大量珍贵的史料。(2)历史价值。小报记载了城市市民生活的方方面面及

---

① 周楞伽:《我与上海滩小报的因缘始末》,载《档案与史学》2000 年第 5 期。
② 祝均宙:《上海小报三题》,载《新闻大学》1998 年冬季号。
③ 付建舟:《旧上海文艺小报的历史分期及意义》,载《聊城大学学报》(社会科学版)2006 年第 5 期。

历史变迁。(3)文学价值。小说连载是小报的重要内容,小报登载的小说有五千多种,是现代通俗文学的文献宝库。①

洪煜则从小报的进步意义和负面影响对小报进行了评价。前者表现在丰富市民文化生活、发挥舆论监督作用、争取言论自由、推动大报发展等方面,后者则表现为在满足读者不健康兴趣爱好、宣扬畸形消费观念和人生价值观念等方面起着负面的导向作用。② 这个评价应该说是全面、中肯的。

10. 小报的个案研究

关于小报个案的研究大多是描述性的、零散的介绍,很少追寻小报个体生存的外部环境并深入其内部,挖掘其独特的方面,但这些一般性的介绍仍为我们提供了研究小报不可多得的材料。

陈灵犀是《社会日报》的创办人之一,他回忆了《社会日报》的创办过程、办报宗旨、版面设置、主要撰稿人及面对国家危亡时的办报活动,对进一步研究《社会日报》这个个案很有帮助。③

《中国新闻事业通史》(第 2 卷)分别以《成舍我等人集资经营的小型报——上海〈立报〉》和《上海〈社会日报〉》为题介绍了两种小(型)报的创办经过、组织构架、版面构成、报道特点、政治态度等。④

祝纪和介绍了上海解放后的第一张小型报《大报》创办的目

---

① 孟兆臣:《论中国近代小报的研究价值》,载《社会科学战线》2006 年第 5 期。
② 洪煜:《近代上海小报与市民文化研究(1897—1937)》,上海书店出版社,2007 年,第 355—365 页。
③ 陈灵犀:《社会日报杂忆》,载《新闻研究资料》总第 9 辑,新华出版社,1981 年;《社会日报杂忆(续)》,载《新闻研究资料》总第 15 辑,中国展望出版社,1982 年。
④ 方汉奇:《中国新闻事业通史》(第 2 卷),中国人民大学出版社,1996 年,第 521—527 页。

的、人员构成、办公环境、版面结构、推销活动及报纸的终结。①从这里可以发现解放后的小报与传统小报的不同风貌。《大报》的创办预示着小报办报方针和功能在新的历史阶段的巨大变化,那就是以潜移默化的方式宣传新思想、新风貌,让人强烈地感受到社会环境的变迁对小报面貌的改造。

南溪完整地讲述了上海方型周刊产生、发展和衰落的过程,并分析了方型周刊在各个阶段的具体表现及其原因,为我们了解方型周刊提供了丰富的史料。②

徐铸成在《报海旧闻》(修订版)中讲述了北京的《群强报》《实报》和上海的《立报》的有关情况,如版式、内容、编辑方法、销量等。此外还描述了当时"孤岛"时期的办报状况,对我们了解小报的生存环境有一定价值。③

郑逸梅以自己的亲身经历在《书报话旧》中分别介绍了《晶报》《金钢钻》《罗宾汉》《福尔摩斯》《小日报》《大报》等的创办经历、主要撰稿人及其作品、内容风格等。④

老报人汤笔花以自己的亲身经历和所见所闻,讲述了《金钢钻》《罗宾汉》和《福尔摩斯》的办报缘起和特色,同时介绍了横报和游戏场报的有关情况,以及小报记者与其他行业复杂的社会关系,特别指出小报界中存在一种内容低下、攻击谩骂、讹诈他人的乌烟瘴气的现象。⑤

曹正文等在《旧上海报刊史话》的附录中列举了从清末到上

---

① 祝纪和:《上海解放后第一张小型报——大报》,载《新闻记者》1990年第1期。
② 南溪:《闲看落红说春华——抗战胜利后上海方型周刊的兴衰》,载《新文学史料》2000年第4期。
③ 徐铸成:《报海旧闻》(修订版),上海三联书店,2022年,第79—82页。
④ 郑逸梅:《书报话旧》,学林出版社,1983年,第251—261页。
⑤ 沈飞德:《汤笔花忆旧上海的小报》,载《档案与史学》2001年第3期。

海解放前在上海出版的 180 多种小报,包括名称、创办人、出版日期和终刊日期。可能由于资料匮乏的缘故,有些小报只有前两项内容;经与其他书比对,后两项中也有不尽相同者。①

阿英在《晚清小报录》一文中较为详细地介绍了 20 多种晚清小报的创办人、内容、售价等情况。该文最大的特色是大量采用原始资料,为研究者提供了宝贵的史料。②

陈伯熙编著的《上海轶事大观》中有"小报志略""捕房惩罚小报汇志""民国七年之各小报""续志海上各小报""再志上海各小报""补志各小报""鸿福报""续志鸿福报"等章节,介绍了晚清一些小报的敲诈行为,以及捕房因小报刊登淫词或诋毁他人而对小报所实施的惩罚。另外,作者还介绍了民国初期 16 种小报的基本情况,如创办人、撰稿人、内容、销量等,同时揭露了纯粹以诈人钱财为目的而创办的所谓"鸿福报"。③

胡根喜具体介绍了《晶报》《金钢钻》《罗宾汉》和《福尔摩斯》的创办经过、编撰人员、开设栏目和办报风格。④

姚吉光等以较大篇幅具体介绍了 81 种小报的办报情况,对重要报纸的介绍尤为详细,主要内容有创办人、主笔和编辑人员、创办宗旨、版面安排与内容、与小报有关的重要事件及小报历史变迁等。⑤

冕良介绍了《小日报》的版面特点以及在 1920 年代前后鲜

---

① 曹正文、张国瀛:《旧上海报刊史话》,华东师范大学出版社,1991 年。
② 阿英:《晚清小报录》,载杨光辉、熊尚厚等:《中国近代报刊发展概况》,新华出版社,1986 年,第 113—150 页。
③ 陈伯熙:《上海轶事大观》,上海书店出版社,2000 年,第 276—287 页。
④ 胡根喜:《报业"四大金刚"与"四小金刚"》,载《传媒》2002 年第 3 期。
⑤ 姚吉光、俞逸芬:《上海的小报》,载《新闻研究资料》总第 8 辑,新华出版社,1981 年。

明的政治态度。①

(二)《晶报》研究综述

由于《晶报》在小报界中的重要影响,研究人员在探讨小报现象时一般都会涉及《晶报》,对其各个方面进行评述。除了上文郑逸梅、胡根喜的论述,还有以下内容。

徐铸成在《报海旧闻》(修订版)中以《从第一张小型报——〈晶报〉谈起》为题讲述了《晶报》的办报过程、创办人及撰稿人,如余大雄、江红蕉、张丹斧、冯叔鸾、钱芥尘等,认为《晶报》是一张附逆的小报。②

沈飞德通过采访老报人汤笔花也讲述了《晶报》的办报缘起和内容特色。③

郑逸梅在《近代名人丛话》中以《报坛耆宿钱芥尘》为题介绍了《晶报》撰稿人即后来的主持人钱芥尘的办报活动以及他与文学界、政界的交往情况。④

李果主编的《海上文苑散忆》中有一篇关林的《钱芥尘其人其事》,讲述了钱芥尘一生的起起伏伏以及他丰富的交往经历,并对钱芥尘是不是汉奸进行了探讨,结论是"抗战时期的钱芥尘,虽也有过这样那样的趋时混世举动,但在绝不当汉奸的选择

---

① 冕良:《〈小日报〉与鸳鸯蝴蝶派》,载《苏州大学学报》(哲学社会科学版)1982年第1期。
② 《从第一张小型报〈晶报〉谈起》,载徐铸成:《报海旧闻》(修订版),上海三联书店,2022年,第72—78页。
③ 沈飞德:《汤笔花忆旧上海的小报》,载《档案与史学》2001年第3期。
④ 郑逸梅:《近代名人丛话》,中华书局,2005年,第181—191页。

上,也是确定的"①,也算是盖棺定论。

季宵瑶考察了《晶报》在报界中的地位和自我定位、话语策略的选择及其原因,认为嬉笑怒骂、制造谎言等其实也是小报的一种话语策略,包含着小报希望改变自身地位的认真努力。②文章切入角度新颖、观点较为独特,作者借鉴西方理论对《晶报》作出了新的阐释。

由魏绍昌主编的《鸳鸯蝴蝶派研究资料》(上卷 史料部分)以一节的篇幅介绍了《晶报》的创始、主持者、首期内容、长篇小说、编排和类别变动以及笔战等等,为我们研究小报提供了珍贵的、丰富的材料。③

此外,李楠撰写的《晚清、民国时期上海小报研究——一种综合的文化、文学考察》、孟兆臣撰写的《中国近代小报史》、洪煜撰写的《近代上海小报与市民文化研究(1897—1937)》、方汉奇主编的《中国新闻事业通史》、马光仁主编的《上海新闻史(1850—1949)》(修订版)、秦绍德撰写的《上海近代报刊史论》(增订版),虽然只是把《晶报》作为上海报纸或上海小报研究框架的一个组成部分,但大都以章节的形式对《晶报》进行了评述,其最大特点是综合了前人的研究成果,为我们研究《晶报》提供了一些可资借鉴的思路和观点。

对于《晶报》的个案研究,较早者为李国平的博士论文《上海市民的精神"大世界"——民国小报巨擘〈晶报〉研究》,论文在梳

---

① 关林:《钱芥尘其人其事》,载李果:《海上文苑散忆》,上海人民出版社,2006年,第119—134页。
② 季宵瑶:《近代上海小报的话语策略与自我定位——以1920年代上海〈晶报〉为个案》,载《新闻大学》2006年第1期。
③ 魏绍昌:《鸳鸯蝴蝶派研究资料》(上卷 史料部分),上海文艺出版社,1984年,第487—499页。

理了《晶报》的历史沿革之后,分"特质论""文学论""经营策略论"三个层面研究了《晶报》的文艺论争、审美趣味、社会批判、名士风流、小说得失等,文学角度的切入让我们看到《晶报》另外的面相。[①] 近年《晶报》研究热度不减,角度多样,如话语分析、媒体功能分析,等等。以上研究撷取《晶报》的不同侧面进行分析,加深了我们对于《晶报》的理解,特别是话语分析的实证研究对于探讨《晶报》的语言风格颇多参考价值。

总之,以上研究为我们探析上海小报和《晶报》提供了多样的视角、方法和观点,不足之处是对于《晶报》的研究仅关注其某一方面,尚无从新闻史的角度来剖析《晶报》的整个生命历程及《晶报》与上海社会的关系。

三、研究思路与方法

本书主要探讨《晶报》的生命史及《晶报》与上海社会的关系。因此,在研究过程中,把《晶报》置于一个宏大的社会历史背景中去观察和思考,这包括三个方面:一是《晶报》创办前后的社会背景是怎样的,其中有哪些因素决定了《晶报》的存在和塑造了《晶报》的基本特征;二是随着社会的变迁,又有哪些因素影响了《晶报》的面貌,它们各自发挥了怎样的作用;三是面对以上因素的影响,《晶报》是如何反应的,为什么会有这样的反应。笔者认为,只有这样,才能真正理解《晶报》呈现的种种特征和它所经历的生命轨迹。

---

① 李国平:《上海市民的精神"大世界"——民国小报巨擘〈晶报〉研究》,博士学位论文,苏州大学,2008年。

鉴于此，本书的内容结构安排如下：

第一章主要论述《晶报》所处的社会文化背景、创办原因及编撰群体的形成。租界的政治经济环境、人口状况、繁盛的娱乐业和社会的商业化等为《晶报》的产生提供了最基本的条件。而《晶报》创办的直接原因是余大雄等几个大报编辑记者有感于大报过于沉闷，同时又想拥有一个文人唱和、发挥才情的"俱乐部"，于是由余大雄负责创办了小报《晶报》。由于这些编辑记者起初只是业余兼职写稿，扩大稿源就成为余大雄的重要工作。余大雄性格外向、结交广泛、做事勤勉，为《晶报》构筑起一个强大的编撰队伍。

第二章以文人与市场为切入点探讨《晶报》的内容生产。《晶报》文人的文化习性主导了《晶报》前期的内容格调。《晶报》的内容由初期的注重狭小的娱乐界逐渐向广泛的社会领域扩展，形成"大杂烩"的特色，同时极力突出内容的趣味性。在编排手法方面，《晶报》继承原有上海小报传统的编排方式并实现突破，由原先的分栏编辑向混合编辑转向，与大报的分栏编辑手法形成明显的反差。

第三章探讨《晶报》以"敢骂"和"敢言"为特征的社会批评和监督。《晶报》以嬉笑怒骂的笔调，揭露种种社会丑恶现象，如贪污腐败、为富不仁、德业不修，等等。读者既阅尽世间百态，又从辛辣的嘲讽中感受快意。

第四章主要论述余大雄发挥其商业头脑所实施的许多因地制宜、卓有成效的经营策略。例如，创建经营基础、实施沟通策略、重视发行、注重广告招揽和广告设计，等等。这些做法在当时都是富于远见，颇具创新性的。

第五章以《晶报》的守成心态和上海战事的影响为重点，探讨自1920年代末《晶报》颓势渐显的原因。出于对蒋介石政府的拥护，也由于经年办报所形成的盘根错节的社会关系以及国民政府严苛的新闻检查，《晶报》的"敢骂"和"敢言"精神已经失去昔日的锐气，引起读者的不满。以前《晶报》人才济济，但现在这些人有的身兼数职，有的另谋他就，有的溘然长逝，《晶报》的编撰优势逐渐丧失。30年代初，一些富于远见的小报迫于紧迫的形势，开始实行革新。但《晶报》没能认识到革新的必然性和意义，只是被动地应付，错失了发展的机会。也就在此时，世界经济危机和日军对上海发动的两次战事使《晶报》深受打击，致使纸价上涨、广告减少、经营成本增加，《晶报》入不敷出，不得不提前休刊。

第六章主要分析《晶报》"大报化"的转向及它无法摆脱的困局。《晶报》于1938年1月复刊后开始"大报化"转向，办报主体由长于文学文字的文人易为办报背景较为丰富的报人，即由资深报人、曾任《立报》总编辑的朱虚白接任主笔。他试图以《立报》的办报经验改造《晶报》，因而制定了"小报大报化"的办报方针，减少文艺性，突出新闻、评论和副刊，但同时又保留了《晶报》注重趣味性的传统，实行"新闻趣味化"。在征稿、扩大发行、招揽广告等方面，朱虚白还采取了一些颇有效力的措施。《晶报》渐有起色，重获生机。然而，租界混乱的金融环境以及战争因素致使《晶报》再次陷入困境。为了刺激销售，《晶报》不惜以色情文字刺激读者，进行自救。然而，《晶报》的衰势已无法扭转，最终于1940年退出了小报报坛。

本书尝试借鉴社会文化史和微观史的方法，透视文人办报行为背后的价值观念和心态；同时"眼光向下"，运用多种史料再现办报文人的日常生活和工作状态，如他们的收藏癖好、精神气质、同事关系、病痛和死亡等。

第一章　上海社会与《晶报》的创办

　　新闻传播产生于社会生活的需要,而各种社会条件又制约着新闻传播的发展。①《晶报》的创办虽然有文人唱和酬答、怡情悦性的文化习性的需要,但更重要的还是为了满足上海租界市民日常文化娱乐生活的需求,以获其利。《晶报》一鸣惊人不外乎两个方面的原因:一是《晶报》拥有优于他报的办报资源,如馆舍、印刷机、优越的地理位置(地处报馆街)等,而创办人余大雄出色的商业头脑和经营才能则起到了举足轻重的作用。正是因为余大雄与各界广泛交往(主要是报界和文学界),才笼络了一批名家撰述稿件,建立起稳固的写作群体。这是其他小报所望尘莫及的。二是上海租界提供了相对稳定的社会环境。租界社会的诸多因素为《晶报》贡献了生存和发展的基础。可以说,只有办报资源而没有合适的社会环境,《晶报》也是不可能跻身著名小报之列的。换言之,《晶报》趋向衰落在很大程度上也是因为其生长的社会环境发生了变化或遭到破坏。

---

① 张昆:《简明世界新闻通史》,武汉大学出版社,1994年,第1、3页。

第一节　上海的政治、娱乐和商业环境

作为媒体,《晶报》是社会大系统中的一个子系统,因此,它总要受到政治、经济、文化等社会因素的影响。上海租界相对宽松的政治环境、繁荣平稳的经济、融传统与现代于一体的娱乐业、数量庞大的市民阶层、丰富多彩的城市生活、日渐商业化的文化市场以及四通八达的投递和运输系统等,为《晶报》提供了不可多得的发展条件。也正是这些因素,塑造了《晶报》前期的内容特征,规定了《晶报》的办报方向,也刺激了《晶报》的迅速崛起。

一、上海租界的政治经济环境

上海依傍沟通长江三角洲湖泊水网的黄浦江,地处长江入海口,东望东海,向西可通往整个长江流域和广阔的内陆地区,交通十分发达。由于拥有得天独厚的地理优势,近代的上海一直是列强觊觎的地区。鸦片战争后,按照《南京条约》的规定,上海于1843年11月正式开埠。上海的开埠既是上海经济半殖民化的开始,同时也是上海城市经济近代化的起点。首先,上海开埠使得上海市场日益成为世界资本主义的一部分,洋商纷至沓来,洋行公司纷纷设立,对外贸易的发展牵动了其他各业的发展;其次,外国资本主义列强在上海攫取的租界为上海人口、资本的集中提供了安全保障;最后,随着开埠,租界内的市政设施和公用事业加速建设,为各种投资创造了

良好的条件,而资本主义生产技术的引进也刺激了上海城市经济的起飞。① 进入20世纪初,上海已经成长为航运、贸易、金融、工业、商业等多功能经济中心、文化中心和国际大都市。报业的诞生和发展与城市环境息息相关。上海频繁活跃的经济活动和文化活动以及纵横交错的水路和陆路交通,为上海近代报业提供了丰足的广告资源、新闻信息资源、文化资源以及便利的运输条件。

从本质上讲,报业与政治的关系更为紧密,如果只有良好的经济和文化环境,而没有相应的政治环境,报业也很难持续发展。一方面,"政治系统的有序运行有赖于大众媒介系统的参与",另一方面,"大众媒介系统也在越来越大的程度上受到政治系统的制约,在某种意义上,大众媒介系统从属于政治系统"②。就租界的政治环境而言,"自上海租界的这种特殊政治格局形成以后,殖民主义者竭力维护他们在租界上的各种特权,不让中国政府染指租界事务"③。这样,因为有了租界的庇护,上海报业就在一定程度上割裂了与中国政府这一政治系统的联系,避免了来自本国政府的随意干预,也摆脱了报人动辄被抓、报馆动辄被封的命运。在报业管理上,租界当局又是秉承本国的新闻自由观念来实施的,这与中国当时的专制统治完全不同。虽然公共租界当局曾经几次动议制定新闻法规,但终因内部意见不一以失败告终,"缺少新闻法规,使租界当局对报刊的管理几乎处

---

① 张仲礼:《近代上海城市研究(1840—1949年)》,上海人民出版社,2014年,第35、36、39页。
② 张昆:《大众媒介的政治社会化功能》,武汉大学出版社,2003年,第45、46页。
③ 秦绍德:《上海近代报刊史论》(增订版),复旦大学出版社,2014年,第151页。

于无政府状态"①。

以上这些因素,在客观上为上海报业编织了一层保护网,使得上海报业能够相对自由地运行,《晶报》也深受其惠。《晶报》之所以在20世纪20年代获得长足的发展,成为"小报之王",主要原因即在此。

二、上海租界的人口状况

上海城市经济的繁荣吸引了大量的外来人口来此定居、谋生;另一方面,上海租界"国中之国"的特殊地位又使之成为几次难民潮中难民的首选之地。在上海租界从辟设到"二战"的近一百年时间里,中国土地上战火接连不断,而在每一次战乱中,上海租界都保持着"中立"姿态,因而保持了社会的相对稳定和民众的相对安生,而每一次战乱也都使得租界人口急剧增加。②据正式公布的上海人口的统计,1910年、1915年、1920年,来自周边和内陆地区的移民在公共租界的人口数分别为49万、62万、76万,呈快速增长的态势。1921年上海地区的华人(包括公共租界、法租界和上海县城等地)就已达到152万,其中尤以来自江苏和浙江的移民最多,远远超出来自广东和安徽的人口数。③

这些移民来到上海之后,成为近代上海市民的重要组成部分。他们不仅有基本的生活资料的消费需求,还有文化、教育、

---

① 秦绍德:《上海近代报刊史论》(增订版),复旦大学出版社,2014年,第160页。
② 徐甡民:《上海市民社会史论》,文汇出版社,2007年,第36页。
③ 徐雪筠等:《上海近代社会经济发展概况(1882—1931)——〈海关十年报告〉译编》,上海社会科学院出版社,1985年,第191、311页。

精神等方面的需求,而这些需求很大程度上只有依赖报业等文化产业的发展才能实现。"上海公用事业、新闻出版、戏曲游艺、电影舞蹈、影院剧场、学校教育等各种设施的繁荣,固然与上海得天独厚的地理、人文条件以及租界存在有关,也与上海有着一个庞大的不同层次不同需求的移民消费群体密切相连。"① 由于这些人的社会地位、经济能力、文化程度和个人兴趣各不相同,其需求层次也不尽相同,这就促使以市场为导向的报业发生分化。有的以报道政治、经济、文化等硬性内容为主,有的则以报道闾巷琐闻、名人行踪和刊登各种小品小说等软性内容为主。近代上海报业在发展过程中,曾经出现过"大报小办"(或曰大报"小报化",即大报创办小报或小型报)和"小报大办"(或曰"小报大报化",即小报向大报转化)的现象,这都是大报和小报在抢夺市场的过程中为适应各类读者的文化趣味所自然作出的反应。而《晶报》正是"大报小办"的产物,它主要满足不同层次的读者的娱乐休闲和资讯需求。

另一方面,这些移民主要来自江浙一带,江浙地区自宋明以来,一直都是经济富庶、文化昌达的地区,民间素有藏书读书风气,所以,这里的读书人也比别处为多。② 而移民中又不乏饱读诗书的文人才子,当这些人颠沛流离来到上海时,除了卖文为生,别无长技。于是,其中不少人都不约而同地投身新闻出版行业,比如厕身洋人开办的报馆或书局担任编辑。这些人在工作之余,或因展示才情、抒发落寞情绪,或因接受小报的殷勤约请,

---

① 忻平:《从上海发现历史——现代化进程中的上海人及其社会生活 1927—1937》(修订版),上海大学出版社,2009 年,第 46 页。
② 李长莉:《晚清上海社会的变迁——生活与伦理的近代化》,天津人民出版社,2002 年,第 158 页。

为小报提供丰富多样的稿件,从而推动了小报行业的发展。

三、上海租界的娱乐业

一个城市除了要发展经济,还要提供社会教育、公共服务和文化娱乐等多种功能。这是城市发展的内在逻辑。就上海租界而言,"上海近代城市经济发展的结果最终还要体现在提升城市居民生活水准的重要目的上,而城市发展的这一目的必然驱动城市在经济功能逐渐完善的基础上产生和完善新的城市功能,如文化娱乐功能等"①,这是其一。其二,大量旅沪谋生的移民在紧张艰辛的劳作之余,需要放松身心,需要与外界交往,因而对娱乐场所有着强烈的需求。而一些富足的商人士绅,为了炫耀自己的身份和地位或者为了生意往来,更是追求一种豪奢的娱乐休闲方式。"本来娱乐业是为休闲服务的,可是现在它的一个更重要的职责就是为社交提供场所,而且为了社交的成功,要提供高档的场所。"②这样,城市发展的客观要求和市场的主观需求,就使得各种娱乐设施陆续建立起来。

19世纪60年代,洋场内的茶馆、酒馆、烟馆、妓馆、说书场、戏馆、赌馆等各种娱乐业就开始大量开设。到60年代末70年代初,上海租界消闲娱乐行业已甚为繁盛,各种消遣馆所遍布街头,不计其数。③ 这些娱乐项目后来大都留存下来。20世纪初,戏曲、游乐、电影和跳舞已经演变为四大娱乐活动。听曲看戏历

---

① 楼嘉军:《上海城市娱乐研究(1930—1939)》,文汇出版社,2008年,第5页。
② 李康化:《近代上海文人词曲研究》,上海人民出版社,2009年,第8页。
③ 李长莉:《晚清上海社会的变迁——生活与伦理的近代化》,天津人民出版社,2002年,第238页。

来是中国传统的娱乐方式。上海移民来源的广泛性,也带来了地方戏的多样性。除了京剧、昆剧、越剧、沪剧、粤剧、汉剧等剧种,像北方评书、大鼓、苏州评弹等都有演出。戏剧观众遍布社会的各个阶层。① 电影于19世纪末由西方传入上海,到20世纪30年代就成为最受上海市民欢迎的娱乐活动。"此项新兴的艺术,实能引起极多数人的爱好与欣赏,所以电影商业随时俱进,迄今不特与中国旧剧分庭抗礼,并且有驾而过之的趋势。"②与电影一样,跳舞也是随着西来的侨民进入上海社会的。20世纪20年代末上海市民已经对跳舞表现出浓厚的兴趣和热情,30年代跳舞业进入鼎盛时期。"跳舞作为一项娱乐活动,已经冲破20年代末至30年代初仅仅是属于有钱人时尚娱乐活动的范畴,逐步摆脱了当初高昂价格和贵族气派的束缚,正在一步步走向大众化。"③娼妓业肇始于春秋时期,是中国最古老的一个娱乐行业。明清以来,娼妓业在江浙一带的城市一向兴旺发达。与之毗邻的上海自开埠之后,由于经济的持续发展和人口迁入,娼妓业也很快繁荣起来。跨入20世纪,尽管各种现代娱乐活动方式层出不穷,但是娼妓业在二三十年代的城市娱乐生活中,尤其是城市夜生活中仍然扮演着重要角色。④ 妓院成为富商大贾、政府官员、文人骚客各色人等日常消遣和社会交往的场所。其他娱乐活动和场所还有游园、跑马、跑狗、回力球、弹子房,等等。

---

① 熊月之、周武:《上海:一座现代化都市的编年史》,上海书店出版社,2007年,第293页。
② 上海通社:《民国丛书 第四编 81 上海研究资料续集》,上海书店,1992年,第532页。
③ 楼嘉军:《上海城市娱乐研究(1930—1939)》,文汇出版社,2008年,第94页。
④ 同上书,第126页。

丰富多彩的娱乐休闲活动在市民生活中占据着非常重要的地位,成为他们生活不可缺少的一部分。对于小报来说,市民的兴奋点就是它们的兴趣点,只有紧追不舍,它们才不会被市民——自己的读者所冷落。为了贴近市民的生活喜好,这些报纸都用大量的篇幅传播租界娱乐生活的方方面面,例如,报道娱乐界的演艺动态、趣闻逸事、内幕秘辛,评点妓女、伶人、演员、舞女等娱乐主角的品貌才艺,披露这些人的个人隐私和生活起居情况,等等。总之,上海租界的各种娱乐形式,促进了上海娱乐消费生活的发展,为报纸提供了大量的原始素材以及报道的内容,也直接刺激了都市以娱乐为主的小报的繁荣。①

《晶报》是一张娱乐休闲性报纸,我们可以非常清晰地发现租界娱乐业对《晶报》内容的深刻影响,从妓界、伶界到电影界、舞界,几大娱乐业的发展脉络在《晶报》的版面上历历可见,而且妓界和伶界的内容一直都保持着连续性,与后来的娱乐内容齐头并进。可以说,正是娱乐业的持续发展,才有了《晶报》产生和发展的根基。阿英在评价晚清小报时说,若果不谈这些"风月""勾栏",这些小报在当时就不会存在了,就失却物质基础了。这正说明了这类小报,是半殖民地都市生活和封建地主生活结合起来所孕育的,具有时代特征的报纸。也正反映了当时半殖民地的买办阶级、洋场才子、都会市民和官僚地主一些没落的生活形态。② 虽然《晶报》与晚清小报不尽相同,但它们的生存环境和办报志趣并没有本质的区别,所以,这番话套在《晶报》身上大

---

① 谢庆立:《中国早期报纸副刊编辑形态的演变》,学苑出版社,2008年,第38、39页。
② 阿英:《晚清小报录》,载杨光辉、熊尚厚等:《中国近代报刊发展概况》,新华出版社,1986年,第114页。

体上也是合适的。

四、上海租界社会的商业化

上海租界社会的商业化是历史发展的必然。自开埠始,上海就担当着西方与中国沿海和内陆地区进行商业贸易的桥头堡角色。随着贸易的发展,洋行、店铺以及其他为贸易服务的商业机构急速增长,贸易额也大幅上涨。与之相对应,上海租界形成了一个社会势力大、人数众多的商人阶层,他们从以往的四民之末上升到四民之首的地位,成为人们艳羡的社会明星。要言之,"晚清的上海是一个以通商为主要功能,以商人为主角的都市社会实体,是一个典型的商业化社会环境。生活在这种特定环境中的上海人,其社会心态的模式不能不染上浓重的近代重商主义的色彩,也不能不带有明显的商人气息"[1]。晚清租界社会的商业化为后来的发展定下了基调。

民国时期,租界社会的商业化持续发展。"作为一个商业都会,上海城市文化中也许最富个性、最具典型意义的就是其商业性。"[2]从个人来讲,商品意识已经深入人心,逐利求富成为人们日常的行为准则,即便是那些向来自视清高、耻于言利的文人也不能不臣服于价值规律的作用。在新的环境下,"人们的商业利益和社会利益确实有着决定他们的观点和态度的趋势。谁要是不使自己的生活方式适应资本主义成功的状况,就必然破产,或

---

[1] 乐正:《近代上海人社会心态(1860—1910)》,上海人民出版社,1991年,第48页。
[2] 忻平:《从上海发现历史——现代化进程中的上海人及其社会生活1927—1937》(修订版),上海大学出版社,2009年,第345页。

者至少不会发家"①。观念的转变实际上为众多文人栖身报业、实现自身价值清除了障碍。

另一方面,商业化已经渗透到社会的各个行业,从生产部门、流通部门到包括报业在内的文化产业,只要是能够产生利润的地方,都是资本刺探的地方。胡道静在谈到"上海报纸的本身不能不商业化"时就说道,"上海商业的发达,使报纸容易获得培植的原动力"②。这说明,不管愿意不愿意,上海报业已经被资本主义这架巨型机器卷入自己的运转系统,从而获得了源源不断的动力。资本主义不仅为报业提供了必需的资金、人力、技术等生产要素,而且还渗透到报业生产的各个环节,并将所有的活动指向营利这个靶心。这样,报纸生产成了商品生产,报业商业化了。戈公振在论述19世纪后期的报业时就说:"我国人民所办之报纸,在同治末已有之,特当时只视为商业之一种……"③又据《申报》主笔回忆,"其时开报馆者,唯以牟利为目标",而当时的人们也都认为"报纸者,不过为洋商之一种营业"④。可见,报业商业化已经成为一种较为普遍的现象。

在商业主义的逻辑中,报纸要想生存和盈利,必须经过"两次售卖",亦即,先将报纸内容销售给读者,再将附着有读者注意力的报纸版面出售给广告商。显然,后者是以前者为前提的,只有实现了读者数量的足够庞大,才能保证第二次售卖的圆满完成。这样,尽量迎合读者的阅读取向、激发读者的阅读兴趣就显

---

① 〔德〕马克斯·韦伯:《新教伦理与资本主义精神》,于晓、陈维纲等译,陕西师范大学出版社,2006年,第28页。
② 胡道静:《上海的日报》,载杨光辉、熊尚厚等:《中国近代报刊发展概况》,新华出版社,1986年,第280页。
③ 戈公振:《中国报学史》,商务印书馆,1935年,第100页。
④ 雷瑨:《申报馆之过去状况》,载《最近之五十年》,申报馆,1923年,第28页。

得尤为重要。为此,近代上海的商业性报纸无一例外都在内容制作上煞费苦心。例如,《新闻报》就宣称,"本报以经济独立为宗旨,纸张务求洁白,广告分列醒目,印刷力求清晰,注重普及教育,推广文化。报费刊费,均极低廉,文字浅显,提倡人民读报之兴趣"①。

为了适应市场竞争,上海报纸都普遍实行了企业化管理,把报纸当作企业来经营。赵君豪在谈到近代报纸的组织结构时说:"报馆经营之体制,与一般以营利为目的之企业相仿佛,大体上分为:一、独资经营,二、合伙经营,三、公司经营。"②以《申报》为例,英国商人美查为创立《申报》与三位友人每人出资白银400两,共融资1 600两,同时签订合约,详细规定各股东的权利和义务,以公司的形式进行经营。《新闻报》创刊之初也是公司经营,不久改为独资经营。此外,两家报馆的组织构架也较为完备。例如《新闻报》下设3部28科19股,生产部门(印刷部)与经营部门(营业部)地位上升,与编辑部并驾齐驱,成为企业化的重要特征。③

上海租界社会的商业化和大报的商业化经营也对《晶报》产生了影响。首先,租界社会的商业化为《晶报》成为一张商业性的报纸奠定了基础。《晶报》只要从市场购买它所需要的各种生产要素,然后编辑制作成报纸产品,就可以向读者市场发售出去,从而获取利润。可以说,租界社会的商业化环境使《晶报》的经营活动如鱼得水。其次,大报的商业化经营又为《晶报》提供了宝贵的经验。历史悠久的《申报》《新闻报》《时报》等大报的组织结构、管理架构、办报方针等无不是为商业化经营服务的,而

---

① 黄天鹏:《中国新闻事业》,上海联合书店,1930年,第60页。
② 赵君豪:《中国近代之报业》,商务印书馆,1940年,第164页。
③ 忻平:《从上海发现历史——现代化进程中的上海人及其社会生活1927—1937》(修订版),上海大学出版社,2009年,第348页。

且这些报纸在长期的经营过程中积累了丰富的办报经验,这些都是滋养小报经营的养料。《晶报》的创办人余大雄、钱芥尘以及其他主要撰稿人都有大报工作经历,这都影响到《晶报》的经营方式。比如,《晶报》就是集股经营,也分编辑、经营、印刷三个部门,显然是对大报的借鉴。

第二节 《晶报》的创办与编撰群体

一、脱胎于《神州日报》的《晶报》

说到《晶报》的创办,就不能不说到与之有密切关系的《神州日报》。《神州日报》由于右任于1907年4月创办于上海租界的四马路望平街,初为革命派报纸。该报一问世,"崭然以风力雄于新闻界,思想传播,声气号召,以民族革命为群众共同之标帜,倾靡及于全国"。据于右任回忆:"余意方欲借此以进行吾侪最终之目的,而不虞事变蹉跌,中途乃毁于一炬,计距发刊才数月耳。余于痛惜之余,决计易一途径,以谋再举。同社中乃以叶仲裕、汪彭年两君董其事。叶旋以病自沉于江,汪遂独立经营。"① 关于《神州日报》此后的发展及它与余大雄和《晶报》的渊源,当时在《神州日报》任编辑的孙㻌媛(好春簃主)进行了较为翔实的陈述:

---

① 右任:《〈神州日报〉复刊词》(上),载《晶报》1936年9月3日第二版。本书所引用民国时期报纸原文,处理原则如下:(一)繁体字改简体字;(二)对于当时的一些习惯用法,保留原文;(三)对于现代汉语中有规范词形的,或径直改之,或保留原文并加括号注明现代规范词形;(四)民国小报用字较为随便,对于错别字或疑似错误,或径直改之,或保留原文并加括号注明正确字词。

民四冬,孙震东君,继为"神州"经理。孙为袁绍明君(乃宽)代表,报遂为项城机关。仅阅数月,至民五夏,项城殂,孙遂不支,几将停版。幸由编辑张春帆、沈能毅二君介绍,让与钱芥尘君经理。钱君聘大雄为协理,并邀张东荪、吴贯因诸彦及予撰文。惨淡经营者一年,"神州"得以复兴。后因钱君操劳致疾,乃于民七一月,以经理权付托大雄。大雄与钱君交至笃,遂亦强为承乏,然时时以经济为虑。民八,创办《晶报》,负担益重,经济收入,初犹恃友人援助,继乃益形支绌。①

文中的"大雄"即余大雄(见图1-1),字毂民,安徽休宁人,大雄是其号。余大雄早年留学日本早稻田大学政治经济科。他极擅活动,非常活跃,"效梁启超笔调,作维新论文,投稿'保皇会东京分会',康梁党徒所办之《留东新报》",后被委以经理之职。"是为'三日大王'海外办报处女期",其办报因缘即导源于此。大学二年级时,余大雄转入他所追随的维新派人士康有为所执教的日本庆应大学读书。② 1912

图 1-1　余大雄父子

(《晶报》1922年3月3日第二版)

---

① 好春簃主:《"神州"变迁史》,载《晶报》1927年1月3日第二版。按:民四即1915年,其他年份依次类推。
② 玖君:《报人外史(六七)　三日大王余大雄》,载《奋报》1939年8月16日第三版;玖君:《报人外史(六八)　三日大王余大雄》,载《奋报》1939年8月17日第三版。

年,余大雄任《神州日报》东西文译务,并撰时论。"惟大雄犹肄业东瀛,困于学费,以馆中秋冬俸给,供春夏留学之资,未能专志于报务也。"1914年,余大雄学成还国,被聘为《大共和日报》编辑,仍兼为《神州日报》撰文。①钱芥尘,浙江人,曾入上海法政大学深造,先后主持过《大共和日报》(统一党报纸)和《神州日报》等报纸。正是余大雄在这两份报纸的编撰经历,使其与钱芥尘相识,俩人顿成莫逆之交,也就有了1918年《神州日报》的接办,继之便有了1919年《晶报》的问世。可以说,余大雄的这一段新闻从业活动对于他后来成功主持《晶报》有着深远的影响。

那么,《晶报》创办的机缘是什么? 其一,余大雄等对上海报纸和自家报纸很不满意。据余大雄回忆,那时是"各大报最沉闷的时代"②,他试图打破这种沉闷。同时,他"对于那时《神州日报》的附录《神皋杂俎》发生了一种厌念,才与张丹翁、张春帆、张醪子、冯叔鸾、沈泊尘、丁悚、姚民哀诸君提出印行三日刊叫做'晶报'的方案,承他们担任基本撰述,都肯每期做篇稿子,或画张画"③。彼时,《神皋杂俎》每日在第六版刊出,占据半个版面,字号小,行距大,编排稀疏,内容单薄,下设轮流刊登的"剧话""探照灯""笔记""怪话""文苑""小说"等专栏。以1919年3月3日为例,仅有三部连载小说《潜川大侠》《游侠再生记》和《丝蒂蕾小传》,以及"弹词""风俗谈"和《本报贺〈晶报〉新五排》。整个版面平淡无奇,很难说能够刺激读者的阅读欲望。鉴于此,余大雄等决意别树一帜。其二,《神皋杂俎》的"探照灯"专栏已经改

---

① 好春簃主:《"神州"变迁史》,载《晶报》1927年1月3日第二版。
② 大雄:《纪念日回想》,载《晶报》1934年3月4日第一版。
③ 大雄:《二十年前的回忆》,载《晶报》1938年3月3日第二版。

为"文艺俱乐部",余大雄于是将此专栏升格为附张《晶报》。①而《神皋杂俎》在陪伴《晶报》不到一个月,便于4月1日被撤销了。

《晶报》的筹备前后有两个月的时间,这对于当时视办小报为"轻而易举"②的报人来说,应是较长的了。在此期间,余大雄除了与同人讨论刊期、布置稿件内容和发刊词、招揽广告之外,还特地请画家沈泊尘设计了一个报徽。沈泊尘画了一幅"天神驱恶魔图"(见图1-2)——代表正义的天神立于云端,手执长剑击打四个抱头鼠窜的恶魔,其中"一魔腰畔悬金钱,一魔则围以花,殆指钱魔、色魔而言"③。有意思的是,天神所持之剑的剑尖为三个"日"组成的"晶"字,近剑柄处则铸上一个"余"字。沈泊尘解释说:"余者我也。执笔的以及普天下读报的,人人都要存个心,余(即我)须做个驱逐恶魔的天神。"④当然,"余"也指创办人余大雄。以后,这幅"天神驱恶魔图"都会在每年三月三日周年纪念刊上亮相,同时由孙㻌媛(后为刘襄亭)撰写一篇与当年时局相关的"××周纪念中之天神与恶魔"的应景文章。

一切准备停当,余大雄特意选择3月3日作为报纸的创刊日,又因"三日一刊",取名"晶报"。报纸总是承载着创办人的某种理想或意旨,因此创办人在为报纸命名时都会煞费心思,要么告知出版地(如《申报》),要么昭示办报宗旨(如《福尔摩斯》),要么宣布报纸内容(如《新闻报》),要么宣示创办者(如《字林沪报》),有的还将这些信息相互组合或者与刊期联系起来形成新

---

① 大雄:《编辑纪略》(十二),载《晶报》1922年4月18日第三版。
② 所谓"轻而易举"是指小报一是"不必和大报一般地稳重",二是在投资方面"资本多固然好,少也何尝不可以?……故资本原不成甚么大问题"。参见二云:《小报论》,载《铁报》1930年5月16日第二版。
③ 神狮:《天神驱魔之经过》,载《晶报》1927年3月3日第三版。
④ 大雄:《二十年前的回忆(续昨)》,载《晶报》1938年3月4日第三版。

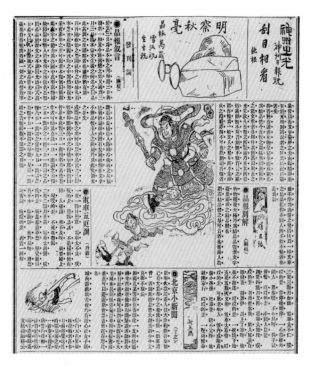

图 1-2 《〈晶报〉叙言》和"天神驱恶魔图"
（《晶报》1919 年 3 月 3 日第二版）

的报名（如《社会日报》）。而余大雄只是强调首创的"三日"刊期，这一点较为独特，很容易记忆；此外，因为是"三日一刊"，于是刻意选在 3 月 3 日出版，多多少少带有一种文人游戏凑趣的风习。

《晶报》初创时为长条形，共四版（后变为四开四版），第一版和第四版为广告版，第二版和第三版为文字部分，每版分六排。其中，第二版首刊由朦蝶执笔的半文半白的发刊词《〈晶报〉叙言》（见图 1-2）。发刊词说明了《晶报》命名的缘由，并阐释了

"为吾国中万事万物,扫除障翳,使渐入光明之域"的办报宗旨(即后来所谓"驱邪诛恶"和"改良社会"),自我期许甚高:

> 于文三日为晶,本报之刊,每阅三日与读者一相见。今兹揭橥之始,又适为三月三日,故本望文生义之例,名之曰"晶",此其训之至显豁者也。虽然,犹有进。
>
> 以吾国政治之黑暗,社会之梼昧,凡百事业,日在阴霾沉晦之中,黯然无复光采(彩),宁非事之至可伤者?本报无似,窃愿竭文字之能力,为吾国中万事万物,扫除障翳,使渐入光明之域,故名吾报曰"晶"。"晶"于《说文》之本训曰"光",语曰"天高日晶",又曰"八月凉风天气晶",皆"光明"之义也。自吾报出,吾国一切之政情与事象,皆以吾文字荡摩之力,由晦暗而渐至于光明,则诚记者之所为祷祀以蕲者矣。
>
> 抑吾犹有说者。凡物聚精华而成,则名为结晶体。今吾报之组织,实网罗当世之能文章者,各倾吐其所蓄,以助吾之光采(彩)。故凡吾报之所记述,乃至其所发抒,义则无不新,言则无不雅。质言之,虽谓吾报为一般文人之精华,所萃集而成之渊薮,亦无不可也。然则读吾报者,虽不惮为过情之奖借,目为一种文章之结晶体,抑亦同人所不敢不勉者也。是为叙。

次为沈泊尘的"天神驱恶魔图",置于上半版中央。其余版面辟有"俏皮话""新鱼雁""小说"和"莺花屑"等栏目,分别刊载:钝根的《〈晶报〉别解》、丹翁的《电车五更调》;了之的《北京小新闻》、马二先生的《旧戏之精神》(一)、谬的剧话《白蘋楼》;小凤的《一室之间》、予倩的《枯树》(一)、小百姓的《北里妆服志》、漱六山房的《上海青楼之今昔观》;微雨的描述妓女动态的《院中逸事》。主要是一些剧界消息、短新闻、剧评、知识小品等,内容驳杂,文艺性较强。较为别致的是,文章的标题并非印刷体,而是由作者亲笔书写,然后将每位作者的手迹镌刻成木戳印刷到报纸上。这种新颖的编辑手法很快在小报中流行开来。此外,还有沈泊尘、丁悚的漫画,"三日一人"专栏中《北京日报》社长朱淇的题字"同道不孤",以及名伶梅兰芳和名妓林黛玉、谢宝宝、张宝宝的小影。显然,《晶报》脱胎于《神皋杂俎》的"文艺俱乐部"专栏,但其编排参考了《神皋杂俎》,只是内容要丰富、充实许多。

初创的《晶报》是一家商业性的休闲小报,占据两个版面的广告是其主要的经济来源。由于定位于《神州日报》的附刊,编撰者几乎为《神皋杂俎》的班底,《晶报》具有并保持着鲜明的文艺性,诗词歌赋、小说等笔调轻松的作品层出不穷,蔚成大观。即使是对某一社会问题的描写或评论,有时也会缀以一首诗,随性而散淡。早期的一些文章还特别注重典故的运用以及文词的考究和雅训,杂然于其他半文半白的文章之间。

《晶报》较为关注剧界和妓界的娱乐动态,这既是悠游于十里洋场的撰稿者个人的生活乐趣,也是当时广大市民阶层日常生活的主要方面。《晶报》把两者恰切地结合在一起,固定为《晶报》长期的话题。当然,《晶报》又不是一家仅仅注重娱乐的报纸,它也有对社会不良和不平现象的观察和评骘,只不过在文人游戏的心态之下以一种嬉笑怒骂、插科打诨的方式表现出来。比如,丹翁在第二版的《电车五更调》中借用流行的民间小调"五更调"揭露电车司机的野蛮驾驶和售票员趋炎附势的恶行丑态,活泼俏皮,体现了文人关怀现实、体恤民生的情愫。

《晶报》初期的版面编排基本上成为它在 1920 年代和 1930

年代前期版面结构的模板,只是其内容和格调随着时代的变迁和读者阅读取向的迁移在持续而缓慢地调适。

这里有必要厘清一下《晶报》与《神州日报》之间的关系。有学者认为,说"《晶报》原系《神州日报》的附刊"是不确切的,"《晶报》创刊后,一开始就独立发行,只是《神州日报》订户可免费附送。所以,只能说《晶报》从《神州日报》附张发展而来"①。严格地讲,这是不太准确的。首先,《晶报》多次自称系《神州日报》的附刊或副刊,只是它并不刻意区分"附刊""附张"和"副刊"三者之间有何差异,而是信手拈来,交替使用。《晶报》"当初附属《神州日报》,在没有脱离《神州日报》的时候,原是一个副刊性质"②,"《晶报》一面蓬蓬勃勃的独立发展,一面还是《神州日报》的附张"③。实际上,与固定安排在第六版的《神皋杂俎》不同,《晶报》并非《神州日报》版面的一个组成部分,而是另起炉灶,别创一"报",但又依附于《神州日报》而存在,处于同一个主人的掌控之下。其次,《晶报》的发行有两种方式:一是附随《神州日报》赠送,如"今日本报附送《晶报》一张,如有遗漏可向送报人索取";二是可以单独订阅,如1919年3月3日零售,"今日一张售大洋二分"。最后,余大雄一身两任,操劳成疾,乃于1927年初将《神州日报》交给曾为该报外勤记者的蒋光堂接办,转而专心致志经营《晶报》。自此,《晶报》脱离《神州日报》,由半附属地位升至主体地位,成长为一张真正独立的报纸,与《神州日报》齐头并进。未几,"蒋君为本党奔走号召,为东南军阀所逮"④,1927

---

① 秦绍德:《上海近代报刊史论》(增订版),复旦大学出版社,2014年,第140页。
② 微妙:《一日三刊的〈晶报〉》,载《晶报》1936年3月3日第二版。
③ 大雄:《二十年前的回忆》,载《晶报》1938年3月3日第二版。
④ 于右任:《〈神州日报〉复刊词》,载《神州日报》1936年10月10日第四版。

年1月《神州日报》被迫停刊。①

对余大雄来说,《晶报》乃是其经济和事业上的一个意外收获。因为《晶报》随《神州日报》赠阅,只要一附送《晶报》,《神州日报》当天的销售就畅旺,反之,就滞销。这与他创办的初衷多有违背。后来,《晶报》的盈利能力不断增强,竟然能够以经营所得填补《神州日报》的亏损了,而《晶报》强劲的发展势头对余大雄全力以赴办好《晶报》又产生了极大的激励作用。

二、《晶报》编撰群体的建构

有小报报人说,要办好一张小报,资本并不是最主要的,首要的还在于人才;小报最低限度不能缺少广告、经理和撰述这三种人才。"首先能得找寻广告的人物,其次经营批发,管理印刷,使报纸不脱期等事,就要有经理人材(才)。"②可以说,余大雄是一个相当出色的"复合型人才"。余大雄在钱芥尘主持《神州日报》时就曾帮他招揽广告,是一个拉广告的好手。1918年他接手《神州日报》,次年又创办《晶报》,同时经营两报近十年之久,管理经验丰富,相当于现在的"职业经理人"。至于撰述能力,有报人评价:"余大雄经理而兼为编辑,并且每期要做二三篇稿

---

① 有亲历者对《神州日报》的停刊依依不舍:"至国民军至沪后,乃改《神州日报》为《国民日报》,于是望平街头,何宇尘君今所书'神州日报发行所'大招牌,二十年来为路人所瞩目者今竟撤去,改悬董康所书'国民日报馆'招牌。拍此影时,招牌犹未制就。外此,则赫然'晶报馆'三字,为郑苏戡所书者,其门灯上,仍书'神州日报'四字,盖犹未及更易也。"文末诗云:"晶光照耀502百春秋,往事低回转欲愁,剩有一灯犹在望,行人指点是'神州'。"参见瓮公:《晶报之今昔》,载《晶报》1927年4月30日第二版。
② 二云:《小报论》,载《铁报》1930年5月16日第二版。

子。……余大雄的东西确乎是十分清楚,如果有一桩事,事实非常复杂,头绪非常杂乱,但是写在余大雄的笔下,很能使读者一目了然,有序不紊。……现在《晶报》上,实事稿子,而比较有价值的,要算余大雄的东西。他材料的来源,大多得诸律师处,所以关于案情方面的稿子很多。"①看来,余大雄的写作能力得到了同行的认可。

有报人强调撰述一职对于办好一张报纸至关重要的作用:"中国人材(才)非常缺乏时代……其难中尤难,乃在撰述……故其人要认识深厚而观察周到,思路尖锐而情操温纯。"②余大雄不可能承担报纸所有内容的撰写,因而构建《晶报》的编撰群体,保障优质而稳定的稿源成为余大雄的日常工作。

事实上,望平街报馆林立为余大雄储备了众多的撰述名家。望平街从前也叫山东路,在全盛时期只是南起福州路,北达汉口路,但影响不可小觑。"上海的望平街,便是吾国报馆业集中之地,也就是全国的舆论集中之地。中国望平街,其势力实可与英国的唐宁街、美国的垣街相比。"③这里汇集了十几家报馆,包括一些在上海乃至全国声名卓著的大报。《晶报》在1930年代对此有较为确实的记载:"现在的《申报》《新闻报》《时报》《时事新报》和《民报》前身的《民国日报》、今年停刊的《晨报》,都在过望平街。以前的《中外日报》《神州日报》《太平洋报》《民声报》《民呼(日)报》《民吁(日)报》《新申报》《中华新报》《商报》也都在

---

① 林华:《上海小报史》(三),载《福报》1928年5月28日第二版。
② 二云:《小报论》,载《铁报》1930年5月16日第二版。
③ 微妙:《别矣望平街 此全中国舆论集中地也》,载《晶报》1937年7月5日第二版。

过望平街。从前清热闹到民国十四五年,后来逐渐乔迁。"①因此,望平街也称报馆街。"望平街成为报馆街,很大程度上是由方便报刊发行而逐步形成的。"②起初是《申报》《新闻报》等几家大报陆续在此设馆,它们都拥有各自的发行渠道。但随着报贩势力的不断增强,上海报纸的发行网络逐渐集中于几个大报贩之手。这些报贩各自控制有势力范围,他人无法染指。望平街于是成为上海报纸的批发中心,"大小各报暨期刊之发行,又必在望平街,习惯成自然,非此不行矣。东方既白,晨光熹微,其他街市,犹沉寂如死;望平街头,已熙熙攘攘,人声鼎沸,全上海之报贩,争先恐后,咸来取报。自福州路至九江路一段,两旁街沿积报如山,人头攒动,约历两小时,始报尽人散,回复常态"③。那些远离望平街的报纸往往因运输延迟而错过发行机会,顿成一堆废纸。这就迫使各报馆尽可能在望平街安营扎寨。

早期的望平街事实上是上海报纸产业的聚集区位。这些生产相似新闻产品的报纸企业之所以集中于一个区域,不过是遵循了一个经济规律:"同一产业越多的企业聚集于一个区位,就越有利于企业所用生产要素的聚集,其中包括劳动力、资金、能源、运输及其他专业化资源等。……随着(诸如此类的)投入品变得越来越专业化,生产就越有效率。"④报馆的聚集吸引了不少来沪寻找出路的文人学士,他们或者寄身报馆充任编辑、记者,或者靠撰写各类文字,鬻文为生。这些脑力劳动者根据个人

---

① 西阶:《报馆街鲁殿灵光》(上),载《晶报》1936年4月4日第二版。
② 马光仁:《上海新闻史(1850—1949)》(修订版),复旦大学出版社,1996年,第384页。
③ 啼红:《望平街四大金刚又弱一个》,载《铁报》1936年1月13日第三版。
④ 干春晖:《产业经济学:教程与案例》,机械工业出版社,2006年,第245页。

偏好和对方所能提供的条件在不同报馆间流动。有的索性身兼数职,同时服务于多家报馆。

同处望平街,《晶报》借租于《神州日报》馆舍,又与《申报》《新闻报》等大报比邻而居,这就为余大雄随时拜访各报馆的名家写手创造了便利条件。"近水楼台先得月",余大雄非常擅长利用这个优势编织他极为倚重的人脉关系。如果考察一下《晶报》早期的主要撰稿人,就会发现这些人与望平街有着千丝万缕的联系。创刊初《晶报》向社会展示了其阵容强大、颇负盛名的写作队伍:

> 世风浇漓,每况愈下,苟不砭箴,谁为药石?本社以改良社会为职志,特组织破天荒之小报一种,定名"晶报",已于三月三日出版。敦请小凤、小百姓、钝根、微雨、潄六山房、欧阳予倩、朦蝀、生可、井上红梅、丹翁、瘦鹃、能毅、寄尘、贞一诸文豪,担任短评、小说、笔记、俏皮话诸作。马二先生、张镠子诸戏剧家担任剧谈、脚本。泊尘、丁悚诸画家担任插画。每期必有插画及名优、名妓写真四五张,且有"三日一人"之名家题字,末附"衣食住""新智囊""新常识""风俗谈""花界丛谈""求疵录"。并请各大报著名记者锡以佳篇。①

这些报人大多来自《神州日报》《申报》《新闻报》《新申报》《时报》《时事新报》和《民国日报》等几大报馆。他们或为生活所迫,或为追逐理想而汇聚于望平街,由于职业相同、文化心理接

---

① 《〈晶报〉出版》(广告),载《申报》1919年3月5日第二版。

近、社会地位相差无几,同声相应,同气相求,形成了一个纵横交错的人际关系网络。他们在从事新闻采编之余,在余大雄的力邀之下义务或兼职为《晶报》撰稿。

小凤,即叶楚伧,1916年与邵力子在上海合办《民国日报》,任总编辑。此后,任复旦大学中文系主任。曾为《晶报》撰写小说和周年纪念文章。从1923年开始,从事国民党党务和宣传的领导工作,任国民党中央宣传部部长,与上海报界多有接触。叶楚伧从政后,《晶报》对其行踪多有报道。

小百姓,即包天笑,1905年来沪,任《时报》编辑,《余兴》副刊编辑,兼任《小说时报》《妇女时报》编辑等。1919年离开《时报》,先后任《小说大观》和《小说画报》编辑。著小说多部。同行评价包天笑"当然是一位文坛健将,无怪《晶报》要倚为台柱了","包天笑做些小报体裁的文稿,轻松灵利,活泼畅达"[1]。又有人认为"其文清新流利,偶著小评,委婉曲折,又或演说花史,亦复旖旎风光"[2]。

钝根,即王钝根,1911年应同乡席子佩之聘担任《申报》编辑,同年创办《申报》副刊《自由谈》,任主编。之后陆续编辑风行一时的《自由杂志》《游戏杂志》《礼拜六》《社会之花》《心声》等,尤以《礼拜六》声名远播。1916年脱离《申报》,几经周折,再次应席子佩之邀任《新申报》副刊《小申报》主编。

微雨,即刘襄亭,初由好友毕倚虹介绍认识包天笑,俩人被举荐入狄平子的《时报》,"狄平子亦深慕其才"[3]。他在主编副刊《小时报》时经常向《晶报》投稿。"刘君在《时报》数载,由副刊

---

[1] 林华:《上海小报史》(二),载《福报》1928年5月25日第二版。
[2] 锁骨:《小报界之四大金刚》,载《小日报》1926年11月2日第二版。
[3] 微妙:《哀刘襄亭先生》,载《晶报》1937年3月21日第二版。

编辑洊任总编辑,旋脱离赴皖长榷务,未久因病仍归海上。至民十八年,乃入本报(《晶报》)任编辑。"①有报人评价"其国文极有根底,思想甚新颖",在《小时报》中"其文字清醒流利,理论精辟,早为读者所推重,闻刘于花界情形,尤为熟悉","自加入《晶报》之后,为该报生色不少"②。1937年,由余大雄整理的《刘襄亭之日记》在《晶报》连载。

漱六山房,又称漱六山房主人,即张春帆。据钱芥尘回忆:"愚识张春帆先生为民五之秋,时方与大雄先生接办《神州日报》。君原为'神州'编小品文字《神皋杂俎》也。共笔砚者一年,以供职淮关而去。"③后来漱六山房成为《晶报》的重要撰稿人,读者对其文章"珍若拱璧",其"著作等身,文名满大江南北,所著《九尾龟》说部,脍炙人口"④。1921年和1922年在《晶报》分别连载《漱六山房日记》和小说《最新九尾龟》等。1928年创办以文艺掌故为主的小报《平报》三日刊。⑤

欧阳予倩,1911年与人在上海组织新剧同志会,1913年又在上海组织春柳剧场,开展新剧演出。1915年春柳剧场解散后,从事京剧编、写、导活动。

朡蝀,即孙瞳(癯)蝀,任《神州日报》编辑,"(《神州日报》)短评多为孙癯蝀氏所撰,有时峭拔简劲,有时低徊(回)动荡,丽而

---

① 大雄:《刘襄亭君之回忆》,载《晶报》1937年3月21日第二版。
② 林华:《上海小报概论》(九),载《福报》1930年5月22日第三版。
③ 西阶:《追悼春帆》,载《晶报》1935年8月23日第二版。但余大雄的表述与之略有不同:"民五六间,钱君体尚荏弱,经理'神州'之际,总编辑张春帆君中途赴平,拟在政界有所活动。"参见大雄:《为〈大公报〉〈"神州"旧话〉更正》,载《晶报》1936年9月10日第三版。
④ 梦云:《记张春帆先生》,载《小日报》1926年10月28日第二版。
⑤ 《漱六山房主人张春帆》,载《郑逸梅选集》(第二卷),黑龙江人民出版社,1991年,第167—168页。

不缛,纡而不晦,虽寥寥短章,能令人发无尽之思"①。自《晶报》创刊即担任编辑,发表连载小说《宝盖图宫秘史》和连载传记《列宁小史》,与刘襄亭先后为《晶报》撰写周年纪念文章。与李涵秋、毕倚虹和袁寒云并称《晶报》"四大金刚"。

生可,即钱生可,《时事新报》编辑,编撰揭露社会黑幕的文章,为《晶报》"燃犀录"专栏撰稿。

丹翁,即张丹翁或张丹斧。自1905年先后在镇江《扬子江报》和《镇江风人报》任编辑。后至沪助编一张文艺图书报纸。1909年编辑《竞业旬报》,与胡适为同事。"迨民国成立,芥尘先生办《大共和日报》,聘丹翁编副刊。而汪汉溪先生亦延之编《新闻报》副刊(《庄谐丛录》)"②,其在《大共和日报》所作小评"有语必谐,无字不隽"③,一度与严独鹤④共同编辑《新闻报》副刊《快活林》。1914年远赴长安(今西安)。1917年,钱芥尘接办《神州日报》,丹翁返沪任编辑,在副刊《神皋杂俎》"常写游戏文章,笑中寓讽"⑤。1919年,丹翁任《晶报》主笔,每期撰稿,"笔锐如刀,其作品刊于《晶报》者为最多……将时人姓名、地名、轶事等一一砌入诗中,或七律,或五言,无不对仗工整,辞意深邃,细嚼读之,醇醇有余味焉,实难能可贵也"⑥;其间兼任小报《小日报》编辑

---

① 畏垒:《忆"神州"》,载《晶报》1929年3月3日第二版。
② 镇冠:《回忆丹翁先生》(六),载《晶报》1937年11月8日第二版。
③ 观蠡:《哀张丹斧先生》(上),载《晶报》1937年11月26日第二版。
④ 严独鹤,也称独鹤,1914年入上海《新闻报》,初任副刊编辑,1924年起任副总编辑,长期主编副刊《快活林》,兼写社论和长篇小说。曾为上海世界书局主编《红杂志》和《红玫瑰》,刊载通俗小说。严独鹤常常成为《晶报》打趣调笑、活跃版面的对象。
⑤ 《〈神州日报〉的花絮》,载《郑逸梅选集》(第一卷),黑龙江人民出版社,1991年,第928页。
⑥ 锁骨:《小报界之四大金刚》,载《小日报》1926年11月2日第二版。

和《商报》副刊编辑。丹翁是仅次于余大雄的主干人物。

瘦鹃,即周瘦鹃,1920年开始主编《申报》副刊《自由谈》,以"茶余酒后消遣"的趣味主义为办刊宗旨,同时兼编《乐园日报》《礼拜六》和《游戏世界》。1933年改编《申报》的另一副刊《春秋》。

能毅,即沈能毅,画家沈泊尘之弟,任《神州日报》编辑。

寄尘,即胡寄尘,1912年在《神州日报》工作,后辞职入《太平洋报》任编辑,前任离开后接任文艺版主编,直至停刊。他善写短篇小说和诗词。1932年上海通志馆成立,与其子胡道静为骨干人物。后与人创立上海通社,在《大晚报》编辑出版《上海通》周刊。①

有学者认为"《晶报》虽属小型报,而写作人的阵容却比任何大报都强"②。丹翁也说《晶报》的撰稿人笔力高强:"譬如一家演剧的舞台,像杨小楼、梅兰芳这样脚(角)色,顶多也不过两个三个,何能个个是杨、梅呢?本报的社员,几几乎没有半个扫边的脚(角)色,就连在下都要在忝附名人之列,岂不是很难得的了吗?"③

虽然望平街名家云集,但这只是为余大雄约稿创造了机会,并不意味着各位大家都会积极主动地撰稿,因此《晶报》的稿源并不总是稳定可靠的。一个主要问题是这些编辑、记者并没有把撰稿当作一种非做不可的事,而是率性而为,没有明确的目的

---

① 《上海新闻志》,上海社会科学院出版社,2000年,第698页。以上部分编撰人的简历亦参照了此志。
② 姚吉光、俞逸芬:《上海的小报》,载《新闻研究资料》总第8辑,新华出版社,1981年。
③ 丹翁:《纪念余谈》,载《晶报》1923年3月6日第二版。

和持久的动力,写与不写是没有多大区别的。这与近代的稿酬制度有很大的关系。上海的稿费产生于19世纪八九十年代,到20世纪初已经很普遍了,但主要还是针对小说,其他如诗文、歌赋等则远在其后。① 也就是说,上海近代的文化市场仅仅初步建立,作为文化市场的重要构成因素,稿酬制度并不是完善和规范的,还无法对报人在完成本职工作之余对外撰稿形成有效刺激。

此外,报人本身也缺少一定的商品观念,甚至还有情面问题。据包天笑回忆:"那时上海的记者们,以'不事王侯,高尚其志'的态度,也谢绝各方交际应酬,以自示清高,实为可笑之事。"②又如,张春帆为几家报馆和出版社撰写长篇小说等稿件,所得稿费多未付足,有的甚而完全赖账,但张春帆"从不向人索欠,盖稿费与欠债不同,不应以风雅之往来,而为败兴催租之事",还没有完全把舞文弄墨当作一种商业行为,只能自嘲"文人而卖文为活,已极无聊,卖文而竟为文丐,尤堪自笑。至于已成文丐,尚为各处拖欠若干稿费,永无归还之望,此则无聊可笑之极者矣"③,甚感无奈和悲戚。当然,正是一些文人还保持着这种忌谈交易的心态,使得余大雄早期"乘虚而入",能够拉到稿子。

虽然《晶报》在向社会征文时声明"惠稿报酬特别从丰,一俟登出即由邮寄奉"④,但实际情况却有较大的出入。余大雄索稿

---

① 孟兆臣:《中国近代文化市场的稿费制》,载《通化师范学院学报》2005年第5期。
② 包天笑:《钏影楼回忆录》,香港大华出版社,1971年,第444页。
③ 漱六山房:《文丐之稿费》,载《晶报》1935年7月31日第二版。
④ 《〈晶报〉征文广告》,载《神州日报》1919年3月31日第一版。

大多不付报酬,即使长篇稿费也很菲薄。袁寒云供稿卖力,不过月致三十元(袁寒云自己从来不领,而是由他的一个亲戚领取自用)。作家徐卓呆写了一年的稿件,到年底只得到一帧月份牌算是报酬。① 应该说,这不是《晶报》所独有的一种现象,而是一种普遍现象。"三四年前(经推算,大约指1920年代前期——笔者注)的小报稿子,出稿费的甚少。……至于做稿的人,当然一律义务。"②这是撰稿人无法更易的大气候。因此,这些报人写作热情并不是很高,就一点也不奇怪了。

但余大雄有一个优势,那就是他性格外向,善于结交,如"民国九年,予游京师,获交凌霄、镠子诸贤"③。"他在报界,人头很熟,几乎没有一个不认识。"④因此,总能拉到稿子,人称"脚编辑"。余大雄回忆说:"那时候(1920年代前期——笔者注)我并不执笔撰稿,也不采访新闻,每三天到各个朋友的地方跑跑,催他们做稿子,于是《红杂志》替我题个绰号,叫做'脚编辑',又在《文人点将录》(另文又说是《文坛点将录》——笔者注)里,派我做神行太保戴宗戴院长这个人物。金圣叹批的《水浒传》上说明他除掉会跑以外,并无特长,是个中下人物,《红杂志》的意思,当然是骂我的。然而我只要《晶报》有好稿子,人家就派我做鼓上蚤时迁,也无不可。"⑤所以,每当《晶报》出版周年纪念刊时,常会出现"老友大雄以书求,嘱为撰稿"⑥之类的字句。可见,余大雄拉稿主要依靠平日交往所结下的私人友情,拉的是"面子稿"。

---

① 罗苏文:《沪滨闲影》,上海辞书出版社,2004年,第140页。
② 林华:《上海小报概论》(七),载《福报》1930年5月13日第三版。
③ 大雄:《编辑纪略》(十二),载《晶报》1922年4月18日第三版。
④ 竺旦小:《小报健将录》(一),载《笑报》1927年10月9日第三版。
⑤ 大雄:《纪念日回想》,载《晶报》1934年3月4日第一版。
⑥ 严独鹤:《十二年前的一句话》,载《晶报》1931年3月3日第二版。

当然,除了要有广泛的交情,还要有锲而不舍、软磨硬泡的精神。"《晶报》最初的组织,编辑人在外访问的时间,比在内写字的时间多,却又并非如今的外勤记者。因为当时执笔的人,大半是别的报馆里人物,业余觉着很有趣味,不约而同来投稿的,但亦非去催请,很不容易光临。"①

以上只是《晶报》创办初期的情形。后来,随着文化市场的逐步成熟,《晶报》也开始实行稿费制了。

余大雄的交际不仅限于报界,他还有其他一些社会交际圈,如政界、银行界、广告界、实业界,此外,还有律师、医生、海上寓公、洋场才子以及其他一些自由职业者。如果说望平街报人为《晶报》撰写了题材多样、风格各异的稿件,那么,这些不同职业、不同身份的人则为余大雄提供了取之不竭的新闻来源。比如,上海律师的从业门槛很低,因此律师特别多,这些人每天奔走于各种各样的案件诉讼,掌握了不少案情内幕。余大雄则徜徉其间,收获了不少新鲜、刺激的材料。"他材料的来源,大多得诸律师处,所以关于案情方面的稿子很多,律师方面的材料,有时确有非常好的可以采访着,并且都是非常正确的……"②报馆也成了余大雄招待朋友、收集新闻信息的地方。"有时少长咸集,群贤毕至,余大雄的朋友、张丹斧的朋友、朋友带来的朋友,如梁上之燕,自来自去,谈天说地,笑语喧哗……而他就在此中可以汲取材料了。"③

余大雄之所以能够向一些大报的编辑以及小说家约稿,也是与《晶报》初期的内容特性紧密关联的。早期的《晶报》定位于

---

① 大雄:《二十年前的回忆(续昨)》,载《晶报》1938年3月4日第三版。
② 林华:《上海小报史》(三),载《福报》1928年5月28日第二版。
③ 包天笑:《钏影楼回忆录》,香港大华出版社,1971年,第448页。

副刊或"文艺定期日刊",文艺性要远远大于新闻性,而这些撰稿人整日安坐报馆,是不太可能外出采写新闻的,因此,他们依靠勤勉攻读所造就的文学文字功底、平日对社会万象的观察和思考来写作,主要以小品文和小说等文艺作品为主,即使是评论也带有浓重的杂文色彩。这几乎伴随《晶报》的整个生命周期,只是在 1930 年代末期开始增强新闻性。

早期《晶报》的新闻比重并不大。一方面,《晶报》看重新闻的真实性。比如,有人报告了一条有趣而重要的新闻,虽然是《晶报》所欢迎的,也须加以调查,是否翔实,未可贸然登载。① 另一方面,不少新闻并非全是撰稿人亲自踏访获得的,一个途径就是口耳相传,道听途说,这就难免捕风捉影、向壁虚构了。这除了由于《晶报》规模小,不可能如大报那样设立组织完善、人员齐备的采编部门之外,还可能受当时"有闻必录"风气的影响,未能形成严格的新闻真实的理念。"初期的报纸与报人,似乎闲居于社会之外,无所谓责任。……例如报纸记述,倘引起任何纠纷,报人不再复敷事实,据理力争,而只以'有闻必录'为辩护。法庭上如此说,更正时如此说,社会上亦辄容忍报纸有闻必录而原谅之。……如此情况,无法断言其时间之起讫,惟至民国八九年间,倘习闻若干报以'有闻必录'为口头禅。"②《晶报》也不例外,自称"记载详明,有闻必录"③。在二三十年代《晶报》时常很坦率地对失实的新闻加以更正,或者登出稿件内容的当事人来信提供的不同的事实。正如《晶报》撰稿人毕倚虹自我表扬所云

---

① 包天笑:《钏影楼回忆录》,香港大华出版社,1971 年,第 448 页。
② 潘公弼:《望平街之回忆》,转引自王敏:《上海报人社会生活(1872—1949)》,上海辞书出版社,2008 年,第 34 页。
③ 漱六山房主人:《〈晶报〉万岁》,载《晶报》1922 年 3 月 3 日第三版。

(这种表达方式与大报的稳重和矜持判然不同):"大家为什么欢喜《晶报》? 因为他有骨气,是他错误的,他很愿意更正和道歉。"①

---

① 毕倚虹:《为什么欢喜〈晶报〉》,载《晶报》1926 年 3 月 3 日第二版。

第二章 文人与市场：《晶报》的内容生产

《晶报》早期的内容受文人文化习性的影响较深，而《晶报》的商业化决定了它需要时时了解和适应读者的阅读需求及变化，其内容格调正是在这两者的叠加共振中逐步形成的。《晶报》的内容特色表现为三个方面。一是综合性。在《晶报》版面上，娱乐新闻（主要是花界、伶界消息）、社会新闻、时政新闻、报界消息、时事评论、文艺作品、各类知识以及娱乐消遣性文字，纷繁驳杂，应有尽有，不同喜好的读者都能够各取所需。① 二是趣味性。如果说综合性是《晶报》的躯壳，那么，趣味性则是《晶报》的内核了。事实上，为了提高读者的注意力和报纸的可读性，《晶报》的内容安排很大程度上是以有无趣味性为衡量标准的，这样一些眼光低浅、意义稀薄的琐事逸闻也就登上了报纸版面。这些文字多采用文学笔法，因此，读起来饶有兴味。② 此其一。其二就是追求表达的趣味化。这时，内容退居次要地位，甚至被

---

① 关于《晶报》小说，有学者进行了精彩的研究。参见李国平：《上海市民的精神"大世界"——民国小报巨擘〈晶报〉研究》，博士学位论文，苏州大学，2008年。
② 如袁寒云读报并非自以事实为核心的新闻开始，而是首选文艺文学作品："我看报，是从文艺一栏看起，其次看专电，看通信，至于各地新闻，不过约略一瞬罢了。"参见寒云：《看报者言》，《晶报》1922年10月21日第二版。

表达形式所压制,制造笑料超越一切。三是"敢骂"和"敢言"精神(见第三章)。《晶报》针砭社会笔锋犀利,无所禁忌,将实践办报方针与实施市场策略融于一体。为增加报纸的吸引力,《晶报》还在编排方式上求新、求异,刻意以混合编排区别于大报的分栏编排,造成差异性,初虽遭读者质疑,但最终得到了他们的认可,并被其他小报所仿照。

第一节　文人的文化习性与《晶报》的内容格调

有学者将近代文人分为受传统教育的文人和受新式教育的文人。前者是指那些兼有儒学、历史和文字方面知识的通才;后者是一种新型文人,他们通过撰写供大众消费的文章,成为大众思想的启蒙者和公共事务的仲裁人。①《晶报》编撰人基本上属于前者。《晶报》文人具有深厚的文学和语言造诣,诗文自傲,词采灿然。他们工书善画,以文会友,诗酒酬唱,鉴赏古董。他们嗜好听曲看戏,捧妓捧伶,冶游觅艳,一副名士派头,崇尚遁隐率性、超脱俗尘、放荡不羁的处世态度。这些文化习性也投射到《晶报》早期的内容之中。总体而言,《晶报》内容生产有一个逐步调适的过程,其目的是适应社会生活的变动、读者阅读取向的变化,也为了自身更好地发展。《晶报》开办之初,文艺色彩十分浓厚,即便是带有强烈现实性的评论也不脱文学表达形式。但

---

① 徐小群:《民国时期的国家与社会:自由职业团体在上海的兴起1912—1937》,新星出版社,2007年,第4—5页。

"文艺定期日刊"的定位毕竟有些狭窄,之后《晶报》便将笔触伸向广阔的社会领域,向"社会定期日刊"转型,形成了综合性的"大杂烩"特色。

一、《晶报》早期的栏目结构和特点

前文述及,《晶报》首期四开四版,第一版和第四版为广告版,第二版和第三版为文字部分,每版分六排,编排紧凑,内容厚实。出版之初,分门别类。继首期设置"俏皮话""新鱼雁"①"莺花屑""三日一人"和"小说"等栏目之后,《晶报》又陆续开辟了"小月旦""歌舞场""毛瑟架""燃犀录""新智囊""衣食住""求疵录"和"笔剩"等专栏。栏目名称尽量摒弃古雅气息,追求通俗化,多三字组成一词,朗朗上口。这些栏目大都配有题花,既展示了栏目的特点,又美化了版面。例如,"俏皮话"是一个人执扇掩嘴而笑,"小月旦"是一个人秉笔疾书,等等。现将这些栏目简要介绍如下(见图2-1)。

"俏皮话"专讲打趣逗乐的笑话,很难说有多大意义,但有些笑话多少也反映了一些社会面相,如《罢市中之门》:"罢市,质言之,即不开门之谓也。然此中亦有开门者,约分数类述之如左:报馆忙传消息大开门;押店为关生计小开门;杂货等铺似做非做半开门;肉店鬼头鬼脑开后门;就中只有殖边银行一家有先见,他倒是早已绝对的不开门。"②《晶报》创刊不久,北京就爆发了反对帝国主义的"五四运动",上海也以罢课、罢工和罢市"三罢"

---

① 有学者将"新鱼雁"书为"新鱼鹰",有误。
② 谁:《罢市中之门》,载《晶报》1919年6月15日第二版。

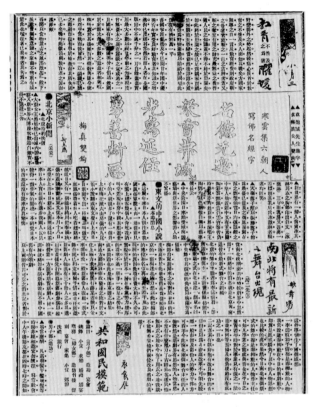

图 2-1　"小月旦""新鱼雁""歌舞场""衣食住"专栏
（《晶报》1919年6月21日第二版）

的方式予以声援。《晶报》避开全市风起云涌的抗议活动，专门搜寻发生在市民当中富于情趣的场景和行为进行不厌其烦的描写。这里，文章以"开门"为观察点，描绘了上海业界对罢市的种种微妙心态，几笔勾勒，令人失笑，而文字的精巧组合又增强了这种效果。

"新鱼雁"为新闻栏目，刊登各种短小新闻，注重趣味性，如名人近况、报界近状、社会新闻(如诈骗、诉讼、马戏表演)、京津菊讯、花界消息等。该栏目也对"五四运动"进行了报道,其中描述了这样一件趣闻:"章宗祥被殴后,某报之标题为'打不死的章宗祥'。次日,章宗祥之生死消息,非常离奇,忽生忽死,莫衷一说。至今日而章仍未死。于是学生界皆曰:'打不死的章宗祥'。"①对于"五四运动"在上海引起的反响,《晶报》几乎都保持着一种旁观而不介入的姿态,它以一个极其普通的市民的视角,从侧面和细微处着眼,报道事件对市民日常行为的影响及市民的反应,不免琐碎但也不乏趣味。

"莺花屑"介绍妓院情况和名妓行迹,如连载《上海青楼之今昔观》《上海花界电话表》。这是《晶报》长期关注不辍的娱乐主题。

"三日一人"乃是仿照日本《万朝报》日刊一帧社会人物的字画的"一日一人"专栏,每期刊登一幅报界及社会各界人士的题字手迹,如《申报》总主笔陈冷的"不识不知"、《新闻报》经理汪汉溪的"智仁勇"、北京大学教授胡适的"亮晶晶地",等等。此栏"翰墨琳琅,足为吾报生色"②。1920年3月因征求不易停刊。1922年3月短暂恢复,易名为"各有千秋",不再每期必载了。

"小月旦"由丹翁主持,为警醒社会而设,是"含讥讽的闲评","都是擅长八股文式的骂人,凶得很,使得人喜不出,恼不出"③。该栏"初仅小词,解释讽画。文人墨客,固极喜其隽雅;而普通社会,则往往瞠目结舌,致憾于索解之无从。于是略改体

---

① 采双:《北京学界风潮中之轶闻种种》,载《晶报》1919年5月18日第二版。
② 大雄:《编辑纪略》(二),载《晶报》1922年3月6日第二版。
③ 民哀:《水晶宫阅报记》,载《晶报》1920年3月3日第三版。

裁,以明白晓畅之文字出之,务求适合社会之心理焉"①。最初的诗词多讽诵发生在上海的各种社会现象,如飙车、迷信、贪财,等等,与讽刺画(插画)相映成辉。如,丹翁讥讽邮电部尸位素餐,电报传送奇慢,不如寄信快当:"怪道如今万事疲,电也难驰,传讯迟迟。思量毕竟罪归谁,线也难知,到处丝丝。从来职务有专司,厥位空尸,厥咎宁辞。既然电报缓如斯,快信充之,可省邮资。"②1919年6月3日改为白话文。这表明《晶报》时刻在探索读者的文字能力,尽量减少他们的理解障碍。1920年1月1日,"小月旦"曾易名"社论",未几,此专栏名称被撤去。

插画专栏,"初由沈泊尘君及丁悚君担任,拟每日刺取社会一二之怪现状,绘一图或二图,而于'小月旦'栏中,缀以小词,借申讽刺之微意,亦差为当世所许可"③。1920年3月,由于沈泊尘以肺痨复发去世,丁悚独木难支,此栏无形中消失了。

"歌舞场"介绍戏界动态,刊登演唱曲目,点评伶人演出表现,也介绍一些戏曲知识,如《大鼓之名词》。

"毛瑟架"是一个探讨问题的栏目,比如,胡适之、张丹翁和张恨水关于新诗的讨论,周剑云和冯小隐关于抄袭的争论,等等。其中有一些属于较为严肃的话题。

"燃犀录"专栏从《流行黑幕》等书中选稿,"其中亦颇有佳稿,足为社会镜鉴"④。当然也有外稿,由《时事新报》主持"上海黑幕"栏的钱生可编辑,如《姨太太》揭露了官场腐败行为和交易

---

① 大雄:《编辑纪略》(二),载《晶报》1922年3月6日第二版。
② 丹翁:《慢电代邮 俳体一剪梅 刺电政也》,载《晶报》1919年5月27日第二版。
③ 大雄:《编辑纪略》(二),载《晶报》1922年3月6日第二版。
④ 大雄:《编辑纪略》(一),载《晶报》1922年3月3日第二版。

黑幕。①《上海的东洋艺妓》披露艺妓馆子、地址和人数。② 该栏后因生可病故而停刊。

"新智囊"是一个知识性栏目,由周瘦鹃主持,专载国内奇闻轶事,但也有一些与栏目宗旨不甚切合的篇章。如《翻新雅谑》:"一拳打碎黄鹤楼,一脚踢翻鹦鹉洲,我看李太白的手脚比四十二生的大炮还利害。二月春风似剪刀,我想用他来剪头发。"③纯粹是为着逗笑。

"衣食住"也是一个知识性栏目,由沦泥执笔,"重在男女衣饰之流行变迁,各处著名饮食之制造秘法,及屋内之装饰法等,俾社会知所适从"④。后因主持无人,亦无佳稿而废。

"求疵录"主要批评或指正上海报纸出现的各种各样的问题,比如,"'申''新'(《申报》和《新闻报》)等报先施公司大减价广告中有'既月异而日新,复光离而陆怪'等句,不知'光离'是甚么?'陆怪'又是甚么?"⑤质疑广告语对成语"光怪陆离"随意拆解。此栏保留时间颇长。

"笔剩"则近似杂录,内容纷繁芜杂,或介绍衡量身材是否漂亮的标准,或闲谈影事,或解释"的"字的用法,等等,尽管填充。

"小说"专门刊登名家撰写的小说。起初"拟专取千字左右之短篇,于一期中登出,使读者一览无遗";当来稿多为几期连载时,索性采用长篇小说,"微窥社会之心理,似亦多嗜长篇小说"⑥。如小凤的《一室之间》、予倩的《枯树》、李涵秋的《爱克司

---

① 芝轩:《姨太太》,载《晶报》1919年5月18日第二版。
② 阿一:《上海的东洋艺妓》,载《晶报》1919年12月15日第二版。
③ 谁:《翻新雅谑》,载《晶报》1919年6月15日第二版。
④ 大雄:《编辑纪略》(一),载《晶报》1922年3月3日第二版。
⑤ 载《晶报》1919年5月18日第二版。
⑥ 大雄:《编辑纪略》(一),载《晶报》1922年3月3日第二版。

光录》等。

此外,还增设有"文选楼""游戏文"等栏目。事实上,这些栏目之间的界限并非泾渭分明的,稿件安排带有一定的随意性,似为填塞版面。

从早期的栏目设置来看,可以说《晶报》的内容林林总总,五彩斑斓,既有新闻报道,又有讽刺性短评,既有问题探讨,又有知识介绍,可谓雅俗杂陈,庄谐并出,初步显现出"熔新闻、文艺、知识、娱乐消遣于一炉的综合性小报"①的特点。总体来讲,这一时期的《晶报》以刊载文艺作品为主,偏重对伶界、妓界的评介报道,追求内容的趣味性和通俗化,尽可能迎合不同层次的市民读者的阅读喜好。这也正是《晶报》创办之初标明为"文艺定期日刊"的原因。自1920年1月始,大多数栏目陆续撤销了。究其原因,余大雄认为:"(《晶报》)以改良排列法,略为长短行之区画,甚感分别部居之不便,遂援东西各报之成例,悉废除之,体例为之一变"②;另外,有些栏目主持人或执笔人,或由于工作繁忙,无暇顾及,或由于手头资料枯竭,难以维持。自此,《晶报》的版面内容不再分门别类,而是采取混合编排的形式,也就是将不同体裁、不同内容、不同风格的文章杂然排列;但混合中又有偏重,如将言论和新闻固定地安放在第二版。

应该说,《晶报》的内容设置得到了读者的首肯。1920年3月,在创刊一周年之际,《晶报》以掩饰不住的自夸的口吻将其内容特色宣扬了一番,并指出一年来读者对于《晶报》"独加青眼"的缘由:

---

① 马光仁:《上海新闻史(1850—1949)》(修订版),复旦大学出版社,2014年,第695页。
② 大雄:《编辑纪略》(一),载《晶报》1922年3月3日第二版。

夫《晶报》,固所谓小报也。其所以称小报者,为其篇幅盈尺,形式小,内容限于游戏,范围小,评剧谈花,眼光小。其小也,犹之乎其他种各小报也。然而一般读者之独加青眼于《晶报》,意何故耶?

就余之观察所及,则以为《晶报》之评剧,无党见,无捧角之习,无机关作用。无党见,故褒贬一秉至公;无捧角之习,故绝不专事颂扬个人;无机关作用,故其所评论,从未限于某一舞台之剧。其他小报有如是者乎?

花丛纪事,本为文人好事而作,随手招来,原不至于有伤风雅。然而一般冶游子,每好借此兴风作浪,飞短流长,以快一己私意,故此类文字,大多向壁虚造,否则借资利用。而《晶报》则仅清谈遣兴而已,绝不屑有半点尘垢。其他小报有如是者乎?

此外,《晶报》之文字中坚,当推"小月旦"与"小说"。"小月旦"之所批评,题目虽小,而其弦外余音,正复未必皆小。即小见大,其针砭社会处,往往于令人狂笑之下,旋自悚然有悟。其他小报有如是者乎?

"小说"兼具长短二体。长篇以涵秋为中坚,固今之名手也;短篇则不限一体,不限一人。名家隽作,时时而有。其他小报有如是者乎?

至于插画题字,名流手迹,层出不穷。总此数端,是《晶报》之所以冠出于其他小报也。①

---

① 马二先生:《〈晶报〉纪念号述旨》,载《晶报》1920年3月3日第二版。

二、"大杂烩":《晶报》的内容特色

就在 1919 年 5 月,《晶报》开始尝试内容的转向,其标志性事件就是由"文艺定期日刊"改称"社会定期日刊","内容不限于文艺、社会的范围"①,"以改良社会为指归……示别于各报之注重政治"②,"凡社会上的事业都可以评论记载"③,关注的视野逐渐从狭窄的文艺、娱乐延展到社会、政治、战事等领域,并增添各种知识性内容,加大时评的力度。从 1926 年 1 月开始,《晶报》不再标明自己属于何种刊物了,此时它已经成为集时事评论、社会新闻、时政新闻、报界消息、娱乐新闻(花界、伶界消息)、文艺作品和各类知识于一体的小报了,原有的综合性的特点进一步加强。对于《晶报》这一特点,主笔张丹翁有一个形象的说法,叫作"大杂烩":"当时海上几个作家,要合治一盆大杂烩,如今的文人,讲究标榜个作风,大杂烩却任何作风皆有。"④但《晶报》的文艺色彩并未减弱。著名学者李欧梵使用"文学新闻业"(literary journalism)一词来形容 20 世纪初期中国的报业,亦即文学和新闻学之间没有明显的划界,很容易跨越。很多人既为报纸撰稿,又从事文学创作,他们既是新闻记者,又是作家,新闻学和文学几乎不能区别。⑤ 这一点在《晶报》上也体现得十分明显,新闻

---

① 大雄:《纪念日回想》,载《晶报》1934 年 3 月 3 日第一版。
② 大雄:《编辑纪略》(十二),载《晶报》1922 年 4 月 18 日第三版。
③ 寒云:《说白话》,载《晶报》1920 年 3 月 27 日第二版。
④ 丹翁:《大杂烩》,载《晶报》1934 年 3 月 5 日第二版。这也迎合了上海读者的阅读习惯,"上海人看报向来喜欢量多,能够百戏杂陈,方才配胃口。"参见晓波:《各报角逐的热烈化》,载《晶报》1936 年 4 月 14 日第二版。
⑤ 徐小群:《民国时期的国家与社会:自由职业团体在上海的兴起 1912—1937》,新星出版社,2007 年,第 257 页。

报道与文学笔法混为一体,各种题材的词章纷然并陈。

余大雄曾对《晶报》的内容变化进行过简要的回顾:"这碗杂烩,也可分为若干时期:第一期,注重于小说、剧谈、花事;第二期,变为说怪话,打笔头官司;第三期,寒云、今觉加入后,颇注意于考古;第四期,倚虹、天笑、须弥执笔后,渐批评时事。"①余大雄概括的正是《晶报》从创刊到1920年代前期内容的大致变化。需要说明的是,这个分期并没有一个清晰的时间界限,只是强调了每个时段较为突出的内容特点,其实有些内容是叠加的。比如,小说、剧谈和花事是《晶报》创刊时的内容格局,一直保留下来。而打笔头官司则主要集中在1920年前后,譬如抄袭之争、戏剧之争、《庆顶珠》(又名《打渔杀家》)剧中萧恩着靴还是穿鞋之争等。寒云、大雄谈论泉印,今觉连载《邮话》,也始于这一时期。其后《晶报》不断增加具有一定时效性的新闻和时评的分量,把目光投向复杂多变、动荡不安的中国社会现实。

1. "大杂烩"风格的形成:撰稿自由、市民趣味与商业策略

《晶报》创办人和撰稿人多次忆及《晶报》创刊的偶然性及它出人意料的成功。据《晶报》同人回顾,《晶报》"原为一附刊,不过聚数同人写其所见所闻所欲言,初不期其有如何之发达,而孰知《晶报》乃为社会人士所爱读"②,"大雄才办《晶报》的时候,好像那时大家把《晶报》当做会文俱乐部,高起兴来,都来出客串戏"③。余大雄也不讳言其创办的随意性:"(《晶报》)最初的组织,可以说是毫无头绪,好得我认识报界、文艺界的人还多,所以

---

① 大雄:《纪念日回想》,载《晶报》1934年3月5日第一版。
② 天马:《说〈晶报〉一千号纪念》,载《晶报》1927年7月3日第二版。
③ 天倪:《一个解结的小椎》,载《晶报》1934年3月3日第二版。

一期一期的发行下去,并不枯窘。"①也就是说,《晶报》创办之初,并无十分明确的办报方针和办报目标,只是基于对报界沉闷的不满而萌生办报的念头,在办报的过程中逐步形成《晶报》的内容框架和选稿标准。因而,《晶报》在创办之初根据各撰稿人的特点圈定大致的内容范围,即上文论及的轮流不定期出版的十多个栏目,这些栏目内容驳杂,体裁各一,格调不同。撰稿人的多样性实际上决定了内容的广泛性。《晶报》的撰稿人来自不同的大报,他们或者是新闻记者,或者是副刊编辑,或者是文学作家,也有自由投稿者。他们的教育文化背景不尽相同,每个人都根据自己的生活经历、个人兴趣和写作长项各撰其稿。1921年袁寒云在《晶赞》一文中以甯丽隽永的四字骈文大力夸赞《晶报》撰稿人的写作取向和行文风格。② 此外,余大雄在大方向下从不干涉撰稿人的写作自由,各人可以畅所欲言,各展其能。"我们《晶报》的主笔,不受经理的支配,尽可以甲主笔捧,乙主笔骂,言论自由,只要有理由,双方正反的评论,皆可以发出。"③"各人皆用全力去做文章,诸位请看,那(哪)一家同业有这样不期然而然的齐心协力呢?"④

《晶报》的内容安排还来自主办者对当时上海市民文化娱乐需求的深刻理解和商业考虑。上海开埠前还是一个小县城,谈不上什么娱乐。19世纪60年代以后,租界内的戏馆、妓馆、说书场、酒楼等休闲场所逐渐繁盛起来。从此,听书观戏、宴客叫局、招妓冶游,成为市民主要的娱乐和交往方式。以戏曲而言,

---

① 大雄:《二十年前的回忆》,载《晶报》1938年3月3日第二版。
② 寒云:《晶赞》,载《晶报》1921年3月3日第二版。
③ 淞鹰:《大捧何东》,载《晶报》1923年9月27日第二版。
④ 丹翁:《纪念余谈》,载《晶报》1923年3月6日第二版。

近代上海租界的戏曲消费群体主要包括避乱迁居上海租界的江浙富绅,为寻找机会而背井离乡、闯入上海滩谋生的农家子弟,从广州移沪的职业买办以及初入租界从事小本经营的商贩等。① 这些来自不同社会阶层的都市居民不只是听戏观剧或者客串演出,他们还要对演员的唱、念、做、打等各个方面品头论足,各抒己见。"上海之《时报》首先登载'剧谈'一门,此为上海各报纸评论戏剧之滥觞。……自是而后,作者踵起,然各小报优为之,而大报未之见也。"②戏评于是成为上海报纸的特色栏目,投稿者多为戏迷,戏评栏目成为他们发表看法、自由讨论的论坛。《晶报》开辟专栏报道伶界动态、评介演员色艺,无疑迎合了这些戏曲爱好者的兴趣。于是便有了这样的场景:"那般街上的卖报,亲耳朵听他们喊道:'阿要看《晶报》,是有戏评的。'"③可见,《晶报》的剧评是很受一般读者的喜爱的。

自开埠到民初,上海的文人墨客(包括报人)出入青楼,寻芳觅艳者并不在少数,选色征歌、深巷探花甚至构成了其日常生活的基本内容。④ 中国人受传统文化的影响往往视寻花问柳、流连勾栏为伤风败俗之事,向来是要加以鄙薄和惩罚的。但这种社会心态在上海则完全被颠倒过来,人们不仅对狎治游艳之事毫不隐讳,还把能交上名花视为一件值得炫耀的事情,四处宣扬,唯恐旁人不知,风流荒淫之事在社会生活中由"耻"变成了

---

① 罗苏文:《近代上海:都市社会与生活》,中华书局,2006年,第128页。
② 陈伯熙:《上海轶事大观》,上海书店出版社,2000年,第270页。
③ 民哀:《水晶宫阅报记》,载《晶报》1920年3月3日第三版。
④ 叶中强:《从想像到现场——都市文化的社会生态研究》,学林出版社,2005年,第127页。

"荣"。① 狎妓成为这些文人日常的交际应酬方式,比如:叫局,喝酒看戏时请妓女侑酒取乐;吃花酒,在妓院中摆酒宴客,由妓女作陪;挟妓兜风,邀请妓女乘车在马路上飞跑等。总之,上海的秦楼楚馆不仅是这些文人寻欢取乐的场所,也是他们描写风月艳事的材料来源。这些文章一旦载入报刊,就成为供人品评猎奇、满足市民读者窥探心理的材料。因此,我们也就明白了为什么花丛纪事(即花稿)能够堂而皇之地刊登在《晶报》(当然也包括其他一些小报)上,长盛不衰了,它确实植根于深厚的社会基础。

《晶报》还连载了不少知识小品,比如泉币、邮票等。郑逸梅记载:"丹斧喜蓄古泉,因将朋好所藏的古泉,借来一一拓印,加以说明。如李荫轩所藏的龙凤通宝折二、淳祐通宝当百,方地山所藏的风流小打、半两四出文、大丹重宝、天成元宝、咸平元宝,袁寒云所藏的天兴宝会、白选,黄叶翁所藏的下蔡四朱、文信泉、大朝通宝等,排日印载《晶报》。"②知识连载一方面满足了这些文人的闲情雅兴,另一方面又引起了藏泉读者的兴趣,两全其美。

这里我们只是对《晶报》的娱乐内容和知识小品进行了简要的分析,其他还有篆刻、说书、滩簧、小说和笔记,等等,已有学者研究,不再赘述。③ 总之,"《晶报》无一定体裁,文艺、政事、轶

---

① 乐正:《近代上海人社会心态(1860—1910)》,上海人民出版社,1991年,第121页。
② 郑逸梅著、朱孔芬编选:《郑逸梅笔下的文化名人》,上海书画出版社,2002年,第228页。
③ 关于《晶报》的邮票、篆刻、京戏、说书、滩簧、小说和笔记等细目,可参见姚吉光、俞逸芬:《上海的小报》,载《新闻研究资料》总第8辑,新华出版社,1981年;孟兆臣:《中国近代小报史》,社会科学文献出版社,2005年,第317—320页。

闻、秘记,随地取材,撷拾成趣"①。如此之多内容的集合事实上反映了《晶报》的商业考虑。一般而言,读者因性别、年龄、职业、文化程度的差异,对报纸内容的喜好、接触和反应是不同的。读者趣味的千差万别,决定了报纸内容的丰富性和多样性。作为一家把商业利润放在核心位置的商业性小报,《晶报》不能不对此作出呼应。在这种压力下,"传媒必须给予受众所'想要'的,而不是新闻工作者们认为所'需要'的。……急速推动新闻产业的并不是市民对于信息的需要,而是传媒机构要迎合人们的想法和消费者爱好的欲望"②。《晶报》唯有紧贴市民读者的日常生活,展现内容的异彩纷呈,才能最大范围地笼络各个层次的读者,以最小的成本达到收益的最大化。

2. 动荡时局下的新闻转向

中华民国成立后,袁世凯执掌国柄,后因帝制运动失败恼愤而死。各省都督、督军于是乘机扩军备战,割地称雄。从1916年到1927年蒋介石成立南京国民政府这段时间,皖系、奉系、直系等各派军阀拥兵厮杀,一时血雨腥风,烽火连天,北京政府"城头变幻大王旗"。整个中国陷入动荡不安之中。《晶报》是由一群传统文人创办的媒体,这些名士才子虽然平素狂狷不羁,玩世不恭,但深藏的忧患意识和政治参与意识并未消减,所以,虽然身处相对平静的上海租界,面对国势阽危,他们不可能置身事外,也要以自己的方式表明态度,发出声音,尽管他们并不是振臂高呼、激越高昂的。另外,《晶报》的销售区域主要集中在上海

---

① 马二先生:《〈晶报〉与我》,载《晶报》1927年3月3日第二版。
② 〔美〕塞伦·麦克莱:《传媒社会学》,曾静平译,中国传媒大学出版社,2005年,第57页。

和江浙一带,华北的北京、天津,华南的广州也有发行。生活在这片土地上的人们也时时关注着国家命运和战事状况,对硬新闻的需求变得更加迫切,此时仅仅依赖娱乐资讯打发他们是不可能的。"社会变动越剧烈,所产生的新闻就越多;人类相互之间的关系越密切,社会对新闻的需求量就越大。"①因此,从1920年代初开始,《晶报》的时评和战事新闻就逐渐增加了。

当然,《晶报》重视时政新闻也还有避免稿荒的考虑(不少小报正因此而中辍)。余大雄说:"寒云的《辠斋骨董》,今觉的《邮话》,渐渐的搬演完了,小说不便登载数种以上,当然向那取之不尽、用之不竭的新闻方面,设法去寻途径。好的笔记,妙的游谈,也在欢迎之列。"②《晶报》也确实发生过类似的事情,由于来稿有限,有的栏目不得不中途停辍,或用其他不相干的稿件滥竽充数。如"燃犀录"为钱生可撰写,他曾经为《时事新报》撰写揭露社会黑幕的作品,但由于在《时事新报》上写得太久太多,资料枯竭,也就难以为继了。③ 新闻成为《晶报》增添新鲜内容、填充版面的源头活水。

3. 办报宗旨的实践与调适

《晶报》在发刊词中宣告"愿竭文字之能力,为吾国中万事万物,扫除障翳,使渐入光明之域。……自吾报出,吾国一切之政情与事象,皆以吾文字荡摩之力,由晦暗而渐至于光明,则诚记者之所为祷祀以蕲者矣",表达了《晶报》要针砭社会、扫除黑暗的目标。这并非《晶报》的唯一目标,而是总体目标之一(其二为

---

① 李良荣:《新闻学导论》,高等教育出版社,1999年,第11页。
② 大雄:《纪念日回想》,载《晶报》1934年3月5日第一版。
③ 魏绍昌:《鸳鸯蝴蝶派研究资料》(上卷 史料部分),上海文艺出版社,1984年,第493页。

提供娱乐和知识)。这个理想当初主要是依靠"小月旦"和"燃犀录"等带有文艺性质的栏目来实现的。但"障翳"到底指什么,《晶报》并没有作详尽的阐发。之后,随着社会环境的变迁,《晶报》指涉的对象越来越明确,并且依据不同时期的社会状况而有所不同,《晶报》乃贬斥为"恶魔"。

1920年《晶报》决心"扫除此不良社会之秽行与恶习",亦即那些"奢靡者""淫荡者""夸诈者""窳惰者","一切腐败者,顽固者,宁守旧习、至死不变者"①。然而,就在这年年底,马二先生从北京给《晶报》寄来信函,对《晶报》的表现颇为不满,希望"本报诸公留意,勿落人后,并祈上海各小报诸公努力,勿落人后。须知报虽小,亦要多少与社会上有些关系",提醒《晶报》应该注意办报重心,要关注社会生活,效法北京《群强报》的"社会性质"。② 马二先生是一位头脑清醒、敢于直言的撰稿人,他经常就《晶报》的走向提出颇有见地的看法。确实,这段时间《晶报》把主要精力都消耗在评花品叶以及笔战上了,忘记了自己曾经确定的目标。虽说笔战热热闹闹,但同室操戈,意气用事,很难说有多大意义。《晶报》并没有完全摆脱同人展示才情、自我消遣的办报套路,没有切实做到向"社会定期日刊"转化。

1921年《晶报》重申"吾有一般嬉笑怒骂之文人作者,各奋

---

① 老孙:《纪念小言》,载《晶报》1920年3月3日第二版。
② 马二先生:《北京的小报》,载《晶报》1920年12月12日第二版。按:论及《群强报》的"社会性质",马二先生说:"《群强报》销数最多,约在一万以上(号称二万实不足),所纪多街坊琐碎之事,及警厅的消息,文言白话夹杂并用,内容实不高明。惟戏目颇完全,故其报颇受茶坊、酒肆、门房、号房中之欢迎。假使内容一经高明,恐即不能销至如许矣,此社会程度之所限使然也。《日知报》《消闲录》皆以戏界、娼界为唯一之目的,某伶唱某戏,某娼家某客有何种举动等等消息,连篇累幅,甚至有娼家之调查表等,故其印刷虽工美(常用六号字),而实不足与《群强报》之含有社会性质者比也。"

其笔舌之力","改良社会之积习"①。1925年又指出现在的恶魔为"有枪之阶级","擒贼擒王,先去一兵之恶魔,以大快国人之心"②。这些都是《晶报》要力图突出"社会性质"的表达,但实际情况如何呢?

1925年3月,天马(包天笑)在反思《晶报》一年来的办报活动时说:"从前的《晶报》,属于评论方面多,属于纪载方面少。这一年的《晶报》,渐渐的趋于纪载方面。中国这样的地大物博,一天里便要生出许多珍闻轶事,而大报上所载出都是那些政治上陈陈相因的话。《晶报》上却都是有趣味而确实的纪载,常常有各报所不肯载、不敢载、不及载的纪事,《晶报》独能披露,自然觉得难能可贵了。"③由此指出,经过数年的努力,《晶报》已经成功转型——增加了报道的比重,注重趣味性和真实性,同时又增强了"敢骂"的精神。他还对《晶报》寄予了厚望:"中国自从有了新闻纸以后,都是注意在政治上、没有注意在社会上的报纸。以前偶有一二小报,不过纪载伶界、娼界一社会的消息。自从《晶报》出世以来,独掮了社会报一个招牌,虽然还不能十分发展,可是在纪载社会上事的报纸,还没有一家可以和《晶报》抗衡。我望《晶报》能坐定了社会报的第一把交椅。"④《晶报》通过对办报宗旨的身体力行,终于使自己从一张以刊载文艺作品为主的报纸,转化为兼顾社会、政治新闻和评论等多方面内容,致力于守望社会、揭露奸邪的报纸了。

1926年,《晶报》在七周年纪念之际,指出军阀、政客等政治

---

① 朦蝀:《两周纪念中之天神与恶魔》,载《晶报》1921年3月3日第二版。
② 幢蝀:《六周纪念中之天神与恶魔》,载《晶报》1925年3月3日第二版。
③ 天马:《〈晶报〉一年的回顾》,载《晶报》1925年3月3日第二版。
④ 曼妙:《〈晶报〉今后的希望》,载《晶报》1925年3月3日第二版。

恶魔已相继死亡,但"海淫海盗之术""肆为妖妄之邪说"等社会恶魔日渐猖獗,"今而后,吾报之天职无他,亦惟尽去社会之恶魔而已矣"①。

第二节 打趣与逢迎:《晶报》的趣味主义

《晶报》的趣味主义其实是一个喜剧美学问题,表现为打趣和逢迎。"打趣"是《晶报》撰稿人追求自娱自乐的写作行为,而这一行为本身又有与读者对趣味性的期待相呼应的意图。从这一方面来看,"打趣"与"逢迎"是等同的、一体两面的,前者出诸己,后者朝向外。《晶报》自称"是一种游戏的(报纸),当然不必谈什么大的问题"②,声言"各报之新闻,都干燥无味,读之令人昏昏欲睡;《晶报》上之新闻,皆极有兴味,带有文学趣味者"③。因而,在《晶报》的版面上时常可见"戏拟""戏答""戏改"之类的标题以及突出"趣史""趣事""趣谈"等写作动机的词汇。

《晶报》的趣味性是《晶报》商业化经营的重要表现,体现为选择趣味性的内容和趣味化的表达方式,其指导思想主要来自鸳鸯蝴蝶派游戏的、消遣的、趣味主义的创作观念。这个流派最突出的特点就是为市场而写作,因而其中一些作品粗制滥造,格调低下。这种观念在二三十年代呈汹涌澎湃之势,同其他小报一样,《晶报》不是被裹挟而是主动融入。可以说,《晶报》声名鹊

---

① 癯媛:《七周纪念中之天神与恶魔》,载《晶报》1926年3月3日第二版。
② 《马二先生致大雄书》,载《晶报》1920年3月24日第三版。
③ 法螺先生:《〈晶报〉之十大特色》,载《晶报》1922年1月15日第二版。

起正是源于对这种观念的移植和培育。创刊伊始,《晶报》设置了"俏皮话""游戏文"等类似栏目,后来虽然因版面调整被取消,但追求趣味性未曾稍有松懈,而是体现在整张报纸之中了。总之,《晶报》撰稿人打趣的习性逢迎了读者的爱好。

一、《晶报》趣味性的形成

什么是趣味性?这是一个见仁见智的问题。不同民族地域、不同心理素质、不同文化背景甚至不同阶级立场的人对趣味性的理解各不一样。彼时有人认为,"我所说的'趣味',并不同于'打诨','磨牙','文字游戏','闲情逸致地卖弄风情','无中心思想的打哈哈说笑话'……这些,他的动机,多半出于无聊消遣,自然这种所谓'趣味',不是我们所需要的,不是抗战时代所需要的"。又说,对于艰涩的理论,"如果我们换一个作风,以风趣、轻松、短小精悍、引人入胜的笔调来传达我们所需要的理论,所要谈的问题,我想,那是一样的有他的作用的"①。这是站在抗战的高度论述如何有效地进行宣传。但文中所排斥的诸如"打诨""磨牙""文字游戏""无中心思想的打哈哈说笑话"等等,又恰恰是小报制造趣味性的重要手段。当代学者冯并认为趣味性就是"内容的引人入胜和行文的涉笔成趣"②,实际上指涉的是引起趣味性的方式方法,但到底什么是"引人入胜",如何才能"涉笔成趣",不得而知。那么,到底什么是趣味性呢?趣味性是一种个人的心理体验,它带来的是"让人发笑"的身心愉悦感,所

---

① 孟超:《副刊的趣味性》,载王文彬:《中国报纸的副刊》,中国文史出版社,1988年,第34页。
② 冯并:《中国文艺副刊史》,华文出版社,2001年,第14页。

以也是人所欲求的;同时,它又具有明显的社会性,生活在同一文化传统中的人对趣味性的理解和心理反应是大体一致的。正因为如此,趣味性的商业价值在商业化社会被广泛开发和利用。

租界社会的商业化,不仅改变了人们的价值观念,使他们浸染了浓重的商品意识和交易观念,而且使一些社会组织商业化了,它们只有生产出适销对路的产品才能在市场中生存下来。在报业市场,报纸的产品就是内容,而提高内容商业价值的有效途径之一就是增添趣味性,它意味着读者数量的快速增长。但报纸单靠自己并不能解决所有内容的来源问题,它需要对外购买稿件,特别是那些适应读者口味的文艺性作品。这样,报纸就演化为一个交易平台,一手交稿,一手付酬,两不相欠。在租界商业化浪潮的洗刷下,寓沪文人已经卸除了卖文可耻的心理障碍,摇身变成了"经济人"。对他们来说,写作就是一种商业活动,稿件就是商品,它置换的是改善物质生活条件的货币。在商业化写作中影响最大的是鸳鸯蝴蝶派。

民国初期,癸丑讨袁失败后,同盟会成员纷纷出国避难。同盟会报纸《民权报》不久也停刊,一群遗留下来的编辑作家"既无技术性的生产能力,又不能手缚一鸡,为仰事俯蓄,只有绞尽脑汁,出于卖文一途"[1],以为一些期刊写作才子佳人式的言情小说为生。"作家们都以为写小说无非供人消遣,因而未免偏重于趣味,往往把情节写得非常曲折,借以吸引读者。"[2]结果名声大噪。一些文人见猎心喜,也投身到这类小说的创作之中。鸳鸯

---

[1] 李健青:《民初上海文坛》,载《上海地方史资料》(四),上海社会科学院出版社,1986年,第205页。
[2] 宁远:《关于鸳鸯蝴蝶派》,载魏绍昌:《鸳鸯蝴蝶派研究资料》(上卷 史料部分),上海文艺出版社,1984年,第177页。

蝴蝶派形成于清末民初,它首先占据了一些大报副刊,然后又扩散到了小报,及至"五四"前后已非常繁荣了。据统计,鸳鸯蝴蝶派作者主办、编辑的报刊约有113种,小报和大报副刊不下50种,极盛时,仅上海一地由他们主办的刊物就有30多种。①《晶报》等一众小报也被波及②,如《晶报》的撰稿人袁寒云、李涵秋、周瘦鹃、包天笑、张丹斧、毕倚虹、胡寄尘等等,都属于鸳鸯蝴蝶派。鸳鸯蝴蝶派遵循的是游戏的、消遣的、趣味主义的文学观念,这必然会对《晶报》的办报方针施加影响并渗透到文章的写作当中。

披览《晶报》的篇章,不管是小品文、短评还是新闻,常常会令人忍俊不禁。《申报》总主笔陈冷(陈景韩)在为《晶报》题词时就道出了其中的玄机:"忙者苦不得闲,闲者苦不得消,此消闲之所以尚也。既消自己之闲,又消他人之闲,此《晶报》之所以久也。虽然,为消此闲恐转苦忙。"③所谓"消自己之闲"即自我娱乐④;"消他人之闲"乃是娱乐大众,让读者在阅读中体验快乐。

《时事新报》总编辑潘公弼还从时代背景探讨了读者寻求趣味的缘由:"人类至繁,嗜好殊异,惟需求之不同,遂有多方面之

---

① 黄雯:《鸳鸯蝴蝶派与民初办报热潮之关系》,载《贵州民族学院学报》(社会科学版)1999年第1期。
② 如有的小报直接取名"笑报""趣报"。其征稿也突出一个"趣"字:"有趣味之剧评电影评、戏剧界轶闻纪事、电影界轶闻纪事、游艺界轶闻纪事、有时间性之名人轶闻、小新闻式之会场纪事、花丛蜜语、马路电报及其他短隽文字。"参见《征稿条例》,载《笑报》1926年5月5日第三版。
③ 参见《晶报》1934年3月4日第二版。
④ 早前有撰稿人在谈论笔战时,就指出这不过是同人之间相互逗乐而已:"笔战只算是一种游戏,我们这伙满肚皮不合时宜的疯记者,在报上撒疯,就是互相诋毁,也无非是玩世不恭,各人尽量发泄各人的。……总之,这是我们自己寻开心的勾当,彼此开玩笑耍子,到头无非彼此大乐一下。"参见求幸福斋主人:《笔战讲评》,载《晶报》1921年11月18日第二版。

供应。以今日国人烦闷之甚,故求趣味也弥切。《晶报》与各报附张,皆以趣味为归,是非所谓时代之产物欤?"①《晶报》主笔丹翁说:"单谈报界,也有个三件不变的要素:一、新闻灵确,二、论调时髦,三、性质滑稽,三种并且都要联互起来才行,何以呢?光是消息灵确,无有时髦论调,人说你自己无主张;有了文章,但老实不滑稽,人看了要瞌睡。……要得性质滑稽,更仗着动笔的阅历深,韵趣浓,机锋巧。"②指出报纸光有灵确的新闻和时髦的见解是不够的,内容滑稽也很重要,不然索然无味,就没有人看了。实乃经验之谈。也正因为此,讲求内容的趣味性,成为《晶报》笼络读者、达到商业目的的理性选择。例如,《晶报》出版之初在《神州日报》刊登征文启事时就声明"'俏皮话'、'风俗谈'、'燃犀录'、花界消息等稿,如实有价值趣味者皆可录取"③。以后又不断有类似的征稿,如,"征求真确事实而有趣味之'三日报告',不限于本埠外埠,一律欢迎。……酬资每条自四角起至一元止,如特别有兴味者,特别加酬"④。内容的价值取决于它到底能带来多少笑声。这种对趣味性的追逐伴随《晶报》的始终,而且越是到后来越为《晶报》所倚重,染上低俗、色情的色调了。

二、《晶报》趣味性的生产

美国学者尼尔·波兹曼在论述电视的娱乐性时指出:"我们的问题不在于电视为我们展示具有娱乐性的内容,而在于所有

---

① 潘公弼:《此何以故》,载《晶报》1926年3月3日第一版。
② 丹翁:《报界的三不变》,载《晶报》1927年2月28日第二版。
③ 《〈晶报〉征文广告》,载《神州日报》1919年3月31日第一版。
④ 《本报征求"三日报告"》,载《晶报》1926年1月4日第三版。

的内容都以娱乐的方式表现出来。"①但就《晶报》来说,其趣味性不只表现为娱乐性的内容,而且表现在以娱乐的方式展示内容。这里,我们既可以体味到会心一笑的雅趣和意蕴,也能感受到一些所谓趣味的粗鄙和无聊。以下主要以《晶报》1920年代的报纸内容作为分析对象,探讨其趣味性的生产方式。

(一)甄选趣味性内容

编写笑话,记载有趣的事件或情节,引发读者的笑声,是《晶报》开掘趣味性的常用方式。只要是富于兴味的材料,又符合小报的特点,不限体裁,都会被《晶报》搬上版面。即使旨在监督社会的内容也不例外,正可谓"《晶报》之针砭社会,类皆以诙谐谈笑出之"②。

1919年9月12日和15日,《晶报》连载的李涵秋的小说《爱克司光录》第四十三章第三回中,"有以翁而私其媳者,于床笫狎媟时,就其媳之娇躯,绘我国土,以释解青岛问题"。此翁名张三丰,青岛问题即巴黎和会规定德国在山东的一切权益移交给日本,北京学生表示强烈抗议。张三丰以其媳之躯体比作中国国土,指指画画,以示其媳青岛所在的位置。翁媳不伦,且描摹失度,但余大雄仍认为"黎花妙笔","其事其文,皆足资人噱喙"③。

20日,巡捕房以"秽亵文辞"控告《晶报》。在会审公廨,同时担任《神州日报》经理的余大雄如坐针毡,"因国文英译,实较

---

① 〔美〕尼尔·波兹曼:《娱乐至死》,章艳译,广西师范大学出版社,2004年,第114页。
② 红蕉:《〈晶报〉千里驹》,载《晶报》1927年7月3日第二版。
③ 大雄:《编辑纪略》(十九),载《晶报》1922年5月9日第三版。

冗长,语意亦愈明晰,不似国文虽褒,而犹能含蓄不吐也",直露的翻译令"堂上下皆忍俊不禁"。最后,附送《晶报》的《神州日报》代人受过,被公廨判罚洋三十元。①

肇祸的作者李涵秋却不以为意,并不在乎小说过分描写的问题,反而将庭审当作趣事写了一首玩世不恭的打油诗:

> 美人今已在东方,列国都沾粉黛香。我把娇躯比中土,须知下笔不荒唐。
> 代人受过感神州,引得公堂笑不休。罚去大洋三十块,张三丰误李涵秋。
> 扒灰本是寻常事,何故哓哓议外交?可惜公家还欠审,不将翁媳坐西牢。②

《晶报》颇谙男性读者的阅报心理,擅长寻觅一些角度刁钻、情节巧合的故事,如《女书记之不便小便》。按照《晶报》的规制,标题由作者事先亲笔书写,编辑发现标题有误,在文末特别说明:"标题应为'不便与小便',请勿作'不便小便''小便不便'解",不啻又增添了文章的谐趣。

> 安庆某教育机关,有女书记某,红莲幕启,绿意翩翩,唯自视过高,与人交接,殊形冷落,以是同事多衔之。一日,逢纪念周,女书记后至,恐主席诮让,乃于签到簿上,自注"因进城不便,故迟到十分钟"等字样。而女平日所习,大概寝

---

① 大雄:《编辑纪略》(十九),载《晶报》1922 年 5 月 9 日第三版;《罚洋三十元》,载《晶报》1919 年 9 月 21 日第二版。
② 涵秋:《咏罚〈爱克司光录〉事》,载《晶报》1919 年 9 月 27 日第二版。

馈于孙过庭书谱，忽促之间，竟书"不"字，类乎"小"字。迨新岁，机关出特刊，亦游戏品，中载女之纪念周迟到签簿一则新闻，谓"因进城小便，迟到十分钟"。女读之大恚，持刊以见长官，且涕泣不止。长官慰之，言此事无关荣辱，同袍谐谑，可置勿较，始已。寄语写十七帖者，莫误"不"为"小"也可。①

为了制造笑料，即便是悼念死者这样庄重而又沉痛的事情，《晶报》也不放过。《晶报》撰稿人、小说家毕倚虹于1926年5月14日在上海病逝。《晶报》在报道中毫不掩饰其意图："当毕倚虹在报本堂开吊那一天，在哀思之余，倒也有许多近于有趣的事，偶然想起就把他写了下来。倚虹有知，又要说：'咳！你太会找题目了。'"文中说，有两位女客到毕倚虹灵前深深一拜，人们以为是毕倚虹的女友，原来是混淆了丧家，她们本应该到前厅另外一家去吊孝的。作者写道："倚虹死有艳福，白白的受了两个美人头。"②为着好笑，简直到了"谑而虐"的地步了。

同样的事情到底是戏谑地看待，还是严肃地对待，这完全取决于撰稿人的个人修养和写作意图，《晶报》都是听之任之，并没有一个严格统领的编辑方针。比如，对于江浙战事中军阀拉夫打仗，淞鹰以小小说的形式揭露了平民被拉夫、被蹂躏的惨境③；而耳食则在人人自危之际撷拾拉夫中发生的所谓趣闻予以报道，毫无悲悯之心，令人不屑，如，"某大学学生，亦遇拉夫者，命之脱长衫。某大学学生脱长衫后即遁走。彼辈亦不追，但

---

① 沈默：《女书记之不便小便》，载《晶报》1930年1月24日第三版。
② 曼妙：《倚虹灵前之所见》，载《晶报》1926年6月3日第二版。
③ 淞鹰：《扬州之拉》（军事小小说），载《晶报》1924年8月30日第二版。

没收其长衫而已"①。

总之,《晶报》对新闻事实和叙述角度的取舍常常取决于趣味性的有无及大小。换言之,《晶报》在报道新闻时总是要刻意展示趣味性的(这也是《晶报》与大报报道的重要区别之一,正好两者在"软"和"硬"上形成补充)。对《晶报》来说,趣味性而非重要性是唤起读者阅读兴致的重要手段,但这里便产生了一个问题:对趣味性的过度追求往往使记者对琐事和细节津津乐道,导致报道主题的偏离;另一方面,没有现实意义的趣味性虽然也能带给读者一时的阅读快意,但从根本上讲是违背媒体报道新闻、提供信息的功能的。

(二) 趣味化表达

1. 故作逻辑不通或虚拟荒谬场景

逻辑不通的一种表现就是说荒唐话,错误地置放因果关系,造成滑稽效果。② 事实上,编造荒谬的场景也能达到同样的效果。1920年2月6日,马二先生在《晶报》刊文,批评上期李涵秋的《辟公妻》一文"文俗杂用,殊觉可异",且文法错误。③ 几天后,李涵秋撰文《戏答二先生〈读报质疑〉》予以回应。其中,他解释为何称"马二先生"为"二先生",减去一个"马"字,因为"有一次扬州戏台上,看他做客串卖马的好戏,真是有趣得紧。马二先生既将马卖掉了,当然要称他做'二先生'了。哈哈"④。将马二

---

① 耳食:《拉夫趣谭》,载《晶报》1924年9月6日第三版。
② 〔苏〕普罗普:《滑稽与笑的问题》,杜书瀛等译,辽宁教育出版社,1998年,第91—95页。
③ 马二先生:《读报质疑》,载《晶报》1920年2月6日第二版。
④ 李涵秋:《戏答二先生〈读报质疑〉》,载《晶报》1920年2月15日第二版。

先生演卖马戏份故意理解为更改姓名,显然荒诞,正呼应了其"戏答"的题旨。

1925年5月18日,《申报》误报皖系军阀卢永祥的儿子卢小嘉抵达上海,下榻一品香旅馆。《晶报》于是拿这篇失实新闻做文章,一是曲解离魂病(梦游症)为魂灵出游,二是指申报馆记者晚间在旅馆看到了卢小嘉的魂灵。言之凿凿,实则荒诞不经,嘲讽《申报》向壁虚构。

> 什么叫离魂病?是梁任公译的一部新小说,说有人睡梦之中,起来种种动作,醒后完全遗忘,便叫做离魂病。五月十八日《申报》本埠新闻,说"卢小嘉抵沪",并且说他住在一品香。要晓得少卢自从考察财政专使发表的次日,便到北京见老段(即段祺瑞——笔者注),直到今日(二十六)还没有出京,怎么说是到了上海呢?有人说,这是分身术,不是离魂病。我说,或者申报馆看见少卢魂灵到了一品香,因为说是晚间到的,当然可以离魂了,所以我便拈这三个字做了题目。①

2. 通过比较或比拟制造笑料

《晶报》的眼光从来都不是高远的,它习惯于从小处着眼,善于从日常生活中捕捉一些人们不易觉察的素材,通过比较、联想、重新组合等方式创造新的意味,逗人发笑。比如,谈及《申报》的史量才、《新闻报》的汪汉溪、《时报》的狄楚青和《新申报》的席子佩四人之间的差别时,《晶报》舍弃其身世、社会活动、经

---

① 行云:《〈申报〉上卢小嘉之离魂病》,载《晶报》1925年5月30日第二版。

营管理能力等重要方面不说,抓住这些人的身边琐事进行横向比较,造成强烈的反差,让人哑然失笑。

> 上海报界之四大金刚者,即四大报馆之总理也。四大总理者,《申报》之史,《新闻报》之汪,《时报》之狄,《新申(报)》之席也。我今比较之如次:
> 躯干。汪最肥,次之为席,又次之为狄,史则短小精悍,既瘦且黑。
> 须。除汪有须外,余俱无之;年龄亦汪为最大,史最小。
> 衣服。史最漂亮,其次为席,汪长袍大褂,最老实,狄更是名士派,不假修饰。
> 汽车。史最先坐汽车,其次为席,兹传闻狄亦将坐汽车矣,惟汪则仍是包车一部,连马车都不坐。
> 姨太太。四人都有之。
> 眼镜。四人都不戴(或视物偶一御之,不在此例)。①

事实上,通过比较、比拟的方法营造一种幽默效果是《晶报》的拿手好戏。"在幽默文学和讽刺文学中,在造型艺术中,多半或将人比拟为动物,或者将人比拟为物品,这样的比拟便使人发笑。"②

一是将人物拟为动物或物品。1920年代初,这种制造笑料的文章把《晶报》烘托得热热闹闹、情趣盎然。首先,丹翁写了一篇《本报之五毒》:

---

① 爱娇:《上海报界四大金刚之比较》,载《晶报》1921年7月6日第二版。
② 〔苏〕普罗普:《滑稽与笑的问题》,杜书瀛等译,辽宁教育出版社,1998年,第51页。

> 虎是寒云,今年三十一岁,本来属虎,他吃人是彰明较著的,一扑一剪,力量如山。可是短颈项,绝不回头来吃人,只要他过去了,你们放心大胆的走路罢。
>
> 蜘蛛是天笑,苏州人的性质,软棉棉(绵绵)的把网结着,等小虫飞过来吃,风一大了,他就把网卷起来了。
>
> 蜈蚣是瘦鹃,脚不成问题,凶在两个钳上,不提防被他钳住了,你疼得喊爷爷亲娘,他也不管。
>
> 癞蛤蟆是涵秋,因为他那篇《气鼓鼓(歌)》做的顶像,人爱看他的小说,偏生就赏识他会冒浆。
>
> 蛇,只好小子承乏了。你莫大意踏着我,踏着我,对不住,迟早总要恶恨恨的咬你一口。有人说,蛇怕鹤。其实也不一定,一家伙把鹤腿盘将起来,管叫他跌一交。不过有两只鹤,我就禁不起了,何以呢?我盘住牝鹤,雄鹤一定来啄我,但如果是独鹤,他一定不肯来惹我的。①

文章竟然把几位撰稿人比作形象滑稽、憨态可掬甚至有些丑陋、凶狠的动物,想象奇特大胆。更有趣的是,丹翁自比为蛇,惧怕成双成对的雌鹤和雄鹤,但不怕孤孤单单的"独鹤"("严独鹤"之指),一语双关,顺便又将《新闻报》主笔严独鹤调侃了一番。严独鹤是气不得,恼不得。这种戏弄他人、自我贬损、突破社会惯习的做派多少是名士放达不羁、率性而为的不经意流露,颇能引来世人诧异的目光。

从此,《晶报》一发不可收拾,连日推出《广本报五毒》,分别

---

① 丹翁:《本报之五毒》,载《晶报》1921年6月9日第二版。按:李涵秋的《气鼓鼓歌》》载《晶报》1920年4月24日第二版。

把凌霄汉阁主、寄尘、小隐、马二先生和求幸福斋主比作虎、蜘蛛、蜈蚣、癞蛤蟆和蛇,①《本报之三元四喜》将报馆里的三位女作者和四位男编辑分别比作龙、凤、白以及东风、南风、西风、北风。② 相互调笑酬答,可谓高潮迭起,谐趣横生。《晶报》又将动物形象的意义完全颠倒,刻画政治人物的种种丑态。比如,将北京中央政府比作死而不僵的蜈蚣、阴险贪婪的蛇、同类相食的蜘蛛、吮吸脂膏的蟾蜍以及爬罗剔抉的壁虎,但不止于调侃宣泄,并提出行动主张:"北京方面,有了五毒可以弄钱,我们人民难道还是吃吃雄黄酒,听他毒雾弥漫吗?"③

二是以人物拟人物。1931 年 3 月,《晶报》举行出版十二周年纪念。有报人标新立异以《红楼梦》中十二位娉婷婀娜的金钗比拟《晶报》的十二位男性作者,造成形貌错位:

> 《晶报》十二周纪念,人才荟萃,济济一时,极文坛之大观。戏拈红楼十二金钗,以拟晶社群贤,纨质蕙心,问斯逸致,惊才绝艳,比其芳烈,倘亦祝颂之新辞,而风雅之佳话也欤。

包天笑	薛宝钗	周今觉	林黛玉	钱芥尘	史湘云
张丹翁	王熙凤	袁寒云	元　春	冯小隐	迎　春
马二先生	探　春	张春帆	惜　春	刘襄亭	李　纨
步林屋	妙　玉	徐南虎	薛宝琴④	江红蕉	秦可卿
俞逸芬	巧　姐				

---

① 寒云:《广本报五毒》,载《晶报》1921 年 6 月 12 日第二版。
② 寒云:《本报之三元四喜》,载《晶报》1921 年 6 月 15 日第二版。
③ C. J. 生:《北京之五毒》,载《晶报》1924 年 6 月 6 日第二版。
④ 十二金钗中没有薛宝琴,报纸原文为十三人,疑有误。

> 天笑体肥,雍容沉默,故拟宝钗。今觉昔有扬州五虎之称,善辩,故拟黛玉。芥尘才情跌宕,故拟湘云。余如特别照会之拟宝琴,综辑务者仿海棠社长,俱较尚吻合也。①

此外,称《晶报》为"晶儿""本晶",称余大雄为"余妈妈",丹翁为"乳娘",其他编辑或撰稿人为保姆或师傅,以示对《晶报》的关心和喜爱。《晶报》还将新闻记者比作出门接客的妓女(堂差),作者虽然觉得"未免太污辱新闻记者",但却是"一种奇怪而滑稽的比喻"②。

三是以物拟物。如碧云投稿,将几大戏曲剧场比作报馆,从几家报馆的经营反映戏馆的近况,从差异中找相似点,"倒也有点小意思"③:

> 大舞台像《申报》,规模甚大,做戏倒也认真,不过常要聘请好脚(角)色,而且常唱双出好戏,老板自己也要来卖力。
> 新舞台像《新闻报》,他要怎样办,就怎样办,他要连唱三个月《阎瑞生》,就连唱三个月《阎瑞生》。无论如何,总有人相信去看他,这就是老牌子。
> 天蟾舞台像《新申报》,这家戏馆,看看生意也不弱,然而只听得他们说亏本,虽然亏本然总有人继续开下去。

---

① 芬君:《十二金钗》,载《晶报》1931年3月3日第二版。
② 海豹:《堂差式之新闻记者》,载《晶报》1924年8月9日第二版;海豹:《堂差式之新闻记者(续)》,载《晶报》1924年8月12日第二版;海狮:《堂差式之新闻记者(补遗)》,载《晶报》1924年8月15日第二版;海狮:《堂差式之新闻记者(又补遗)》,载《晶报》1924年8月21日第二版。
③ 碧云:《上海之戏馆与报馆》,载《晶报》1921年6月18日第二版。

> 丹桂第一台像《时报》，虽然小结构，倒是老牌子。要是后台有人，排几本《普陀山》《三戏白牡丹》等剧，也可以卖个满座。
>
> ……
>
> 《晶报》就像一个影戏场，过了三天，换一次片子，大家说看啊看啊，可惜一看就完，又要等三天了。①

从读者的反馈来看，"看报的人都说很新鲜，很有趣，比拟得也不十分太差"②，说明读者还是很喜欢这类文章的。

读者的正面评价激发了碧云的写作热情，未及两月他又再接再厉续写一篇《上海之报馆与妓馆》，以报馆为主体，以名妓为比较对象。比如，"老《申报》像老林黛玉，第一，房间收拾得好，应酬工夫也出色，唱两句梆子也不坏。他的说话是圆转，而且凌空，从不得罪人。结交皆富商大贾，虽然有些倚老卖老，然而在这一个社会中，他总算领袖，并且说到他，都加上一个老字，可见资格不浅了"③。林黛玉是光绪中叶沪上名妓（《晶报》曾在首期刊登她的照片），所谓花国的"四大金刚"，在妓界也算是老资格了，而《申报》也已有近五十年的历史，人皆称"老《申报》"。于是，作者拿两者作比较，突出其相似的地位和资历。虽然将报馆比妓女太过庸俗、无聊甚至有些冒犯，但《晶报》为着自娱娱人，也就无所顾忌了。遇到这类情况，这些大报大多只能装聋作哑，不予计较，"因为销路大的报向他（寻机挑衅的报纸——笔者注）对骂，他的销数便也可随之激增，这是一定之理（……），所以真

---

① 碧云：《上海之戏馆与报馆》，载《晶报》1921年6月18日第二版。
② 碧云：《上海之报馆与妓馆》，载《晶报》1921年8月1日第二版。
③ 同上。

有价值的销数独多的报纸,轻易决不肯和人家笔战"①。

3. 恶作剧

恶作剧是喜剧情节的主线之一。愚弄者利用被愚弄者的某些缺点或疏忽,让这些缺点完全暴露出来,使之成为取笑对象,达到滑稽效果。②

1922年11月27日,一位名为"裕丽女士"的作者发表了一篇小小说《伉俪间的手枪》,讲述一对夫妻新婚燕尔,丈夫请妻子出门游玩。正当妻子化妆时,丈夫持一把手枪向她胸口开了一枪。妻子拔腿向里屋逃走,丈夫紧追一步,向她的后心射去。文章到此戛然而止,注明"未完"。30日,《晶报》又在同一版面位置续载《伉俪间的手枪》,揭开谜底:原来那是一把橡皮玩具手枪,里面装的是妻子的香水。《晶报》将总共仅300字不到的篇幅分两期刊完,显然是为了制造悬念。结果,在续载的文末附言中,余大雄披露他是假托其女儿裕丽的名字发表的,将读者作弄了一番。12月9日,一位署名"兰芳女士"的读者发表了一封信《致大雄》,"以为(《伉俪间的手枪》)文字玲珑,情节奇突,的是(确实)我女界中有数作品,我欢喜得什么似的,巴巴的要看下期,及至看了最后,才知道是你大雄先生使的促狭"③。强调她是女性作者,被余大雄戏耍了。12月12日,一位名为"还是他"的作者来信《再致大雄》,说"我看了大雄那篇化名的小说,始而被他瞒过,最后笑得肚子痛,上了他一个老当",又指出他写这封信"送给大雄,教他读着,始而又喜又惊,终乃大呼上当不置",并自

---

① 谢豹:《报纸骂人之副作用》,载《铁报》1929年9月13日第二版。
② 〔苏〕普罗普:《滑稽与笑的问题》,杜书瀛等译,辽宁教育出版社,1998年,第83页。
③ 兰芳女士:《致大雄》,载《晶报》1922年12月9日第三版。

报家门,他并非"兰芳女士",而是"还是他"——姓林,男性。这位林先生认为,女性作者最易吸引读者的目光,他因而效仿余大雄,"拣了惹人注目之'兰芳'二字,再加以'女士'字样,使读者看这题目和作者的名字,以为大雄先生,又有什么奇遇了,而孰知竟有大谬不然者,不过有意捉弄读者"①。也就是说,余大雄对读者(包括林先生),林先生对余大雄和读者,无意中合演了一场一波三折的恶作剧,读者虽屡受戏弄,仍不减兴味。

4. 运用游戏文字

有学者认为,"报纸要吸引群众兴趣,则非用游戏一类软性文字不可,否则不易见效"②。而这正是最早的小报《游戏报》成功的重要原因。正因为《游戏报》的示范效应,"游戏文字之对于报纸,在今日已占有重要之势力,无论日报、周报、旬报、月报、小说报以及杂志等,几无一不有游戏文字"③。所谓游戏文字,就是一种巧妙地运用语言规则和语言技巧的表达方式,其最突出的特点就是娱乐性,即自娱和娱人。创作游戏文字的人往往在对文字进行组合的过程中获得无穷乐趣,而读者则对于这种奇妙的语言编排也充满了好奇,总想一探究竟,一旦豁然开朗,便会产生愉悦的审美体验。

《晶报》的游戏文字有无意义的"玩"的性质,也有出于表达的需要而适情宜景的创作。总之,这些文字技巧的运用使文章轻松活泼,妙不可言。有读者来信:"余之阅小报,于《晶报》而始好之,盖其文字,初视若轻松,实则出之烹炼;又视若艰涩,一经探索,如啖谏果,回味弥佳。有时借用成语,故予曲解,天衣无

① 还是他:《再致大雄》,载《晶报》1922年12月12日第三版。
② 魏绍昌:《李伯元研究资料》,上海古籍出版社,1980年,第37页。
③ 切肤:《说游戏文字》,载《新世界》1917年11月24日第二版。

缝,转成妙谛。"①对《晶报》的文字特色赞誉有加。有小报报人在评介《晶报》时也说:"《晶报》文字,殊见齐整,流利简洁,兼而有之,盖能注意修词也。就是他们有时所刊登的外国事体,虽已见于他报,然经他们改做以后,文字顿见活动,颇可一观。这是《晶报》之一长处。"②这里所说的"能注意修词"其实也就是指《晶报》善于使用语言文字技巧。

● 别解

即有意歪曲词语意义,或临时赋予词语新的意义。如丹翁的《请报馆称"逆军"》:

> 逆,这个字,是皇帝欺负民人的,是要叫民人专顺着他意思的。因为等到民人逆了皇帝,皇帝已经吃亏。所以,就在人家父子之间,寻出个榜样来看看,遇到老子送儿子忤逆,皇帝都要说儿子不是。民国的总统,还是一个国民,既没有皇帝,当然字典上不能有个"逆"字,只好说是国民和国民的主义不同罢了,但是得罪了民,也就不能说是顺事了。北京警厅请报馆称奉军为"逆军",在我看,如果承认他做老子的,有时对不起他,或者说他逆军,还有一二分的蛮理。若是称人家的军,和自己的军有分别,首先自己不必称"直军",称个"顺军"才对。若是自己仍然称"直军",那末(么),就称人家为"曲军",也未尝不好。左宗棠说"师直为壮曲为老","曲"字倒含有个不祥的意思,也算善咀善咒了。但是自己称"国军",难道人家的军是国外的吗?专制的皇帝,我

---

① 三多:《我爱小报》,载《晶报》1939年2月4日第二版。
② 林华:《上海小报概论》(十),载《福报》1930年5月25日第三版。

们可就不能和他讲这个理了,路易十四说"朕即国家",那末(么),除了他一个人之外,自然都不算国了。①

当时正值直系军阀通过贿选执掌北京中央政权,而奉系军阀则要对其进行讨伐,因而直系称奉系为"逆军"。丹翁却做起了游戏文字:既然直系称奉系为"逆军",那么自己就应该是"顺军"才对(而不是"直军");若说自己是"直军",也要称奉系为"曲军";若称自己为"国军",奉系难道不是国内的军队吗?故意曲解"直军"和"国军"的含义,和直系军阀唱对台戏,嘲讽直系军阀妄自尊大,专横跋扈。正如上文所说"故予曲解,天衣无缝,转成妙谛",以语言为武器攻击当道。文中还故意将"人民"说成"民人",嘲讽军阀"置人民于倒悬"(原版为上下排列,"人民"一词正好倒悬为"民人")。时人常言丹翁喜欢讲怪话,难以索解,但又不乏深意且有趣。正如小说家张恨水对丹翁的评价:"自古滑稽胜正论,于今幽默是高文。"②

1926年2月,北方军阀李景林和张宗昌组成直鲁联军,向全国发出通电,兴兵讨伐冯玉祥的国民军。《晶报》抓住电文中的一个字句,以人皆心领神会的曲笔极尽曲解嘲弄,遮蔽其核心意义,将一次庄重的宣战解构为一个令人捧腹的场景,表达了作者对军阀连年征战、鱼肉百姓的反感。当然,这也容易引发《晶报》游走于灰色地带的格调的争议。

李景林、张宗昌所发德州巧电,有妙语曰"直捣赤穴"。

---

① 丹翁:《请报馆称"逆军"》,载《晶报》1924年9月24日第二版。
② 恨水:《我与丹翁》,载《晶报》1934年3月5日第二版。

夫穴,已神秘矣,穴而曰赤,逾艳丽矣。捣已爽利矣,直捣,逾痛快矣。矧所捣者为穴,为赤穴,捣又非常捣,捣之以直,世间快事豪语,有逾于此者乎? 李与张,他日成败如何不可知,功业如何不可必,惟此"直捣赤穴",真天地间第一隽爽语,足以传当世而垂千古,远出岳武穆"直捣黄龙"上。不佞病久矣,萎缩如衰翁,今感此"直捣赤穴"电波,不期勃然兴,而翘企之至,有跃跃欲试之意焉。①

● 析字

即分解汉字形体,重新组合,构造出一个临时性的含义。如《〈晶报〉别解》:"此报三日一出,因名为'晶报'。后有作者可师其意,故一日一出谓之'日报',二日一出谓之'亘报',三日一出谓之'晶报',六日一出谓之'百(旨)报',九日一出谓之'旭报',十日一出谓之'早报',三星期一出,谓之'昔报',停版不出,谓之'暮报'。"②看得出,作者的文字修养非常深厚,对文字结构的分解和组合运用裕如。最精妙的是作者以"日"旁组合成不同的文字,并使这些前后排列的文字保持语意的连贯性,令人佩服,读之兴味盎然。

● 音步

即同一个音间隔反复出现。如丹翁在《大报看广告》一文中讽刺大报广告多而新闻少,于是以"报屁股"(副刊)来填补新闻之缺漏,说得一时兴起,冒出这样一段话:"大的报兮卖广告兮,广告妙兮殿热闹兮,屁股俏兮呱呱叫兮,大家耍兮。"③每一句话

---

① 淞鹰:《直捣赤穴》,载《晶报》1926年2月27日第二版。
② 钝根:《〈晶报〉别解》,载《晶报》1919年3月3日第二版。
③ 丹翁:《大报看广告》,载《晶报》1929年3月30日第二版。

都以"兮"字结尾,反复叠音,极尽铺排,造成一种灵动跳荡的声音效果,增加了文字的趣味性,特别是"广告妙兮殿热闹兮,屁股俏兮呱呱叫兮"两句,尤感风趣滑稽。

- **押韵**

指在诗词中某些句子的末一字用韵母相近或相同的字。1925年5月16日《新闻报》附张《艺海》创刊,与另一个附张《快活林》(1914年8月15日创刊)皆由严独鹤主编。这本是一件稀松平常的事,但《晶报》以《贺〈新闻报〉屁股》为题刊发了一首打油诗,使一件平常的事也饱含谐趣:

> 要快活么?请入林;要顽艺吗?请下海。
> 林如海,在那厢,《新闻报》的两附张。
> 编译何人叫独鹤,阔哉一身兼两役。
> 附张诨称报屁股,水陆俱进无乃苦。
> 好在前后都进帐,当心夜夜看大样。①

作者文笔奇崛,巧妙地将两个附张名称分别拆开再构造,变成了"入林""下海""林如海",并且分别对应"陆"和"水",再加上音韵合拍押韵,令人拍案叫绝。最后一句"当心夜夜看大样"又将严独鹤的辛劳戏谑了一番②,让人不能不赞叹作者的奇思妙

---

① 鹤兄:《贺〈新闻报〉屁股》,载《晶报》1925年5月18日第三版。按:根据行文风格推断,可能为丹翁所作。
② 《晶报》经常拿严独鹤开玩笑。《笑报》以戏谑的口吻说:"《晶报》在小报里,自居老大哥的地位,所以对小报同行,不瞅不睬,而对于大报屁股,时常要戳一下子。周瘦鹃在《申报》,同此中人统有交情,还好;快活之鸟严只鹤,竟是他们的目标。'旧闻报'屁股给他们弄白相,也不知几遭哩!"参见缠夹:《〈晶报〉有嘴》,载《笑报》1926年3月20日第三版。按:"快活之鸟严只鹤"指《快活林》主编严独鹤;"旧闻报"即《新闻报》;"白相",上海话,"玩耍"之意。

想和诙谐风趣。作者伪称"鹤兄"("严独鹤之兄"之意），形成互文关系，又增添了些许情趣。

● 仿拟

仿拟是游戏文字中较为流行的手法。"近人游戏文中多好仿古文，如仿《陋室铭》、仿《五柳先生传》、仿《师说》、仿《获麟解》、仿《宴桃李园序》、仿《讨武曌檄》、仿《阿房宫赋》、仿《吊古战场文》之类，触目皆是。就古人之文，袭其腔调，套其词句，依样葫芦。"①丹翁就曾在"小月旦"栏目中写过一首词："不尽瘟生滚滚，无边嫖客萧萧，堂名两边榜和调，日夕下来不少。旗上大书政党，手中提着皮包，让他南北把兵交，代表真成带婊。"②尖刻地讽刺那些回旋于北洋军阀之间的政客不过是狎妓的嫖客。其中"不尽瘟生滚滚，无边嫖客萧萧"显然仿造于杜甫《登高》的"无边落木萧萧下，不尽长江滚滚来"，经过再创作，顿使词句犀利跳荡。令人叫绝的还有通过谐音的巧妙处理把"代表"说成"带婊"，构成一种辛辣嘲讽、诙谐风趣的韵味。丹翁注明词牌是"俳体西江月"，所谓俳体也就是俳谐文，重在调笑、讥讽。《晶报》曾经转载过一篇《报馆进出观》，也采用了类似的手法：

> 上海日报的进出，各家不同。有《上海夜报》者，刊七郎所制《上海报馆进出表》，颇趣。表如下：
>
> | 《申报》 | 大进大出 | 浪 | 《新闻报》 | 大进小出 | 涩 |
> | --- | --- | --- | --- | --- | --- |
> | 《时报》 | 不进不出 | 僵 | 《时事新报》 | 小进小出 | 浅 |
> | 《新申报》 | 只出不进 | 漏 | 《上海夜报》 | 易进难出 | 锁 |

---

① 切肤：《说游戏文字》，载《新世界》1917年11月24日第二版。
② 丹翁：《和调堂》，载《晶报》1919年4月21日第二版。

《神州日报》 难进易出 萎①

这篇文章是在"……进……出"这个句式上不断仿制而成的,也不过是游戏笔墨罢了。几家报馆的进出难道真有什么不同?倒也未必。但经过这么一对照,却也滑稽有趣(文中所谓"颇趣")。然而细细体咂,隐隐约约或别有他意,确有丹翁"能运其想入非非之笔,以极深奥曲折文字,描写不堪形容之异闻"②的神韵。这就是《晶报》的风格,既能做到古雅,也不免堕入低俗。

《晶报》的仿拟手法不仅止于逗笑读者的文字游戏,还不忘"搭载"暗贬他人、自我吹嘘的意图,如调侃各报评论专栏的《评评》:

> 十几年来,各报上忽然不作长论,通行用评,但"评"字上,必须加一个字,叫作"什么评",似乎才对。《时报》首先叫"时评",真个凑巧,但"时评"的上头,又添一个"批评",我不晓得这"批"字究竟有甚作用。
>
> 《时报》用"时评",固然好极了。《新闻报》因此也用"新评",奇哉!照此说来,难道《神州(日)报》,也可用"神评"么?"神州"既用"神评",则凡报上常拿"民"字冠首的,颇可用"民评"了。"民评"简直就是舆论,妙极妙极!
>
> 《小申报》,用"小评",甚佳。但老《申报》,如用"老评"岂不令人喷饭?

---

① 老七:《报馆进出观》,载《晶报》1925年1月4日第三版。
② 镇冠:《回忆丹翁先生》(七),载《晶报》1937年11月9日第二版。

还有一个令人喷饭的呢,就是康有为的《不忍》杂志,他竟用了个"不评",你道好笑不好笑?

但是《晶报》果然要用"晶评",倒真吓啥。①

类似的还有,模拟读者阅读几家大报和《晶报》后发出的各种不同的语气词,制造谐趣,巧妙地寓褒贬于其中,借以抬高自己,打击对手②:

读《新闻报》用喉音　　哦

读《申报》用鼻音　　哼

读《晶报》用舌音　　啧

读《时报》用唇音　　喂

读《民国日报》用齿音　　哧③

林屋山人认为这五种音"语极谐妙",他也以同样的"谐妙"仿造一文为之注解。"原来如此""不过如此""何苦如此""早知如此""竟敢如此"之句式十分精妙:

丹翁前言读报,有五种音,语极谐妙,观者不易明也,不揣愚昧,略为注解如下:

读《新闻报》用喉音,言读之如骨鲠在喉,格格不吐,状

---

① 丹翁:《评评》,载《晶报》1919年8月15日第二版。按:《晶报》在1938年1月19日复刊后短暂设置过一个评论专栏"晶语"。
② 季霄瑶:《近代上海小报的话语策略与自我定位——以1920年代上海〈晶报〉为个案》,载《新闻大学》2006年第1期。
③ 丹翁:《读五种报之五样音》,载《晶报》1923年8月21日第二版。

其声曰：哦，意谓原来如此。

读《申报》用鼻音，言读之如掩鼻学洛生咏，状其声曰：哼，意谓不过如此。

读《时报》用唇音，言读之如反唇相稽，状其声曰：喂，意谓何苦如此。

读《民国日报》用齿音，言读之如梁夫人作龇齿笑，状其声曰：咪，意谓早知如此。

读《晶报》用舌音，言读之如撟舌而不能下，状其声曰：啧，意谓竟敢如此。①

● 谐音

即故意寻找字面上可以望文生义的汉字，使得字面意思同原词语的意思毫不相干，以达到游戏逗乐的效果，如《阿姆骚来》：

> 偶与人撞，英法语致歉言辞甚多，"sorry"一字，则成为舞场中之惯用名词。无论男女，皆熟记"骚来"二音，随意道歉。舞女辈往往此称"骚来"，而彼以"骚去"应之者。近日又有人将"骚来"之一形容词，改成一句曰："我甚抱歉。"而读英语"I am sorry"为"阿姆骚来"，阿姆者，甬人呼母之谓也，此语殆言中有物，较"骚来""骚去"尤"骚"矣。②

作者有意将"sorry"译成粗俗的"骚来"，又将"I am sorry"

---

① 林屋山人：《读报五音如此如此》，载《晶报》1923年8月24日第二版。
② 伊人：《阿姆骚来》，载《晶报》1935年10月4日第三版。

故意译作"阿姆骚来",将女性与举止轻浮相联系,开玩笑,娱乐读者。此例同上例一样,也显无聊。

《晶报》的内容良莠不齐,与《晶报》这种对趣味性无止境的追逐有很大关系。对于《晶报》来说,兜售趣味性就是招揽读者的不二法门,不会理会哪些是低级趣味,哪些是健康趣味。在商业化面前,文化品位是不予考虑的,这也正是《晶报》之类的小报被人指斥的主要原因。

这些存在于评论、新闻报道和文艺作品中的游戏文字主要发生在 1920 年代前期,这时正是《晶报》内容的拓展期。一方面,这些游戏文字满足了报人展示名士风流的欲望("消自己之闲"),另一方面,又刺激了读者持续的阅读热情("消他人之闲")。以后随着《晶报》对中国动荡局势的加倍关注,新闻性不断增强,游戏文字也就不如前期兴盛了,但对趣味性的追求从未止歇。①

此外,像屡见不鲜的"人名对"即取俗语对名人名字也属于游戏文字的范畴,如,戴天仇对告地状,胡汉民对洋鬼子,孙殿英对子宫病②,等等。

5. 套用曲艺形式

《晶报》创刊之初就标明为"文艺定期日刊",这本身就表明《晶报》的撰稿人对文艺特别是曲艺有着天然的癖好。每当《晶报》周年纪念或者其他重要日子,总会有一些以不同的曲艺形式

---

① 譬如,"《立报》的编辑有一位萨空了,有一位朱虚白,因此人家写信来,称为'萨朱两编辑先生','萨朱'音同于'杀猪',怪不好听的。但是又有人说,一个叫空了,一个叫虚白,所以《立报》上常常留出了许多'空''白'。"在游戏文字中批评当局的新闻检查导致报纸开天窗,有了较为积极的意义。参见莞尔:《报人小话》,载《晶报》1936 年 6 月 4 日第二版。
② 笑:《人名对》,载《晶报》1930 年 7 月 9 日第二版。

表现的篇章,这些曲艺形式有五更调、弹词、大鼓,等等。曲艺是由民间口头文学和歌唱艺术经过长期发展演变而形成的,是以"口语说唱"来叙述故事,反映社会生活的艺术形式。它扎根于民间,具有广泛群众性,它的特点之一就是噱,即制造趣味性和娱乐性。"近代上海的城市人口是由各地移民构成,各地戏曲因而荟萃上海(盛行于上海的戏曲多源于江南一带的地方戏曲,这也是与上海居民江南一带占大多数的情况相合的),并在这里找到了天然的、最基础的观众。"①因而,以曲艺形式写作的文字也颇受人们喜爱,这在晚清小报中已经非常普遍。比如,爱娇的弹词《〈晶报〉十五周纪念开篇》:

> 倏忽光阴十五年,《晶报》纪念又在当前。刚逢三月又三日,上巳风光景物妍。今日报纸颜色换,忽见通红触目艳无边。曾记得晶儿出世在庚申岁,附属"神州"有几年。友朋弄笔添新兴,也不过三天之中出一天。张丹翁怪文传天下,小说涵秋日万言,可惜《广陵潮》绝响在人间。袁寒云不亚曹子建,七步何难诗一篇。毕倚虹,笔缠绵,恸哭黄垆涕泪涟,才人短命岂前定? 名士新亭实可怜。还有那说不尽多多少少文人辈,竟能尺幅集群贤。有的是,抒伟议;有的是,撰短篇;有的是,新闻奇事簇新鲜;有的是,长篇小说把章回著;有的是,考古文章子(仔)细研;有的是,兴来描一幅讽刺画;有的是,新旧诗词写满笺,纷纷投稿到《晶报》去,珠玉琳琅满眼前,真个是挥毫落纸似云烟。可知道,日销五万

---

① 张仲礼:《近代上海城市研究(1840—1949年)》,上海人民出版社,2014年,第848页。

原非易,大雄辛勤常夜不眠,脚编辑到处要周旋。近来风气在无线电,弹词丁冬响管弦,我也替《晶报》来唱开篇。①

弹词是与江南民众休闲生活最为密切的说唱艺术,基本上是七言韵文,加上三言的衬句,作为一种消遣性的曲艺形式,很受一些有闲阶层的喜好。作者将《晶报》的历史、重要撰稿人和主要内容套用人们喜欢的弹词开篇的形式唱颂出来,契合了读者的娱乐心理。

其他还有《电车五更调》②《本报七周年鼓词》③等。

除此之外,为了营造报纸趣味性的氛围,《晶报》作者还取一些稀奇古怪的笔名,以与文章形成某种呼应关系,如,《荒诞之〈申报〉战事电报》之"爱申生",《柴米知事杨千里》之"千里之友",《吴一鸣一鸣惊人》之"不鸣"④,等等。

第三节 《晶报》版面编排的差异化

出于内容表达和突出个性的需要,也是为了紧跟报纸发展的潮流,《晶报》前后有两次大的版面革新:一次是初创时期由分栏编排变为混合编排,这一过程可以说是在继承传统中寻求突破,一时成为小报界的风尚。这种编排形式经年未变,一直延

---

① 爱娇:《〈晶报〉十五周纪念开篇》,载《晶报》1934年3月3日第二版。
② 丹翁:《电车五更调》,载《晶报》1919年3月3日第二版。
③ 丹翁:《本报七周年鼓词》,载《晶报》1926年3月3日第二版。
④ 以上分别参见《晶报》1924年10月3日第二版、1925年10月24日第二版和1930年3月24日第三版。

续到1930年代中期。另一次是1938年1月《晶报》复刊后遵循"小报大报化"的办报思路，全新改革，分版编排。这里主要讨论《晶报》的第一次版面革新，第二次将放在第六章予以阐述。

一、早期上海小报编排方式的演进

上海最早的小报是李伯元（宝嘉）于1897年6月创办的《游戏报》，他首创"一论八消息，标题四对仗"的版面结构和标题制作模式，即每期至少有一篇言论文字和八条消息，这八条消息的标题要两两相对成为四副对联，如"请太太团圆"和"与哥哥来往"，"真倒运"和"包送终"，"公子拆姘头"和"老伶抹花脸"，"西人嫖妓"和"淫妇争风"[①]等，每个段落中的标题后缩两格，并用"○"符号与正文相隔。文字排列方式是自右而左、从上到下直排到底；后期则将每版纵分为三栏（亦称"格""排"或者"皮"，即英文 paragraph 之音译），减小了人们在阅读时俯仰的角度。《游戏报》的告白（广告）放在言论文字的前面，所谓"论前告白"，这正是读者的视线首先投射的地方。这些都被后起的小报所效仿，有些小报还在栏数上作了一些微调，如《寓言报》（1901年3月创办）就缩减为二栏。《寓言报》还设置了专栏性质的名称，如在"官场笑话"栏下有《利防外溢》和《患惧内生》两条消息，在"市井嬉谈"栏下有《有劳玉手》和《将现金身》两条消息[②]，仍旧两两对仗。随着小报报道面的扩展和众多小报对《游戏报》的模仿，李伯元决定打破陈规，再创新的编排形式。1901年6月他又开

---

① 参见《游戏报》1897年8月5日第一版、第二版。
② 参见《寓言报》1902年5月20日第二版。

办《世界繁华报》,突破自己创制的"一论八消息,标题四对仗"的模式,采用分栏编排,于是栏目纷呈,纲清目楚,包罗丰富。①《世界繁华报》的版面变革再次成为风向标,又引得其他小报争相模仿并不断改进。以《新世界》(1916年2月创刊)1918年5月31日的版面为例,每版纵分为六栏,第二版有"言论世界""邮电世界""过去世界""滑稽世界""怪异世界""美术世界""花花世界"七个栏目,第三版则有"快活世界""戏剧世界""文艺世界""小说世界""黑幕世界""纷纷世界""交通世界"七个栏目,每个栏目下的文章标题前都标上与字号大小一样的黑点,以示醒目,而且每个栏目都配有题花,再加上第三版中央的一幅插图,整张报纸的版面图文并茂,眉目清晰,整齐美观。外页的第一、四版则专门刊登广告。② 1918年8月创办的《劝业场》也如出一辙。小报的版面结构和编排模式至此基本上固定下来。

二、《晶报》对传统编排方式的沿袭与突破

《晶报》创刊时为四开四版,外页的第一版和第四版为广告版,内页的第二版和第三版为文字部分,每版纵分为六栏,所有

---

① 马光仁:《上海新闻史(1850—1949)》(修订版),复旦大学出版社,2014年,第215页。按:另一说认为,此乃受《时报》的影响。"报纸分一二三四之编排方式,是《时报》首创,沿用至今。在此影响下,晚清后期的'海派小报',也废弃'一论八消息'的模式,改用分栏编辑。"参见《上海新闻志》,上海社会科学院出版社,2000年,第404页。

② 有学者指出:"上海的综合性日报因受'论前告白'贵于后页告白的传统影响,报纸第一页即社论以前部分一向刊载商业广告或公告性广告而不刊出新闻。沿革成习惯,在改用机制白报纸双面印刷后,索性形成了外页1、4版专门刊登广告,内页2、3版才刊登评论和新闻的格局。"参见《上海新闻志》,上海社会科学院出版社,2000年,第404页。可能小报也引为参考,依样沿袭。

内容分门别类置于栏目之中,显得严整统一,井井有条。首期设置了"俏皮话""新鱼雁""莺花屑""三日一人""小说"等栏目,之后又陆续开辟了"小月旦""歌舞场""毛瑟架""燃犀录""新智囊""衣食住""求疵录""笔剩"等栏目。这些栏目也都配有题花。通过比较,看得出来,《晶报》沿袭了小报传统的编排模式,但也有所创新,那就是"各篇标题由著者自书",然后照其手迹用木刻制版,因此,尽管每篇文章署以笔名,但老读者不难从标题笔迹猜出作者的真实身份,这种小计谋增加了读者的读报兴趣。①

到了1920年初,《晶报》为改良版面编排,"略为长短行之区画,甚感分别部居之不便,遂援东西各报之成例,悉废除之"②,陆续将大多数栏目取消了。从此以后,《晶报》开始采用长短行、混合编排的方式,即将不同体裁、不同内容的文章错综编排,看上去既美观又有刺激性。这种编排方式经历了从排列式到穿插式的不断求新、求异的过程(见图2-2)。

最初,每版以六栏为基本栏,每篇稿件呈矩形,以花边隔离,标题的长度与栏宽相等,标题前用"回"形符号标识,其特点是整齐划一,便于阅读,但略显单调。后来改用破栏和并栏的编排手法,文字出现长短行,但稿件还是呈直角的多边形,这样统一中略带变化,版面显露活跃流动的迹象。以后变栏成为趋势。以1924年5月18日第二版为例,丹翁的《死》和乐笑翁的《贺顾少川不受炸弹》为二栏并成一栏,淞鹰的《孙中山游历排字房》和赤旗的《何不出"读本翻译号"》为二栏,而飞尘的《津浦三等车记》

---

① 罗苏文:《沪滨闲影》,上海辞书出版社,2004年,第141页。
② 大雄:《编辑纪略》(一),载《晶报》1922年3月3日第二版。

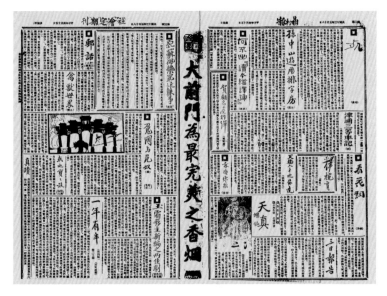

图 2-2　《晶报》版面的混合编排

(《晶报》1924 年 5 月 18 日第二、三版)

和林屋山人的《天桥人才之发达》保持基本栏(见图 2-2)。此时又尝试穿插式的编排方式,稿件和稿件错落相间,版面曲折而显活泼。考察同一时期的《申报》,仍然是六个基本栏,几无稿件的穿插咬合,中规中矩,一如初期的《晶报》。

《晶报》采用这种编排方式后,有时一篇稿件中间被另一篇稿件穿插,读了上一句还要跨过此篇稿件查找下一句。栏线也频频被隔断。到了 1925 年,已经很难找到栏线,稿件彼此穿插,放眼望去,整个版面仿佛由多个不规则的、大小不一的橱窗镶嵌而成,琳琅满目而又杂然相陈,热热闹闹,显示出"大杂烩"的特色(即内容和编排的混杂)。《晶报》的版式与大报渐行渐远。此时的大报好像一个老成持重的中年人,而《晶报》宛如一个活泼好动、不守规矩的顽童。最极端的例子是有的稿件的部分文字竟然置于另一稿件的标题之下,让人产生误解;有时有的稿件从第一栏开始不断转行,在不同稿件之间左右跳荡,直到最后一栏即第六栏才告结束,如1927年2月28日第二版神狮的《"申""新"诸报休刊之回顾》就是这样。这些稿件露头隐身藏尾,像捉迷藏一样,近乎一种游戏,如果不是经常阅读《晶报》,熟悉那些分隔稿件的文武线的指示作用,很可能"迷途而不知返"。只是到了1938年1月19日,《晶报》借复刊之机改版,采用通用的十二栏的基本栏,恢复栏线,有时也使用穿插手段,才使整个版面看上去井然有序。

难道是《晶报》不懂得合理的编排方法吗?看来不是,因为《晶报》的主持人和撰稿人,像余大雄、张丹翁、包天笑、周瘦鹃等,大都有过大报副刊工作经历,有的还独立经营过大报,他们都是谙熟报纸编辑业务的。合理的解释应该是《晶报》刻意求新、求奇,以显示与大报完全不同的版面特征。

只要考察一下大报编排方式的变迁就可以找到答案。"在从前报纸一面印时代,不分格,不分栏,每一论说,新闻,都是用长行一直自顶排到底。这容易使人眼花,往往从这一行,看到了邻近那一行去,而且也因此留出许多空行,显出了纸面的许多不经济。"①《中外日报》创刊以后即开始改革。"《中外日报》初出版时,其编排之法,弃长行而用短栏。……至《时报》出版,此时阅报者亦较前进步了。不但编排上用短行,而文字上亦以精悍短峭为尚,深入显出,力求醒快明决。"②《中外日报》1898年创

---

① 曼妙:《二十年前的新闻界(二)长行与短行》,载《立报》1935年9月24日第三版。
② 钏影:《新闻旧话 一 上海报纸的两大改革》,载《晶报》1939年6月22日第六版。

刊,由汪康年兄弟主持;《时报》1904年创刊,由狄楚青主持,以锐意进行报纸业务改革见称。一份为19世纪末的报纸,一份为20世纪初期的报纸,这两份处于不同时间点的报纸都弃长行而用短行,表明短行确乎成为报纸发展的趋势。后来的事实也证明了这一点。民国初年,上海报纸的基本栏为六栏或八栏,到了1920年代,《时事新报》启其端,改为十二栏,在上海新闻界产生很大影响。

《晶报》创办之初即采用当时通行的六栏的基本栏,用短行,分栏编辑。但到了1920年代中期,当大报普遍采用短行时,《晶报》反其道而行之,启用长短行,实行混合编排。"报纸上的文字,排长短行,用花边框子,我不知谁是权舆,讲到小型报,好像本晶不愧为一个领导的罢。"①这种有意识地追求差异性的编辑方式使《晶报》在小报界独树一帜,丹翁称之为"'晶报式'的版面"②。

至于《晶报》实行混合编辑到底有什么意义,我们或许可以从下面一段话得到些许启示:"当时上海的编辑新闻,每喜混合编辑法,而不喜分类。……其意以为混合编辑,足以调剂读报者之精神与目光。在沉闷之政治经济新闻中,而间以轻松之小说杂文足以转换读者心目也。"③事实上,《晶报》的创新不是没有遭到读者的质疑,但后来都烟消云散、习以为常了,不仅读者接受了,其他小报也争相袭用。"现在就'晶'言'晶',在初出版的当儿,人家以为三日一出,都说记不得,没有人看。及至改了长短行,以及各种排列的方式,人家又说地方寻不着了,不如老实

---

① 鹊尾:《读报偶拾》,载《晶报》1936年10月31日第三版。
② 丹翁:《十五周回想》,载《晶报》1934年3月4日第二版。
③ 钏影:《新闻旧话 廿四 余兴》,载《晶报》1939年8月18日第六版。

分成几排的好。到如今,小报罗列,有二三十种,并且非三日一出不销,非这们(么)长短错综起来不行。"①

"材料重趣味,编辑尚新颖"②,《晶报》以新奇的手法招揽了读者,也刺激了读者的阅读欲望。相比波澜不惊的大报阅读,读者总能在阅读《晶报》的过程中邂逅它掀起的层层微澜,如在新闻或评论之间读到轻松风趣的对联或者打油诗,庄谐杂出,仿佛这里是困乏的跋涉者歇脚的驿站。在众多稿件之间寻找一篇稿件上下连缀的字句,对于读者来说,也不失为一种闲暇的乐趣。③ 阅读行为本身就是一种娱乐方式。炯炯(钱芥尘)说余大雄有一个特点就是"好奇","惟好奇故尝试,惟尝试故有《晶报》之成功。三日刊之报纸,国内前此所无,创之者为余大雄,亦好奇所冲动耳"④。这种好奇其实就是创新精神,即做人所不曾做和不敢做的事,诸如设计"天神驱恶魔图"、将撰稿人亲笔书写的标题木刻制版("刻木戳")以及实行混合编排,等等,都是如此。总之,《晶报》打破常规,标新立异,既展露了自己的个性,更重要的是获得了市场回报。

---

① 丹翁:《吴稚老捧小报》,载《晶报》1928年7月12日第二版。
② 卓呆:《革命的小报》,载《晶报》1934年3月4日第二版。
③ 实际上,不少读小报的人都是有闲阶层,"余所恃以遣我无聊岁月之具"。参见三多:《我爱小报》,载《晶报》1939年2月4日第二版。
④ 炯炯:《好奇与滑稽》,载《晶报》1926年8月27日第二版。

第三章 "敢骂"和"敢言":《晶报》的社会批评与监督

《晶报》初创时是三日刊,出版周期长,这有利于《晶报》从容地组织稿件,对稿件精挑细选,尽显精华;但短处是时效性差,在新闻上无法与日报竞争。《晶报》于是另辟蹊径,突出言论和新闻的泼辣和大胆,这正暗合了小报的办报规律。正如有报人所总结的,"(本埠的小报)唯因其是三日一刊,对于新闻消息,不能应时供给于读者,如各大报之钩心斗角,务在灵通而翔实,所以不能不别出一门,专以批评为主",但"有时有种新闻,为各大报所不敢登而不便登的,又正为小报最好的材料"[①]。《晶报》的"敢骂"和"敢言"主要通过评论和新闻(即《晶报》所谓"纪载"或"纪事")等形式来实现。

自从1919年5月初尝试向"社会定期日刊"转化后,《晶报》除了秉承评论的传统,社会政治新闻的分量开始缓慢增加。"从前的《晶报》,属于评论方面多,属于纪载方面少。这一年的《晶报》,渐渐的趋于纪载方面。"[②]无论是评论还是新闻,这时都开始表现出独有的个性。一是在评论方面,敢于批评监督,用《晶

---

① 二云:《小报论》,载《铁报》1930年5月13日第二版。
② 天马:《〈晶报〉一年的回顾》,载《晶报》1925年3月3日第二版。

报》自己的话说,就是"《晶报》胆大,敢骂人,尤其敢骂人不敢骂的人"①。丹翁解释了何以要"骂":"新闻记者以指导政府与社会为其职志,有所见则尽忠告焉;不听,则讽焉,讥焉;犹不觉悟,于是不得已而出于骂,口诛笔伐,其《春秋》之志欤!"②二是在新闻方面,则"常常有各报所不肯载、不敢载、不及载的纪事,《晶报》独能披露"③。1926年,《晶报》的这种特质得到进一步发扬,"《晶报》上往往登人家不肯载、不敢载、不能载的纪事,吃官司自在意中,然而《晶报》存心无他,吃官司也对得住社会,对得住读者"④。其无所畏惧的精神脉络清晰可鉴。到了1930年《晶报》尚能保持这种风格,"今'晶报式'之小报遍国内,能具《晶报》之特质者谁何?何谓特质?一曰能知人所未及知,一曰能言人所不敢言。虽在文网严密之今日,《晶报》犹能委宛纡徐,不丧其特质,此其所以为大王与!"⑤总体看来,《晶报》的"敢骂"和"敢言"主要发生在1920年代前期,其特点是无所顾忌,口无遮拦,锐气逼人;但在蒋介石成立南京国民政府,形式上统一全国之后,由于多种原因,《晶报》开始适度收敛。⑥ 1930年代前期,日本侵略中国,由于报道重心的转移和环境的变迁,《晶报》就只是偶尔露峥嵘了。⑦ 这里主要对《晶报》1920年代的新闻和评论进行分析。

---

① 毕倚虹:《为什么欢喜〈晶报〉》,载《晶报》1926年3月3日第二版。
② 丹翁:《骂》,载《晶报》1921年3月1日第二版。
③ 天马:《〈晶报〉一年的回顾》,载《晶报》1925年3月3日第二版。
④ 天马:《〈晶报〉一年来之奋斗》,载《晶报》1926年3月3日第二版。
⑤ 道听:《小报大王》,载《晶报》1930年3月3日第二版。
⑥ 因而,有报人说"今日之《晶报》,大家都说沉闷,谅《晶报》自己也承认的"。参见林华:《上海小报史(七)》,载《福报》1928年6月10日第二版。
⑦ 此时,有报人根据持续考察,认为"牌子最老的小报,当然要推《晶报》了,大家每以《晶报》文字,太麻木沉闷为病"。参见林华:《上海小报概论》(四),载《福报》1930年5月1日第三版。

第一节 《晶报》"敢骂"和"敢言"之表现

一、"敢骂"

《晶报》的"敢骂"主要通过评论或诗词等灵活多样的形式来完成,表现为对军阀、政府官员、商人、文人等以及侵略中国的日本的尖酸讥诮和对"社会之秽行与恶习"①的无情嘲讽,其惯用的笔调是"诙谐谈笑出之",既针砭了社会,又使读者在宣泄之余体味了风趣和快意。如淞鹰写了一篇嘲弄军阀曹锟的《曹死谣》:

> 昨天上海各报登载着一种消息,说是曹锟死了,但是家家注明白这是谣传。其实既是谣传,何必登载咧?这是新闻记者狡狯的地方。他恐怕曹锟未死,和他起交涉;又恐怕曹锟真死了,他家报上没有,岂不是麻木不仁么?因此登一个谣传,无论曹锟死不死,他的报的价值,是立于不败之地的。其实以我看来,说某人死,这不算造谣,因为无论什么人,总免不了一个死的归宿,不过早一点、晚一点。譬如说某人已经回家了,其实他尚未回家,这一句话,不过说得早一点,也不能算造谣。倘使曹锟是一个人类中特别种类的人,可以永远不死的,那末(么)谁说他死,真是造他的谣言呢!曹锟既是将来一定必死的人,如今说他死,也正是意

---

① 老孙:《纪念小言》,载《晶报》1920年3月3日第二版。

中。啊！上海各大报,也太胆小了。①

按照新闻评论的原则,既然曹锟到底死还是未死都不确定,对这件事发表看法显然是没有意义的。但在作者看来,即便说曹锟死了也不算造谣,其论证思路是:人总是要死的,现在说他死了和将来等他真的死了再说他死了是没有什么区别的。这种模糊时间的荒诞不经的推理可谓诙谐百出,令人绝倒。但读者都知道,作者不是不懂常识和逻辑,他不过是以戏弄的笔法咒骂曹锟罢了,并顺便把竞争对手——上海各大报揶揄了一番。又如《烂肉的来源》:

> 吴佩孚说,"烂肉应挖,完肤宜护",拿川粤当烂肉,江浙比完肤。我想好好的肉,怎么会烂？要不是吴佩孚勾结杨森、刘湘、陈炯明、沈鸿英,恐怕川粤到现在,还是好肉。老吴使好肉变为烂肉,再来用刀挖掉,他这一举手间,不知道多少川粤人民,为他糜烂而死。至于江浙问题,只要瞎子督军不野心勃勃,未必即生冲突。但是直系方面,天天在江浙人民身上想尽方法,溃烂的酝酿,一天深似一天,反要假仁假义,说句好看话,叫什么"完肤宜护",真所谓猫哭老鼠假慈悲了。②

文章直言不讳地抨击了吴佩孚等军阀相互勾结、祸害百姓的恶行,剥掉了其伪装善良的面具。此外,还有讥刺孙传芳、段

---

① 淞鹰:《曹死谣》,载《晶报》1924年3月9日第二版。
② C.J.生:《烂肉的来源》,载《晶报》1924年3月6日第二版。

祺瑞以及其他中央和地方政府大小官员的评论,如"要论起品行和本质来,也有人说军阀官僚和倡妓女伶差不多,但是我们不敢说,我们也不必说"①。正如《晶报》自己所言:"本晶游戏三昧,确会将军阀作乐的丑态,曲曲写出。可是本晶受人家欢迎,本晶说他们作乐,看本晶的人,就知道他们是作恶了。"②

《晶报》也对政府官员为所欲为、粗暴执法表示不屑。"五四运动"爆发后,上海的学生也遥相呼应。上海市警察厅厅长声称要与学生"拼命",鞭打被抓捕的学生。《晶报》讥讽道,厅长的性命比学生的金贵,不值得"拼命",而鞭打学生的手最好是留着寻欢作乐时用吧。

> 昨天我看了一张报说,上海警察厅长拿到了个学生,大发脾气,说定要和学生们拼命,接着说亲自动手,把那学生鞭了几下。
>
> 我说厅长怎么说这拼命的话,未免把自己看得太轻了。你厅长老爷是堂堂大官,性命很宝贵的,快好好儿留着做将来全国警务总监之用。那学生们从五月四日以来,早就不值一钱。无论北京、武昌、上海,拿的拿,打的打,刺伤的刺伤,他们的性命比了鸡狗还贱,你厅长老爷却说要和他拼命,不是很不值得么?
>
> 不但如此,就是鞭打学生,也不必劳动贵手。握着那粗粗的藤鞭,有甚么有趣?还是留在晚上去握那花国副总统王宝玉的玉手,又白又嫩,那就有趣多了。呵呵。③

---

① 天马:《答国庆日本报增刊反响》,载《晶报》1922年10月15日第二版。
② 丹翁:《本晶逛了燕津了》,载《晶报》1928年6月12日第二版。
③ 鹃:《拼命》,载《晶报》1919年6月9日第二版。

《晶报》对在中国不断滋扰、制造事端的日本充满了厌恶。1930年11月14日,日本首相滨口雄幸被刺,被送医进行手术治疗。首相秘书发布首相放屁两次的消息,以示术后状况良好。"党员皆欢呼万岁,户田秘书并赋诗咏首相之屁,开香宾酒庆祝,为首相入医院以来初次狂欢情形。"此事被日本电通社报道后,《晶报》将此"破天荒"的荒唐行为引为笑谈,称要在诗坛上与"户田秘书争胜",因而赋诗一首,运用夸张、反语等手法予以辛辣的讥刺:"放屁放屁,真正岂有此理!高耸金臀,斜移玉体。悠扬如仙乐之音,氤氲如兰麝之味。如开放香宾之砰然一声,如山呼万岁之惊天动地。但愿从此一泄,泄出了不景之气。"①

《晶报》的评论文字简峭活泼、笔势凌厉、谐意迭出,在四平八稳的上海评论界颇能造成一种奇峰突起的效应,抓住读者的视线,《晶报》(也包括其他一些小报)的个性魅力正在于此。然而,由于其评论大多致力于嘲讽挖苦,很少能心平气和、客观中立地进行分析推理,因而失之于浅薄油滑、玩世不恭和对他人人格的藐视,难以达到深刻的高度。

有学者在分析近代国人的阅报心态时,指出处于近代中国黑暗纷乱政治背景下的读者有一种不正常的对刺激性言论的偏好,这种言论常常意气用事,缺少对他人应有的尊重。而读者的阅读取向又成为报纸发表激烈言论的推动力,"使人怀疑报刊的某些言论是出于社会责任,还是假社会责任之名而取悦读者,图一时口舌之欲"②。这种观点是很有见地的。以此来考察《晶报》,可以说两者兼备,也就是既不乏对社会责任的担当,也有取悦读者的商业考虑。

---

① 天马:《放屁万岁》,载《晶报》1930年11月21日第二版。
② 王晶:《近代读者与大众媒介关系的历史解读——以民国二十年代京沪读者与报纸的关系为视角》,载《新闻与传播研究》2008年第5期。

二、"敢言"

《晶报》的"敢言"体现为"登人家不肯载、不敢载、不能载的纪事"。有人说《晶报》"年稚而胆乃至巨,既不识所谓党派,亦不知所谓避忌,他人所不敢言者,晶儿每冲口而出,如瓶泻水,闻者为之咋舌,而晶儿殊不自觉,盖晶儿字典之中,决无'畏惧'两字也"①。颇能体现《晶报》"敢言"精神的,是1925年2月21日《民国日报》遭到巡捕房检查后,上海新闻界竟然对发生在本行业的事噤若寒蝉,无一字之报道。2月24日,正逢《晶报》的出版日,《晶报》对新闻界的反常行为表示了不满:

> 本月二十一日巡捕房检查《民国日报》一事,此不可谓非上海新闻界之一新闻也。乃至明日,检查上海各报,竟无一家登载者,此亦可谓咄咄怪事矣。夫新闻纸者,以报告新闻为天职者也。捕房搜检报馆,并非隐秘之事,亦未尝通知报馆禁止登载。乃各报馆对于此事,绝口不道一字,谓为未知耶?则望平街近在咫尺,一时人尽宣传,俨若到处皆可为新闻,而独于新闻界之新闻,则未可宣传,以隐秘为宗旨。噫,上海之新闻界,其麻木不仁耶,抑胆小如鼠(原文不清晰,暂推定为"鼠"——笔者注)耶?②

《晶报》接着将事件的经过原原本本地报道出来:公共租界

---

① 漱六山房主人:《九岁之晶儿》,载《晶报》1927年2月6日第二版。按:"晶儿"为同人对《晶报》的昵称。
② 天马:《上海新闻界之隐秘》,载《晶报》1925年2月24日第二版。

巡捕房特派西捕两人和华探捕五六人至馆出示搜检状,"各处均加检查,凡箱箧均启视,稿件均侦查,最后闻携得账簿一册,书籍数册,稿件数页而去"。巡捕房之所以搜查民国日报馆,"因闻该报有出售共产党书籍嫌疑"①。由《民国日报》代印的《上海夜报》也因巡捕房检查几于不能出版。各报馆唯恐因敏感的政治问题而引火烧身,纷纷躲避。《晶报》大胆的报道行为与上海报界的装聋作哑形成鲜明的对照。

至于大报不便登、不肯登而《晶报》登出的新闻也不少。以张謇与余觉、沈寿之间的情事为例,沈寿工于刺绣,与丈夫余觉(余冰臣)共同研究刺绣艺术,而著名实业家、教育家张謇把沈寿请到江苏南通在女红传习所传授刺绣,后传出俩人的情事。对于此事,上海各大报没有一家肯登的,而《晶报》却以为奇货可居,大登而特登。②《晶报》从1924年12月21日始至1925年12月3日止,以《记张謇与余沈寿事》为标题分十三次在第二版或第三版对三者之间的感情纠葛和恩恩怨怨进行了连续报道。③ 报道通过采访当事人余觉,大量征引张謇写给余觉之妻余沈寿的书信以及其他物证,讲述了张謇"离间人夫妇,而又霸葬余沈寿身后之棺,又撰写不堪之诗词"的行为,其中不乏"其居心之叵测,概可想见,而文笔之丑,岂江苏硕耆、道貌岸然之张啬老所应出此耶?"这样严厉叱责的语句。然而,如同《晶报》的一些评论一样,这个报道也掺入了记者强烈的个人好恶,偏听一面

---

① 曼妙:《搜检〈民国日报〉记》,载《晶报》1925年2月24日第二版。
② 包天笑:《钏影楼回忆录》,香港大华出版社,1971年,第449页。
③ 所有报道参见拈花:《记张謇与余沈寿事》,分别载《晶报》1924年12月21日、24日、27日、30日以及1925年1月6日、9日、12日、18日、2月12日、18日、27日、11月30日、12月3日,第二版或第三版。

之词,甚至进行人身攻击,背离了记事的中立客观原则。《晶报》放任撰稿人的个性释放和情绪的恣肆表达,可以说在一定程度上体现了《晶报》突出有看点的故事性而不是恪守真实的新闻性的取向。① 此正李欧梵所说的"文学新闻业",与大报老成持重、自制内敛的风格大有不同。

1926年2月28日,胡适之在上海同春坊沿马路宝蟾老三家请朋友吃花酒。宝蟾老三原在生吉里,名为舜琴老三,调到同春坊后改为现名,由人介绍给胡适之。开张之日,胡适之便为宝蟾老三做花头,摆了一个双台。② 文人吃花酒本不足为异,但多少与传统观念有悖。胡适之作为文化教育界名人有此冶游行为,与其身份多有不符。这也是大报所不便登而不愿登的。但《晶报》毅然披露于报端,详细描绘胡适之与宝蟾老三的结识和密切关系,甚至一语双关,将胡适之的白话文诗集《尝试集》之"尝试"两字嵌入标题,又杜撰了一个呼应文章内容、读者心领意会的作者笔名"骚胡"(实为余大雄)。

此外,还有轰动一时的讥讽康有为通过臀部注射,施行返老还童术但失败的《圣殿记》③,等等。据包天笑回忆,《晶报》此类"敢言"的新闻故事不胜枚举。④

---

① 这当然与《晶报》内部宽松自由的写作氛围密不可分,正如其撰稿人所言:"《晶报》乃凤昔持自由主义者,其态度有如英国。英国之公家花园中,一方面为极右派之演说,一方面则正为极左派之演说,盖二者并行而不背,英国待国民之自择,而《晶报》亦待读者之自择也。"参见微妙:《〈晶报〉十八周纪念献言》,载《晶报》1937年3月3日第二版。
② 骚胡:《胡适之底吃花酒尝试》,载《晶报》1926年3月6日第三版。按:所谓"做花头"是指在妓院举办宴会招待客人,"摆双台"是指在妓院摆设两席花酒宴请客人。
③ 日休:《圣殿记》(上),载《晶报》1925年8月9日第二、三版;日休:《圣殿记》(下),载《晶报》1925年8月12日第二版。
④ 包天笑:《钏影楼回忆录》,香港大华出版社,1971年,第449页。

《晶报》无论在新闻报道还是评论中都惯于使用一种嘲讽奚落的笔法,倘若追根溯源,或是对李伯元创办的《游戏报》语言风格的接续。李伯元是一个改良主义者,既非常痛恨昏愦腐朽的清政府,又善意地希望其统治能够维持下去,政治态度必然影响到他的行文风格。李伯元本来深受讽刺小说《儒林外史》的影响,这样,他在创办小报《游戏报》时也就将嘲讽的风格注入报纸之中了(也包括他的《官场现形记》等小说),正如他所说的"或托诸寓言,或涉诸讽咏,无非欲唤醒痴愚,破除烦恼"[1],"以文字玩世,实借以醒世,诙谐间出,摹绘极态"[2]。这正是其无奈之下对怒其不争的清政府满含激愤的宣泄,当然客观上也投合了民众憎恶清政府的社会心理。这种讽刺笔调以《游戏报》为发端在晚清小报以及民国小报中散播开来,成为小报的一个显著特色。但《晶报》的嘲讽常常脱离含蓄精妙的正轨,偏于尖酸刻薄甚至发展到揭短谩骂,有谴责小说之"以合时人嗜好"[3]之嫌。

第二节 《晶报》"敢骂"和"敢言"精神探源

《晶报》"敢骂"和"敢言"精神的形成无疑是其实践"改良社会""驱邪诛恶"的办报宗旨的体现。这个问题在本章第一节已作阐述。这里主要从《晶报》所处的租界环境及它的市场定位两个层面来探讨其来源。

---

[1] 《论〈游戏报〉之本意》,载《游戏报》1897 年 8 月 25 日第一版。
[2] 《论本报之不合时宜》,载《游戏报》1897 年 11 月 19 日第一版。
[3] 鲁迅:《中国小说史略》,人民文学出版社,2006 年,第 289 页。

一、《晶报》所处的租界环境

上海的报纸主要聚集在公共租界的望平街出版。《晶报》从创办之初就一直租用《神州日报》馆舍。后来一些报纸陆续迁出,"而独有吾《晶报》者,自脱离旧《神州日报》独立以来,十余年间,无一日与望平街相暌离"①。1938年,由于馆舍维修,《晶报》也只是迁到不远的汉口路继续出版。《晶报》所处的租界环境为《晶报》发扬"敢骂"和"敢言"精神创造了便利的地理条件。

翻阅1920年代前期的《晶报》,可以发现,其中有不少嘲讽和抨击北洋军阀政府及其官员的新闻和评论文章,这些人对《晶报》的态度可想而知,尽管他们可以在自己的地盘上随心所欲地封报馆、抓报人,却无法将权力施展到深处租界腹地的《晶报》身上。这是由《晶报》所处的租界环境的特殊性造成的。按照《南京条约》达成的协议,上海于1843年成为通商口岸。两年后,为避免"华洋杂居"产生的问题难以收拾,上海道官员与英国领事签订协议,划出外滩的土地作为"华洋分居"的洋人居住区,这就是最初的英租界。② 清朝末年,时局动荡,大厦将覆,租界乘机向外筑路扩张,地盘越来越大,并且逐步建立了独立于清政府的行政、立法和司法的管理机构,清政府的腐败无能导致国家主权丧失殆尽。1911年辛亥革命爆发,上海宣布光复,沪军都督府成立,结束了清王朝在上海的统治。沪军都督府和民国临时政府于是着手解决清朝遗留下来的租界问题,但租界当局并不给

---

① 微妙:《别矣望平街 此全中国舆论集中地也》,载《晶报》1937年7月5日第二版。
② 薛理勇:《旧上海租界史话》,上海社会科学院出版社,2002年,第4页。

予任何配合。① 1912年沪军都督府撤销，民国政府成立不久便又陷入政局动荡之中。地方军阀为逐鹿中央政权，一时兵连祸结，烽烟四起。各军阀自顾不暇，更不会对租界采取任何实质性的措施了。因而，民国初年上海租界仍然延续了晚清时期"国中之国"的状况。"在租界中，外人取得的行政管理权是一种'属地权'，即所有中外人士，不论他是华人还是其他'有约国'外人，一旦进入某一租界，在行政方面便只受该租界当局的管理，这是租界与华界最根本的区别。"②这也正是北洋军阀虽然对《晶报》恨之入骨，但又徒唤奈何的原因。

租界为《晶报》提供了宽松的出版环境。"租界当局对新闻出版业的控制，是按照他们的新闻自由观念行事的。"③资产阶级的新闻自由观念有着悠久的历史，已经发展到一定的高度，而中国当时还停留在"勿谈国事""防民之口，甚于防川"的言禁阶段。总的说来，资产阶级的新闻自由观念要比封建专制观念进步得多，因此，在租界出版报刊相比在军阀统治区要自由一些。租界的新闻事业相对繁荣，其原因即在于此。

《晶报》的出版自由显然得益于租界的庇护，但租界的新闻自由也是有限度的，租界当局不会听凭任何新闻和言论的流播，至于到底采取何种应对措施，完全取决于租界当局对利弊得失的权衡。"五四运动"的反帝风潮就曾经促使租界当局试图制定一套新闻法规，以钳制如春潮怒涨的反帝舆论。而《晶报》虽然对北洋军阀极尽嬉笑怒骂，但却审时度势，很少涉及租界当局。

---

① 张培德：《民国时期上海租界问题述论》，载《史林》1998年第4期。
② 薛飞：《旧中国的租界与报纸》，载《新闻与传播研究》1999年第4期。
③ 秦绍德：《上海近代报刊史论》（增订版），复旦大学出版社，2014年，第158页。

《晶报》在充分利用租界环境的同时，也在谨慎地维持着这个环境的安全性。这其实也反映了《晶报》"敢骂"和"敢言"精神的有限性，它的"敢骂"和"敢言"是有选择的，它不会得罪本土的各方势力，这也是它的生存策略：前行，但在丛丛荆棘中走稳每一步。

租界成为《晶报》的庇护所，这使北洋军阀束手无策，他们于是干扰《晶报》在外埠的发行。资料显示，《晶报》的发行区域除了上海本埠，还延伸到江浙、津京等地，最远达成都、广州地区。①《晶报》偶尔会有本报在京津地区遭到扣压的报道。1925年6月9日《晶报》在第二版同时刊登了三条"北京来电"：第一条是"晶被扣速停（六月四日下午三时发）"，第二条是"晶接电速发（六月六日下午十一时发）"，第三条是"晶报已放（六月七日下午二时发）"，显示了《晶报》从被北京政府扣留到最后予以放行的过程。但这种扣压方式所起的作用并不大，其结果是《晶报》的销量不减反增，等于替《晶报》做了一次义务广告。"前几时，齐燮元扣留《神州日报》，不准在苏、皖、赣发卖。近来北京政府又扣留《晶报》，不准在北京发卖，虽然尚在抗议中，可是一般表同情于《神州（日报）》及《晶报》的，因此加增了几倍，可见舆论之势力是不可侮的。"②读者的支持无形中也激励了《晶报》对"敢骂"和"敢言"精神的坚持。

二、《晶报》的市场定位

在讨论《晶报》的市场定位之前，先从总体上谈谈大报和小

---

① 神猫：《广州人看当日〈晶报〉》，载《晶报》1928年12月21日第二版。
② 饶舌：《军事下之报馆》，载《晶报》1924年9月12日第二版。

报的市场定位。大报和小报的市场定位显然是不一样的。根据美国营销学家菲利普·科特勒的观点,所谓定位是指对公司的产品进行设计,从而使其在目标顾客心目中占有一个独特的、有价值的位置的行动,这就要求公司决定向目标顾客推出多少差异以及哪些差异。① 从某个方面讲,定位就是差异化的集中表现,也是公司满足目标顾客利益诉求同时求得自身发展的重要手段。就报纸而言,市场定位就是要在市场的同类产品中找出那些足以吸引目标受众的、竞争对手所不具备的差异性优势。② 报纸的差异化首先表现为内容的差异化,因为读者正是通过对内容的阅读来区分报纸的类型,从而确定自己对报纸的选择的。在近代上海报界,是先有大报,然后才有小报。大报着眼于"大",以报道政治、经济、军事等重大新闻为主旨,它以先发优势垄断了整个报业市场,且财力雄厚,社会影响力大。而后起的小报却是典型的小本经营,用小报自己的话说就是"轻而易举",一间房、一张桌子、几十块钱垫底,一家小报馆就开张了。小报无论是在财力还是采编能力上都无法与大报相比,因此它一出世就注定不可能在大报的目标市场与其竞争,而是在大报的定位之外有针对性地重新定位,以与大报截然不同的内容满足大报尚未覆盖的读者市场。

赵君豪对小报进行了深入的研究,认为小报有六个迥异于大报的特点:(1)大报因历史与环境关系,记述一事,顾虑甚多,甚至明知其内幕而未能公然刊布。小报则无所顾虑,直言毋隐,且能于奸匿之辈多所抨击,使阅者快意。(2)小报取材,以

---

① 〔美〕菲利普·科特勒等:《市场营销管理》(亚洲版·第二版),梅清豪译,中国人民大学出版社,2001年,第282页。
② 周鸿铎:《传媒产业经营实务》,新华出版社,2000年,第105页。

趣味为标准,故所登新闻,初不限于某方面,上自贵显,下至婆人,凡有特殊之消息,皆所取材,能够把握大众心理。(3) 小报采访的消息,多为大报所忽视。大报所登新闻,千篇一律,令人索然。小报则描写尽致,令人神往。(4) 大报的记载笨重而沉滞,绝不生动,受新闻体裁的限制。小报的文字则比较活泼,不拘一格,婉而多讽。(5) 小报忌冗长的文字,除章回体长篇小说外,其余之新闻,鲜有一二千字以上,读者所费脑力与时间不多,兴会自感浓厚。(6) 社会间一切低级趣味,大报或未能即予注意,小报独能迎合潮流,着其先鞭,故深得读者欢迎。① 由上可知,小报以独有的内容迎合了从大报占据垄断地位的报业市场中细分出来的目标市场——被大报遗漏的中下层市民读者,成为成功的市场补缺者。这正是小报能够在几家大报(如《申报》《新闻报》《时报》《新申报》等)的夹缝中存续几十年的主要原因。

以上仅仅是将大报和小报作为两个报纸群落来进行分析的,得出的也只是一般的结论。事实上,任何一家小报在与大报或同类报纸竞争时都会摸索出一套适合自己的应对策略。《晶报》向来把《申报》《新闻报》《时报》这样的大报当作自己的竞争对手,因此在竞争的过程中专找这些大报的软肋"伺机下手"。那么,1920 年代的大报又是什么状况呢?"上海各营业性质之大报,对于新闻之取舍,言论之主张,向以不得罪任何方面为宗旨,殆无所谓系统,无所谓成见,故对于两方面畸异之新闻,往往相提并论,一律刊载,以示无所谓偏袒。近来因图在党军范围内各地销报便利起见,对于党军及国民党之新闻,亦斟酌采登。此

---

① 赵君豪:《中国近代之报业》,商务印书馆,1940 年,第 103—104 页。

完全为营业上着想也。"①有人批评道："报纸,本来是民众的喉舌,代表舆论的。然而最著名最畅销的《申报》《新闻报》,年来已噤若寒蝉,尽放着国内许多绝好的批评资料,不赞一词,仅择些外国的琐屑来作隔靴搔痒之谈,新闻编辑的目光太近,评论作者的目光又太远了。"②新闻四平八稳,评论远离现实,报道以能否获利、是否安全为考量核心,这就是当时一些商业化大报的内容特征和行为表现。这就为《晶报》这样灵活机动的小报提供了市场机会,《晶报》正是利用这个机会在适合自身特点的基础上,制作出不同于大报的内容而生存下来的。

《晶报》是三日刊,"小报而登载新闻,固然因三日一刊,消息转后,而有明日黄花之诮。即使拾遗补阙登出,各大报之所无的事,仅乃小之又小的,实为各大报之剩余,那么,小报就小得可怜了"③。看来,在新闻的时效性上,《晶报》不可能与每日出版的大报一争短长,但《晶报》在新闻的质上找到了增长点:一是报道有趣味的新闻和以趣味化的方式报道新闻,二是"登人家不肯载、不敢载、不能载的纪事",《晶报》因此而获得成功。在评论方面,《晶报》力避大报不痛不痒、温温吞吞的评论方式,极力彰显"敢骂"的风格,对于批评对象常常指名道姓,极尽嘲讽挖苦之能事。最终,《晶报》在小报界脱颖而出,为市场所接受。可以说,从某个方面讲,"敢骂"和"敢言"也是《晶报》的一种市场策略,是基于竞争需要的市场定位的体现。

---

① 旧垒:《上海各报被扣之一瞥》,载《晶报》1927年1月9日第二版。
② 谢豹:《海上各大报之退化》,载《铁报》1930年9月4日第二版。
③ 二云:《小报论》,载《铁报》1930年5月13日第二版。

第四章 《晶报》的经营策略

像其他媒体一样,报纸也是依靠内容和经营"两个轮子"一起转的。内容是经营的前提条件,而经营则直接产生经济效益,为报纸的发展壮大提供持续的动力。笔者认为,报纸经营的着眼点就在于报纸与读者以及与社会的根本的经济联系,也就是通过运用一系列的经营策略来获得直接的经济回报。因此,报纸的经营实际上包括两个大的方面:一是前期对报纸产品人、财、物的投入以及后期对产品的销售和信息反馈。二是对报纸产品的生产者即报社(报馆)形象的宣传和推广,报社本身获得了良好的社会声誉,必然拉动产品的销售。报纸的经营项目,简言之,包括报纸发行、广告经营和公共关系等多个方面。余大雄的经营才能对《晶报》的成功起到了举足轻重的作用。余大雄在创办《晶报》之前就有过丰富的报业工作经历。他曾经被委以《留东新报》经理之职,充任《神州日报》译务并撰写时评,为北京各报撰稿,担任上海几家报刊的特约访员,就任《大共和日报》编辑,主持《神州日报》,等等。所有这些报业活动可以说从采访、写作、编辑到经营管理等各个方面使余大雄得到了综合的锻炼,也让他掌握了办报的一般规律,了解了上海报界的基本情况。余大雄从未办过小报,但他善于在摸索中积累经验,"能化大报为小报"①。因此,有报人评价"诸人办小报的目光和头脑,终嫌不及余大雄那般天赋似的"②。《晶报》推出前后,余大雄的经营招术频出,包括建立经营基础、推广报纸形象、促进报纸销量、大力招揽广告等。这里,我们从余大雄的身上看到的更多的是商人的精明强干而不是文人的书生意气。1938年1月朱虚白任《晶报》主笔,他在经营策略上更为老练,视野更为开阔。

其实,余大雄的商业才能和行事风格已经为《晶报》的发展奠定了基础。"《晶报》之前,上海已有小报,出自文人游戏三昧,不当一桩事业看待,昙花一现也。待余公(即余大雄——笔者注)于《神州日报》关门后,小星替月,拿附张《晶报》独立发行,便在原址自建门户,专心致志经营,才创上海现行小型报规模。论功酬庸,余公足称小型报鼻祖咧!"③

---

① 癯公:《报界人才歌(并序)》,载《晶报》1924年5月3日第二版。
② 盼兮:《上海小报编辑者小史》(十五),载《上海滩》1929年4月22日第一版。按:此言不虚。比如,大约在1920年11月,余大雄赴北京会见徐凌霄、张鏐子和马二先生,商讨创办《京津晶报》。1921年,又会晤汉口报界诸名流,打算出版《武汉晶报》。参见魏绍昌:《鸳鸯蝴蝶派研究资料》(上卷 史料部分),上海文艺出版社,1984年,第490页。这是两次异地办报、建立报系的尝试。后又在1921年7月发布启事:"本报创办以来,至本年八月底止,业已二载有半。承各界不弃,销路日广,除随《神州日报》附送外,单独销售,亦将达万。三日一出,殊未足以副读者雅意,故特自本年阳历九月二日起,改为隔日一出,每逢阳历双日发行,增刊无定,此俗所谓三日两头见,仍不失晶字之原义也。"参见《本报特别启事 启事一》,载《晶报》1921年7月12日第二、三版中缝。在上升时期准备乘势改革,出版双日刊。1925年8月又宣布:"本馆现于《晶报》之外,筹备其他出版物,均附以《晶报》名义。以性质言,如《图画晶报》等,以地点言,如《京津晶报》等,即将陆续出版。外界幸勿再用,特此通告。"参见《特告》,载《晶报》1925年8月27日和30日第二版。以上设想可能因人才匮乏、资金并不十分充足等诸多原因,未获成功,但余大雄的商业头脑由此可见不凡。
③ 玖君:《报人外史(六九) 三日大王余大雄》,载《奋报》1939年8月19日第一版。

第一节 《晶报》经营基础的创建

余大雄是一个很擅长观察报业市场和借鉴他人办报经验的报人,他明了一家报馆在经营中可能遇到的种种困难和问题,也能够一下抓住问题的核心,施以对策。比如,自建印刷所,自办发行。余大雄在1920年代就看到报徽和商标的商业价值,并申请法律保护,使得老牌商业性报纸《申报》亦步亦趋。就在同一时期,余大雄还向社会声明自己对报纸内容的版权,尽管他付出的稿酬菲薄,有时甚至没有。作为一家营利性的社会组织,《晶报》要和租界当局、同行以及其他组织发生各种联系,余大雄于是聘请了常年法律顾问,遇到麻烦由律师一手处理。所有这些举措几乎都是在1920年代实施的,为《晶报》的发展壮大打下了坚实的基础。

一、自建印刷所,自办发行

《晶报》于1927年1月脱离《神州日报》自立门户后,仍租住在《神州日报》馆舍里,等于一座房子挂两块牌子;而《神州日报》也不过是二房东,其馆舍是找东方营业公司租借来的。① 后来《神州日报》易主,但《晶报》仍然附设于内,直到1938年才因馆舍修缮搬迁到汉口路299号重新营业。② 余大雄是一个善于精

---

① 神妙:《记〈神州日报〉四小时之假扣押》,载《晶报》1927年6月27日第二版。
② 据资料显示,许多小报为了节约支出,一般将馆址设在创办人自己的家里,居室兼做办公室,如《金钢钻》报就设在创办人施济群的寓所里。参见盼兮:《上海小报编辑者小史》(十六),载《上海滩》1929年4月28日第一版。

打细算的人。《晶报》是一张小报,规模不大,在寸土寸金的望平街,既无财力也无必要另外租房。此外,将晶报馆设在神州日报馆内,又与其他报馆望衡对宇,这样可以密切《晶报》与这些大报编辑、记者的联系,这对于"脚编辑"余大雄来说是可遇而不可求的。还有,《晶报》的印刷机与《神州日报》的印刷机共用一室,"盖《神州(日报)》与《晶报》,在同一机器间印刷故也"①,这样又可以分摊一些费用。之后,尽管《晶报》的经营效益越来越好,但《晶报》"始终厮守望平街一角危楼,海上新兴摩登写字间多着,但'君子不忘其旧'!勿作乔迁想也,'二十年如一日',造'晶楼'参观!其编辑部,印刷房者,光线乌黑,灯光惨淡,台椅朽坏,纸张狼藉……"②《晶报》敝帚千金,办公设备能省则省,能用则用。

另外,《晶报》还购置了自己的印刷设备。"印刷之于报社,匪特为重要部分,抑且为根本基础。"③例如,上海日报公会"章程上规定凡是一种日报在沪开办已逾半年,而有自备印刷机的都有入会资格"④,《立报》因而得以入会。因此,有小型报在做广告时也极力强调其"印刷美观精致"⑤。但在小报界,多数小报囿于资金匮乏或者办报目的短浅(如玩票性质的,以办报出风头),都没有置办印刷机。报纸编好之后就直接送到别的报馆或专门的印刷机构代印,但这很容易产生一些问题。

一是不能保证排版和印刷质量,如果出现字体不清或报纸

---

① 玲珑:《"神州"变色记》(上),载《小日报》1927年1月9日第二版。
② 玖君:《报人外史(七四) 三日大王余大雄》,载《奋报》1939年8月25日第四版。
③ 赵君豪:《中国近代之报业》,商务印书馆,1940年,第112页。
④ 报探:《〈立报〉加入日报公会》,载《晶报》1937年1月5日第二版。
⑤ "《南京人报》广告",载《晶报》1936年4月14日第一版。

污损等问题,必然会影响报纸的销售。如有人批评有些小报"排的版,不成其为形式,更谈不到美观。时常可以看见有把上下掉换的,有把木戳子掉错的,有把铜锌版颠倒的,有把作稿者具名遗忘的,有字句简直不通的,有统篇莫名其妙的,诸如此类,不胜枚举。再其次错字连串,墨色模糊"①。这样的报纸质量只能让读者望而却步了。

二是代印处业务繁忙,常常不能按时交接,致使报纸上市延时而滞销,如《大罗天》报"因更易印局,中间不时延期,且印刷复劣,致销路锐减"②。《正报》就曾因此类问题向读者致歉:"本报二度调换印刷以致延印出版,即日起以后出版决不脱期。尚祈原宥!"③

三是销路扩大后,代印的费用就相对增加了,这对于时有资金之虞、锱铢必较的小报来讲终归是不合算的。

比较而言,《晶报》购置印刷机,自排自印,不仅排除了所有这些困扰,而且"处处能随心所欲,加以订正。有一字一句印不清楚,便可停机填版,然后再开印。印了一半,如果发现讹字,又能停版改字,然后再开印。不像他报的印刷……无论如何不及《晶报》来得清楚"④。这样,《晶报》自己能够把握印刷质量关,就相应地提高了在小报界的地位和读者市场的影响力。

"上海的小报,因着积习关系,独自发行的实在很少,大都要经报贩的手。"⑤与许多小报受制于报贩不同,《晶报》通过交涉

---

① 鲁阳:《有望于上海小报公会》,载《铁报》1929年12月25日第二版。
② 守诚:《各小报本埠之销数》,载《笑报》1927年9月27日第三版。
③ "《正报》广告",载《晶报》1939年8月4日第三版。
④ 林华:《上海小报概论》(十),载《福报》1930年5月25日第三版。
⑤ 曾淹:《反动小报之左右难》,载《上海滩》1930年7月13日第三版。

获得了本应属于自己的报纸发行权,但这个权利的回归并不容易。上海报纸的发行一般分外埠和本埠两种。外埠有的由邮局寄送,有的由分馆或者代派处代发;本埠则被捷音公所代理。捷音公所是上海报贩的行业组织,其宗旨在于管控报贩的交易行为,维护本行业利益。公所订有会章,规定:每月开会一次,每个报贩要缴纳月捐(非包月送报,以现钱售卖者除外);对于同行要施以救助,如提供米票、棉衣等;新人入行必须有旧报贩引荐;还有,凡望平街没有该所招牌的报纸,均不得自理发行,必须委托某一大报贩代理;等等。所有这些行规就为报贩特别是一些大报贩把持发行市场提供了条件,捷音公所俨然成为一个组织严密、行规苛刻、势力强大的垄断报贩集团。每天清晨,来自四面八方的报贩麇集于福州路至九江路一段的街道,取报交割,人声鼎沸,盛况空前。经过不断的淘洗,上海发行行业最后形成了四个颇有名气的大报贩,人称"四大金刚",即姜冬狗、蒋顺卿、王春山和陆开庭。这些人推销能力强,财力雄厚,手下有一帮听命于自己的小报贩。这"四大金刚"共同瓜分了上海市面报纸的发行权,比如,王春山就控制了《社会日报》《福尔摩斯》《东方日报》《时代日报》《世界晨报》《明星日报》《金钢钻》等报的发行,他还将发行权出租,坐收渔利。① 陈白虚的《老上海》较为详细地记载了报贩、报馆和订户三者之间的关系:"(报贩)其法每日天明即携现款至各报馆,计取报之多少以付值,不能拖欠分文。取报之后,即折叠成份,由报贩之伙友或家人,急足分送阅报订户,至月终收值。盖阅者皆不直接与报馆订报,必向报贩定阅,以报馆所定报价不能贬损,而由报贩送至者,必较定价少四分之

---

① 啼红:《望平街"四大金刚"又弱一个》,载《铁报》1936年1月13日第三版。

一。……故即有人直接到报馆定阅,报馆亦不能雇用许多使役为之专送也。"①

从营销学的角度讲,大多数生产者并不是直接将其产品出售给最终用户的,在生产者和用户之间横亘着一个买进商品、获得商品所有权、出售商品和赚取差价的中间商,他们组成了商品的流通渠道。生产报纸的报馆也是如此,它们也需要报贩(中间商)为其推销报纸。问题是这些报贩本来是靠报馆吃饭、仰报馆之鼻息的,但随着其销售网络的不断扩大以及销售越来越集中到少数报贩之手,他们最终切断了报馆和读者的联系,主宰了报馆的销售渠道,报馆成为任报贩宰割的俎上肉。报贩垄断报纸发行权带来诸多的祸患,甚至能够左右报纸的生死,这也正是像《晶报》这样的报纸奋起反击的原因。

一是送报迟滞。报贩因为要同时递送多家报纸,必然使得有些报纸传递迟缓,延迟了阅读时间。上海人习惯每天早晨上班前先翻一翻报纸,看看当天有什么新鲜消息。倘使八点钟前报纸尚未送到,就老大不乐意了。② 而报馆自己雇用的报差动作要迅速得多,投递要准确得多。比如,"《立报》因为有报差,递送最快,我们虽远处江湾,每晨七时前总可看到《立报》。有时我尚未起床,送报人'拍'的一下重重的推开了门,面孔很严肃,以轻快的步伐走进来,'擦'的一下,报纸便滑在书桌上了。他亦掉头就走。《大公报》和《申报》送到,要在九时左右,是报贩送的。除《大公报》外,《时事新报》、《时报》、'申'、'新'两报都是一个报

---

① 张静庐:《上海的报贩生活》,载中国人民大学新闻系:《中国近代报刊史参考资料》(下册),1980年,第756页。
② 汪仲韦:《又竞争又联合的"新""申"两报》,载《新闻研究资料》总第15辑,中国展望出版社,1982年。

贩包办的"①。

二是报贩为了谋利故意延宕报纸的上市时间。如《立报》的读者就反映沿着京沪、沪杭两路的地方不能看到当日的报纸,而《立报》的编辑、印刷、发行、运输等各部分并没有脱节问题,"调查后,知道那责任全在各地报贩的身上。在他们中间,有的人,故意不愿当日出售本报,以期他自己多得些收入。质问他们,他们则说本报最好再提早出版。现在我们已在努力将出版时间提前,以看是不是能达到叫沿两路各地居住的读者当日看到本报的目的"②。报贩狡辩说要提前出版,《立报》明知是刁难,但也没有办法,只好照办。有人对此类现象很是愤慨:"像安庆的报纸,为某人所包办。无论什么报纸,如有不由他一手所包办,他便用出一种手段,所谓'欲加之罪,何患无辞'。听说镇江,亦是如此的。呜呼,言论出版不自由,已增加报纸的痛苦,再有这类的土劣式的报贩把持一切,我真不能不说了!咳!我又从何说起呢?"③

三是租报致使报纸销量下降。所谓租报,就是报贩将报纸租给读者看,收取一些费用,然后把读者看过的报纸收回,退还给报馆。报馆无分文进账,报贩却中饱私囊。有人记载:"首都的小报,只是出租与人看,譬如一札十份的小报售洋二角,租看一小时,只要铜元一二枚,于是报贩无不大得其利,阅者亦可以最低价遍阅上海的各种小报,然而上海小报销数亦不很多,就是这个原(缘)故。果使首都的阅者,能像上海的阅者出钱购买,上海小报的销场,并不下于上海。"④

---

① 夏仁麟:《看报的习惯》,载《立报》1936年5月10日第二版。
② 了了:《答谢读者》,载《立报》1936年3月23日第三版。
③ 有闲:《小报今日之在外埠》,载《铁报》1930年7月28日第三版。
④ 同上。

四是报馆遭受报贩的盘剥。由于报贩控制了报馆的整个销售渠道,等于扼住了报馆的咽喉,报馆在很多事情上不得不听从报贩的摆布。比如,有的报馆为了降低成本,对报纸实行提价,但由于报贩掌控了销售终端,所得反而较报馆还要多。"考小报之涨价,实在可说是没有甚么好处于老板,不过挑了几个报贩——尤其是报头罢了。因为从前小报批价,每张十二文,现在买价涨了铜元一枚,批价上也不过涨了三文,变作十五文,这样的一看,厚利没有享着,而销数倒大受影响了。为小报馆老板设想,实在有些烦不着呢。"①由于报贩实行垄断经营,外人无可染指,一些报贩大获其利,大报贩王春山就是一例。王春山初来上海时,不名一文,无以过活,只能以卖报为生,后来慢慢在望平街站稳脚跟,颇有积蓄。"当小报全盛时代,王每日可得羡余百元左右,少亦四五十元。不数年,积资颇丰,乃在故乡句容建新宅,并购地数百亩;而其八仙桥之寓所,亦俨然公馆排场。"②王春山为人忠厚、做事踏实、生活勤俭,这对他积累财富起到了不小的作用,但不可否认的是垄断利润也是其丰厚收入的重要来源。

鉴于委托发行问题重重,余大雄力争自己发行《晶报》。"本市报贩集团'捷音公所'业规:凡望平街无该所招牌之报纸,均不得自理发行,必须委托某一大报贩经纪,唯《晶报》馆址,独占鳌头,乃得自己发行。……'徽骆驼'的余公,商业门槛,与贵同乡典当朝奉,一般吃精,争此发行权利,曾和'捷音公所'一再交涉,才打出天下。(后来,《小日报》《上海画报》设馆对邻,叨余公

---

① 莲庐:《小报跌销之原因》,载《笑报》1929 年 4 月 22 日第二版。
② 啼红:《望平街"四大金刚"又弱一个》,载《铁报》1936 年 1 月 13 日第三版。

之光，不费吹灰之力，亦得自理发行。）"①《晶报》发行权的回归一定程度上避免了上文所论及的报贩垄断产生的种种弊端，为《晶报》的发展疏通了通道。

二、重视报纸商标和版权

"商标是用以区别产品和传达产品属性或形象的名称或图案，设计商标是为了吸引并维系客户。……零售产品和服务的名牌商标维系着顾客的忠诚消费，关系到重复购买，赋予公司发展的优势。"②余大雄曾经留学日本多年，在主持《晶报》的同时还经营着一个收益丰厚、买卖茶叶的茶号，是一个很有商业头脑的人。对于他来说，《晶报》就像他的茶号一样，不过是他赚取利润的商品而已。为了让《晶报》在众多的小报中被读者识别出来，他在筹划《晶报》时就请画家设计了一个报徽，即"天神驱恶魔图"，这成为《晶报》的商标图案的雏形。这幅图一方面成为《晶报》的视觉招牌，在每年的纪念刊上都会刊载一次（这一做法后来为《晶报》的劲敌《金钢钻》所仿效），另一方面又表达了《晶报》"为吾国中万事万物，扫除障翳，使渐入光明之域"的办报宗旨，树立了驱邪诛恶的社会形象。大概是觉得这个报徽构图复杂，不适宜进行日常的宣传展示，1921年8月1日，余大雄在保留原有报徽的同时又启用了一个线条简洁、形象直观的新报徽。

---

① 玖君：《报人外史（六九） 三日大王余大雄》，载《奋报》1939年8月19日第四版。按："徽骆驼"一词为胡适所创，象征徽商坚韧不屈、昂扬向上的精神。
② 〔美〕罗伯特·皮卡特：《传媒管理学导论》，韩骏伟、常永新等译，人民邮电出版社，2006年，第136页。

> 本报初以三日一刊,定名曰"晶"。兹虽将易间日,而三
> 日两见,仍不失三日之义,遂取"晶"字之形,以定报徽。报,
> 胡用徽耶?盖体必有章,而始足表其中蕴,故用三日相叠,
> 而以纪光明之大焉。色尚赤,取于国之尚焉,炎炎王烝,腾
> 耀何极;其地白,示袒白靡私,洁白靡滓之抱焉。厥徽既昭,
> 愿其鉴之。①

当日的报纸上就盖上了两个硕大的三个"日"字叠加组成的、红体白底的报徽(见图4-1)。以后,几乎每年的纪念刊也会

图 4-1 钤在报上的红色报徽及寒云的《报徽告》
(《晶报》1921年8月1日第二版)

---

① 寒云:《报徽告》,载《晶报》1921年8月1日第二版。

加盖这个鲜艳的印戳。在1930年代头几年，《晶报》还在每个标题前饰以这个标志，强化读者的记忆。不仅如此，《晶报》还把这个形象化的报徽做成招牌悬挂在报馆外的二楼，在报馆丛集、牌匾林立的望平街煞是招眼。在一些拍摄望平街的珍贵照片中常能看到《晶报》的这个报徽（见图4-2）。

图4-2　望平街上悬挂报徽的晶报馆（1937年摄）①

《晶报》这种在报界领风气之先的做法可能来自晚清及民国时期一些出版社社标的启发。旧时的出版商在书籍的封底上通常印有一个表明出版单位的特殊图案，它或用文字表现，或用花纹图样造型，或二者兼用而组合，如中华书局的标志是由两枝对称的稻穗和一本封面上印有"中华"二字的厚重图书组成。②　显

---

① 此照片参见憩庵：《望平街前梦》，载《晶报》1937年7月5日第二版。另可参见闻小波：《百年传媒变迁》，江苏美术出版社，2002年，第30页。
② 闻小波：《百年传媒变迁》，江苏美术出版社，2002年，第33页。

然，三个"日"叠加的报徽很容易让人联想到三日一刊的《晶报》，而红体白底造成强烈的视觉反差，印象深刻，寓意深厚，十分贴切地传导了《晶报》的形象。

除了将《晶报》视觉化，1928年余大雄又做了一件在上海报界破天荒的事情，那就是申请将"晶报"二字作为商标注册。"上海报纸之以商标注册者，首为本报，其次殆即《申报》（《申报》商标为木铎图案——笔者注）。去载之夏，本报延吴之屏律师，代表呈请全国注册局注册，旋奉该局批示，认为合法。今春，乃由工商部商标局发给商标注册证收执。"[1]1929年3月9日注册成功，余大雄郑重其事地将《商标局商标注册证》、《全国注册局批令》（第二七零二号）、《商标审定书》（第三四四号）三个文本一一刊登在报纸上，大造声势。这也难怪，由于《晶报》销量扶摇直上，颇受市场青睐，外地一些不法报贩于是擅自翻印《晶报》或者在《晶报》上加盖"号外"字样欺骗读者，以渔私利。要保护自己的权益，首先要获得法律上的支持，将"晶报"注册为商标，也就意味着受到了法律的保护，取得了对该商标的专用权，余大雄当然是明白这个道理的。另一方面，商标本身也是一种无形资产，是消费者选择产品或者服务的依据，商标的价值远远超过企业的有形资产。这也就是《申报》老板"史量才颇想收买它（《晶报》）"，而"余大雄要他四万"[2]的原因。《晶报》所有的家当不过是一台老掉牙的印刷机和一副断烂零碎的铅字，值钱的无非是"晶报"两个字而已（该交易因价格分歧太大没有成功）。几年之后，"上海的各报，在商标局注册的，以《晶报》为第一行，其他各

---

[1] 神狮：《〈晶报〉商标之注册证》，载《晶报》1929年7月24日第二版。
[2] 包天笑：《钏影楼回忆录》，香港大华出版社，1971年，第451页。

大报，也都登记，也都是把它的报头作为商标。……而《时事新报》除本名以外，牵连着同音相类的名称，约二十余种之多，《晨报》亦有十余种，皆所以防人家来冒他们的牌子咧！"①《晶报》的注册行为起到了示范作用，余大雄还是富于先见之明的。

与重视商标相联系，《晶报》也非常重视报纸稿件的版权。一般来讲，所谓版权就是创作者依法处分其作品，包括发表、署名、修改和保护作品完整等的权利，作品一经创作完成，就享有版权并受到法律保护。1919年《晶报》在连载李涵秋的小说《爱克司光录》时就标注"李禁止转载"，以告知作者对作品的所有权。从1921年5月15日开始，《晶报》就在报侧注明"本报所刊各稿皆有版权，禁止转载翻印翻译"，但没有说明稿件的版权是归原作者所有，还是归《晶报》所有。1923年9月12日明确指示："各稿版权均归本社所有，禁止转载翻印翻译"，警示那些盗版者。《晶报》对版权的保护无疑是一件利己也利人的事情。历史地看，清代末年之前中国还没有什么版权概念，只是到了近代社会随着传统文人向新型职业化文人蜕变，版权保护意识才逐步深化。这是因为，科举制的废除使文人传统的安身立命之路被彻底切断，出于生计，许多文人被迫转入他途，其中有不少人进入著作界、报界或出版界，成为职业报人、小说家、出版商，在编辑、写作和出版活动中依靠稿费和版税过活。② 报纸是靠源源不断的稿件生存的，如果不加强对稿件版权的保护，必将影响撰稿人的创作积极性。而报纸稿件的发表则至少为撰稿人提供了一个基本的收入保障，比如一些小说家就是先在报纸上连载

---

① 仙南：《上海各报商标注册》，载《晶报》1934年9月7日第二版。
② 李佳欣：《试论版权观念的发展和一个国家的文化基础》，载《法制与社会》2008年第28期。

小说,然后出版单行本,发售赚钱的。但由于社会普遍缺乏版权意识和监管机制,《晶报》的版权声明并没能禁绝盗版行为,如"港粤各报,转载沪报之竞争颇烈,小品文字最多……本晶尤被采及,如六日《宋子文之手提船》,十六日即发现于广州《越华报》,惟易名为《纸糊手提船》而已"①。遭受侵权而不能追索,这让《晶报》也奈何不得。

三、延揽律师,寻求法律保护

与内地不同,上海租界是一个法治社会,任何问题都可以诉之于法律来解决。《晶报》作为一家需要时时与社会各界广泛接触的报馆,在日常的报道和经营过程中难免会产生一些纠纷,如侵犯名誉、违反工部局规定、产生经济纠纷等等。对于那些烦琐的法律条文和随机应变的诉讼技巧,《晶报》并不是十分清楚。为了维护自己的权益,《晶报》聘请了常年法律顾问,遇到相关问题就由律师出面解决。1927年《晶报》聘请何飞为法律顾问,1928年《晶报》又同时延请吴之屏、文超、宋铭勋、笪耀先、程鸿元、谢英伯、梁玉明、汪思济和朱桓等任法律顾问,阵容十分强大。这些人在《启事》中声明"凡关于晶报馆之权利、名誉及其他一切法益,本律师当依法尽保障之责","对于晶报馆所享受法律上之言论出版自由权利及各种法益,具有依法尽保障之责"②。《晶报》的律师恪尽职守,为《晶报》辩护和周旋,屡屡使《晶报》化险为夷,省却不少麻烦。

---

① 天桐:《粤报抄》,载《晶报》1931年5月27日第三版。
② 参见《晶报》1928年1月30日第二、三版中缝。

1927年6月,《神州日报》因欠房东东方营业公司房租,房东在屡催无果的情况下,一面起诉,一面请法院假扣押报馆里的设施。当时《晶报》是通过《神州日报》租住的房子,一旦假扣押,那么《晶报》的财产也将一并被冻结,这将严重影响《晶报》的营业。余大雄十分担心,于是"商于法律顾问吴之屏,吴律师谓,果有此举者,当据二房客不应一并扣押之习惯,向原告律师提议。至二十五日晨,大雄接得吴律师电话,谓徐律师(即徐士浩,房东聘请的律师——笔者注)果已请求假扣押,且定十时执行,业已与之磋商,或可不一并扣押。大雄于十时半驰至报馆,房东代表马永葆,已会同捕房西探,向各室执行假扣押事,于门上各钉一木板。杜(即杜次珊,《神州日报》馆主——笔者注)代表陈以栋闻报,亦驰至……当即与西探面商,以为执行令上有言:如被告交铺保九百两,即三个月房租者,假扣押即可取消,今即电南京路大新袜厂为铺保。此时徐律师适至,亦表同意。……迟至二时半,交保事在法院办就,即电报馆。房东即命取去木板,撤去假扣押。……各方面处置兹事,均尽敏捷恳挚之力,而本报顾问吴之屏律师,能于极短时间中,保障本报利益,均足令本报表感谢之忱焉"①。《晶报》最终安然无恙,吴之屏律师的斡旋和随机应变起了不少的作用。

1930年7月23日,工部局警备处以《晶报》登载被禁药品广告、妨害风化为由,向上海特区地方法院起诉余大雄。《晶报》遂聘请江容担任辩护律师。26日,简易庭开审。辩论结束后,推事宣布下周宣判。到了29日,却宣布延期一周,再重新审理。不料,31日《晶报》又接到传票:8月2日到刑事第一庭听讯。

---

① 神妙:《记〈神州日报〉四小时之假扣押》,载《晶报》1927年6月27日第二版。

余大雄届时前往又被告知是误传。就在这一天,江容律师因《晶报》案件仍然悬而未决,前往简易庭探询,得知推事已经裁决将案件送往刑事庭审理。5日,刑事第一庭又以简易庭未将案卷送达为由,改期审理。7日,法院开庭,《晶报》聘请江一平和江容为辩护律师,二人为《晶报》作无罪辩护:(1)药之本身是否含有猥亵性质,并未化验,报馆不知也;(2)假定药有猥亵嫌疑,所登广告是否亦同犯嫌疑;(3)即谓广告有猥亵嫌疑,报馆不能与文字同一负责;(4)以法律论,并无犯罪意思。最后,法庭认为《晶报》所登载的药品广告有数种含有猥亵药品性质,判处罚金十五元。① 这次违禁药品广告官司,如果没有律师的襄助和辩护,将会使《晶报》陷入更加繁琐的诉讼,经济和时间上的损失可想而知。

此外,《晶报》有好几次因登载秽亵文字而被租界的总巡捕房刑事稽查处向会审公廨起诉,《晶报》也是请律师代为辩护。例如,《晶报》因乘化的《记司古鲁仆欧事》和亭云的《续鞭记》被控诉,最后由毕振达律师(即小说家毕倚虹)出庭巧为辩护,免予处罚。②《晶报》的各种利益就是这样依靠这些律师来维护的。

第二节 《晶报》的沟通策略

在生产活动中,媒介组织不但要生产出好的媒介产品或提

---

① 《本报被控案纪实》,载《晶报》1930年8月9日第三版。
② 姚吉光、俞逸芬:《上海的小报》,载《新闻研究资料》总第8辑,新华出版社,1981年。另,《记司古鲁仆欧事》和《续鞭记》分别刊于《晶报》1923年12月21日第三版和1925年3月27日第二版。

供好的服务、设定适当的价格、建设方便消费者购买的渠道,而且还要注重把媒介产品或服务的信息传达到媒介市场中去。①以报纸为例,报纸要通过各种各样的沟通宣传活动让读者了解自己,对自己产生亲近感,从而推动报纸的销售。报纸进行自我宣传有着得天独厚的优势,那就是它可以利用自己和其他报纸对自己的产品或服务信息进行宣传。为了让社会了解并接纳《晶报》,余大雄在创办《晶报》之前就制订了周密的宣传计划并按部就班地实施。《晶报》创刊之后,又在每年3月3日举办纪念活动,通过纪念刊大肆宣扬《晶报》的办报宗旨、内容特色、写作阵容,巩固并提升《晶报》的知名度。《晶报》还不失时机地利用一些社会事件为自己塑造良好的社会形象。当遇到负面事件时,又及时与社会沟通,扭转社会对自己的看法。

一、刊登广告,制造声势

报人邵飘萍说,要想报纸销数多就要"宣传得法",比方一家报馆尚未出版,先将出版的广告登在各报上。②《晶报》正是这么做的。《晶报》在创刊之前就选择一些大报刊登出版广告,大造声势,营造一种"未见其报,先闻其声"的广告效应,比如,1919年《晶报》分别于2月23日、25日、27日和3月1日在《民国日报》和《神州日报》的第一版刊载《〈晶报〉出版预告》。在出版的前一天即3月2日又在《神州日报》的第一版预告"《晶报》明日出版"。出版当日即3月3日,在《神州日报》同一版面告知"琳

---

① 张宏:《媒介营销管理》,北京大学出版社,2006年,第126页。
② 邵飘萍:《中国新闻学不发达之原因及其事业之要点》,载黄天鹏:《新闻学名论集》,上海联合书店,1930年,第51页。

琅满目之《晶报》今日出版,零售每份洋二分。代派处:上海望平街神州日报馆";老丹(丹翁)还发表了一篇应景的诗,赞赏《晶报》"门类堪称备,人才尽出奇"①。出版之后,《晶报》对于自己的推销并没有停歇。3月5日再次在《申报》第二版推出《〈晶报〉出版》广告(见第一章第二节)。这则《〈晶报〉出版》广告与先前的《〈晶报〉出版预告》大同小异,主要向读者宣传自己的办报宗旨、名家阵容、栏目设置、出版周期和售价等,以加深读者对《晶报》的了解和记忆。以后每当《晶报》的出版日,对《晶报》呵护有加的"母报"《神州日报》都会提醒"今日本报附送《晶报》一张,如有遗漏可向送报人索取"。

可以看出,《晶报》的自我推销是有条不紊、一张一弛的。易言之,《晶报》很善于运用广告发布的时间编排策略。时间编排策略的一个重要方面就是要掌握好广告发布的时机,包括:预备式策略,在商品促销之前提前发布广告,为商品上市奠定心理准备;协同式策略,在商品促销的同时开展广告宣传,旨在创造轰动效应;延迟式策略,商品促销结束后,再开展广告宣传,意在巩固企业的品牌形象。② 而《晶报》为了提高广告效果,在《晶报》出版前、出版时和出版后都不间断地投放广告,不遗余力地对自己进行宣传推介,有时竟然在新闻报道中都会生拉硬拽地与《晶报》攀上关系。以下这篇《看"晶"运动》由识字运动竟然扯到了看"晶"运动,无非想夸耀《晶报》如何受人欢迎,《晶报》又有怎样的社会影响力,实为一个软广告。

---

① 老丹:《本报贺〈晶报〉新五排》,载《神州日报》1919年3月3日第六版。
② 何修猛:《现代广告学》(第六版),复旦大学出版社,2005年,第263页。

报上看见首都举行一种识字运动,谈到"识字"这两个字,果然是人类第一要紧的工作,因为惟其识字,所以称做人类。从前好似有过一种读书运动,但不识字,怎么好读书?等到识字运动成功之后,我以为即不必运动读书,而书已无有不可读的了。我并以为要知道古今中外的万事万物,固要由识字运动,进一步作读书运动,而同时要知道极新鲜的万事万物,尤不能不作一种看报运动。到了有许多闲话,大报不敢说而小报偏敢载的,格外不能作一种看小报运动,再到了真举行看小报运动起来,那末(么),少不得先举行看《晶报》运动哩!何以故?前天我从上海到苏州,火车里厢,就听见许多客人,问卖报纸的道:报来了!报来了!可有某报没有?有。可有小报没有?有。可有《晶报》没有?有,自然先看《晶报》;没有,便不得已而思其次,看看关于《晶报》的小报了。照此一看,老实说,我这看"晶"运动,并还不算运动大家看"晶",竟是本晶把大家运动得晶晶的眼亮,其势非先看"晶"不可。我这题目,差不多就算请你们看"晶"的运动哦?①

另外,在广告时间安排上,前期采用均匀发布的策略,如在《民国日报》上每隔一日做一次广告,后期的情形是,越是迫近出版日,广告宣传密度越大。在广告媒介的选择上又集中在覆盖

---

① 丹翁:《看"晶"运动》,载《晶报》1928年12月15日第二版。类似的文章还有天马:《惜〈公理日报〉》,载《晶报》1925年6月27日第二版;绛雪:《王部长之"晶报化"》,载《晶报》1928年6月12日第二版;丹翁:《北平报纸捐》,载《晶报》1928年6月30日第二版;丹翁:《吴稚老捧小报》,载《晶报》1928年7月12日第二版。

范围广、社会影响大的大报。这些策略的运用既节省了广告费用,又强化了读者的印象,达到了宣传的目的。总之,《晶报》在广告运用上既强调宣传效果,又注重广告的成本核算,一家小报有如此之强的广告技巧和经营意识,确实令人惊讶。

二、周年纪念,扩大影响

要办好小报并不是一件简单的事,由于资金、人员和广告等方面的原因,不少小报恰如昙花一现,"吾见小报之中,有数期而即止者,有数十期而告止者,亦有多至百余期而告止者"[①]。因此,每当出满多少周年或者多少期等标志性事件,小报都会策划一次纪念刊,庆幸自己尚能存活,以示庆贺。这也就是一些小报报人将英文"tabloid"("小报"之意)戏译为"太不容易的"(亦有译作"它披露的")的原因。《晶报》几乎每年都会出版一次纪念刊,既有表示庆祝的意思,也有借此宣扬自己、吸引注意力的意图。纪念刊常常邀请社会名流和各报报人为之撰稿、题字,一时繁花似锦,热闹非凡。以《晶报》出版一周年纪念刊为例,1920年3月3日第二版首先登载了象征《晶报》形象的"天神驱恶魔图",接着是老孙(孙㻌媛)的《纪念小言》,重申《晶报》的办报宗旨,将"扫除此不良社会之秽行与恶习,使驺成一光明磊落之世界"引以自任;袁寒云的《祝言》,介绍《晶报》"庄谐兼备""文字娴雅"的特色;丹翁的《〈晶报〉周岁小识》,夸赞《晶报》"谈谑间作""辞气纵横",期望《晶报》将来有如"金刚石之贵重";马二先生的《〈晶报〉纪念号述旨》,指出《晶报》在评剧、花丛纪事、插画题字

[①] 月旦:《八周纪念颂》,载《金钢钻》1931年10月18日第二版。

以及栏目"小月旦""小说"等方面与众不同之处。同日的第三版还刊载了姚民哀献给《晶报》的"颂词"《水晶宫阅报记》，一一点评《晶报》的重要栏目，语多褒扬。这一天的纪念文章几乎占了整整一个版面的篇幅，有声有色，气氛热烈。3月9日第二版又登载了李涵秋的《纪念闲言》，以诙谐幽默、富于浓厚的生活气息的笔调介绍《晶报》的几位写作名家。这些文章不乏捧场凑趣、自我夸饰之辞，不无抬升自己、暗贬他报的意味。

以后《晶报》的纪念刊逐渐形成了一种模式。首先，以插画打先锋，刊载"天神驱恶魔图"，同时对插画的一些元素作适当变更，以观照时局的变迁。1927年纪念日，《晶报》回顾了近八年"天神驱恶魔图"的变迁：

> 图为故名画家沈泊尘先生所绘，作天神驱恶魔状，天神戴盔御甲，执降魔杵，立云端，状虽威武，貌至慈和。杵头绘一"晶"字，下贯三"日"字，近杵柄处，则一双钩"余"字，盖示创办人大雄先生之姓氏也。云下三魔，作抱头鼠窜状，一魔腰畔悬金钱，一魔则围以花，殆指钱魔、色魔而言。图居上版中央，外接一小图，一魔踣于草上。此在民国八年，载于创刊号上。
>
> 民国九年周年纪念，泊尘逝矣，原图移在报首，小图则移在下版中央一角，以示恶魔渐远之象。
>
> 民国十年二周纪念，原图仍置报首，小图移至下版尽处，以示恶魔将尽。时寒云、丹翁、涵秋、马二诸君，时有笔战，故臞蝯文中，有天神与天神战之叹。
>
> 民国十一年三周纪念，原图如前，小图原画锌版均失，因翻刻置于下版尽处，复由丁悚君绘小魔图六幅，分置上下

版中,魔忽由少而多,所谓道高一尺,魔高一丈也。

民国十二年四周纪念,原图如前,小魔图仅二幅,分载下版,盖一由剥而复之象也,丁悚君绘。

民国十三年五周纪念,原图如前,小魔图作牛蛇诸恶状,计十二幅,黄文农君绘,魔忽由寡而众,由微而显,由散而聚,当是时也,报界亦有恶魔,起而与天神为敌矣。

民国十四年六周纪念,原图如前,下版尽处,载戎装恶魔图一,文农绘,以示恶魔之最厉者,为彼有枪之阶级也。

民国十五年七周纪念,原图如前,小魔图凡四幅,上下版各二幅,魔作种种装束,且有裸裎之女魔五,文农绘,以社会恶魔之势力,较昔日益见巩固,其行径且愈出而愈奇也。①

这些插画旨在以直观而形象的方式表现《晶报》的办报宗旨和当时的社会局势。因为它是一种视觉性符号,不需要进行复杂的解码和演绎,所以,读者看起来感觉轻松、浅近,增强了阅读的兴趣,同时也加深了对《晶报》的了解。另外,插画本身具有装饰的功能,也使版面增色不少。

其次,以"××周纪念中之天神与恶魔"或"××周纪念之天神"等为题阐述当年的时局及《晶报》与恶魔不懈斗争的境况。这些文章与前面的插画组合在一起,图文并茂,造成前后呼应、交相辉映的效果,其中尤以孙㻞媛和刘襄亭的文章为最多,先后形成了两组系列文章。

最后,刊载名人、名家撰述或者社会名流的笔墨文字,其中

---

① 神狮:《"天神驱魔"之经过》,载《晶报》1927年3月3日第三版。

既有对《晶报》一年来的进步、不足和未来所作的客观分析和展望,也有作为"寿礼"献给《晶报》的颂文和亲笔题字。这在《晶报》七周年纪念刊上表现得尤为淋漓尽致(见图4-3)。先是《商报》总编辑陈布雷撰文自陈爱读《晶报》,指出"《晶报》在我国报界中是一种别具风格的报纸,有许多特点足令新闻界甘拜下风"①;《时事新报》总编辑潘公弼以《此何以故》为题探究《晶报》独树一帜的原因,认为《晶报》"以趣味为归",乃"时代之产物"②;《新闻报》副总编辑、副刊《快活林》主编严独鹤则为《晶报》题字"晶莹明澈"。然后,小说家兼《晶报》撰述天马(包天笑)

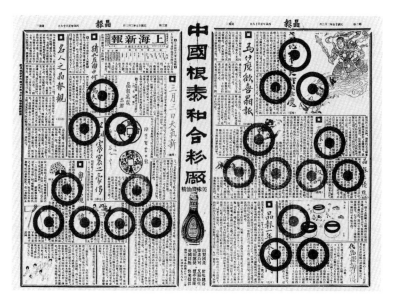

图4-3 《晶报》1926年3月3日七周年纪念版(上钤红色报徽)

---

① 陈布雷:《祝〈晶报〉》,载《晶报》1926年3月3日第一版。
② 潘公弼:《此何以故》,载《晶报》1926年3月3日第一版。

回顾了《晶报》一年来在记载、发行和不畏强势三个方面的突出表现,指出"过去一年间是奋斗时代,往后的奋斗,恐怕还未有限止"①;小说家兼《晶报》撰述毕倚虹认为人们之所以喜欢《晶报》,是因为它"胆大""诚实""独异""有侠气""宏博""有骨气"②;《时报》总编辑戈公振指出《晶报》有两个优点,即"政治新闻少,而社会新闻多;外来之新闻少,而自行之采集新闻多"③;《民国日报》总编辑小凤说"余大雄先生办了七年《晶报》,我便读了七年《晶报》"④,他为《晶报》辩护,觉得一张描写龌龊社会的报纸,不应指责其"龌龊",而应理解其苦心,因为它能够起到揭露的作用;《晶报》主笔、人称小报"三绝"⑤之一的张丹翁以鼓词的曲艺形式夸奖《晶报》"一年资格比一年老,一年信用比一年牢"⑥。后面是社会名流对《晶报》的看法和态度。叶恭绰"对于《晶报》似以不能每日出版为憾";王揖唐"甚爱读《晶报》,逐年订阅两份";张超观说"人之厌恶《晶报》在骂人,人之赞美《晶报》亦在骂人,惟愿《晶报》勿挟私见以骂人,虽被骂者亦能曲谅";张学良"因《晶报》屡志其踪迹,乃读之而甚感兴味,令

---

① 天马:《〈晶报〉一年来之奋斗》,载《晶报》1926年3月3日第二版。
② 毕倚虹:《为什么欢喜〈晶报〉》,载《晶报》1926年3月3日第二版。
③ 公振:《〈晶报〉二优点》,载《晶报》1926年3月3日第二版。按:如此看来,戈公振是认可《晶报》的,因为"欧美名记者对于我国报纸之评论,金谓'政治新闻多,而社会新闻少;外来之新闻多,而自行之采集新闻少'",原因在于"一般记者,重视军人政客权利之争,而社会生活及学问艺术,绝不措意"。参见戈公振:《中国报学史》,商务印书馆,1935年,第221页。
④ 小凤:《代〈晶报〉辩护》,载《晶报》1926年3月3日第二版。
⑤ "《晶报》张丹斧,前在《晶报》作评论文,有时不甚佳妙,后乃改而作滑稽诗词,文短而堪喷饭较甚。所写木刻题字,亦较前为小,此其愈改革而愈精,始所谓一变再变而至于道也。"此一绝也。其他两绝为"《大报》步林屋先生捧伶女之诗"和《福尔摩斯》"所吃官司之数亦为小报界中冠"。参见混沌:《上海小报我见》,载《福报》1930年9月22日第三版。
⑥ 丹翁:《本报七周纪念鼓词》,载《晶报》1926年3月3日第二版。

军需处汇款订全年《晶报》一份"①。当然,《晶报》的纪念文章有不少是临时拼凑的应景之作,给人客客气气、没话找话、溢美夸饰的印象。尽管如此,《晶报》的纪念刊还是犹如每年的花期,会如约而至。

总的说来,《晶报》纪念刊的公关意图是非常明显的,其主要手段就是打名人牌,利用名人效应来吸引读者,"在刊过大人们题字的许多的小报,也许他们认为社会是大人们的专有品,而取得大人们的题字就算是小报取得社会地位的明证了"②。这虽然是批评小报的,但却是《晶报》倚重名人的例证。《晶报》打名人牌不是公开地请名人为《晶报》做广告,而是以纪念刊的名义约稿,这些人出于同人的情面又是在喜庆场合,当然会尽找好话说。从某个方面讲,《晶报》就是借作者的嘴说自己要说的话,使其撰稿行为在不知不觉中演变为广告行为,手法隐蔽而又巧妙,其广告效果不是一般广告所能比拟的。这也正是《晶报》的高明之处。可以看出,《晶报》所约请的要么是大报的资深报人,要么是社会各界的名流闻人,这些人对《晶报》的看法很大程度上会影响到社会对《晶报》的态度和行为。从媒介经济学的角度讲,《晶报》读者(消费者)和《晶报》(产品)之间就是一种消费关系,消费者出于对名人的好奇和兴趣,"爱屋及乌",必然关注名人所参与的广告内容。另一方面,这些消费者还会把对名人的信任投射到广告信息和产品上,而广告信息是否可信,与广告来源是否具有和广告产品有关的知识经验、是否能提供客观的信息有关。如果产品由这一领域的专家、权威人士推荐,由于他们具有

---

① 炯炯:《名人之〈晶报〉观》,载《晶报》1926年3月3日第三版。
② 周公:《小报与大人》,载《铁报》1929年9月10日第二版。

这方面的知识和经验,对这一领域有专门的研究,具有独特的建树,他们的话就更具权威性和说服力。①这样,《晶报》撰稿名家的职业和身份就成为提升《晶报》形象、刺激购阅行为的无声号召。这正是《晶报》梦寐以求的。

三、借势造势,塑造形象

一年一度的纪念活动是《晶报》周密策划的宣传活动,对于一些不期而遇的重大事件或场合,它也不轻易放过,而是把它当作提高自身美誉度的契机。1919年,北京爆发了声势浩大的"五四运动",广大群众的爱国反帝热情在上海新闻界也引起了强烈的反应,上海各大报都投入到了支持群众斗争的报道活动之中,并以实际行动参加这场爱国反帝运动。《申报》《新闻报》《民国日报》《时事新报》《神州日报》《中华日报》等七家大报经过集体协商,宣布于5月15日起拒绝刊登日商广告。《晶报》以小报特有的报道方式对"五四运动"进行了几次侧面报道,当上海几家大报拒登日商广告时,它也加入了这个行列。5月15日《晶报》还刊登有富士造纸公司等商家的广告,但18日(三日一刊的出版日)它便在第一版同样位置的五个广告区域和中缝印上"本报自本号起牺牲广告"或"牺牲"字样,21日又在同一位置打上"本报第二十六号起日商广告一律牺牲,所余空白另行招登。各界赐顾尤为欢迎。价格克己,可以分登"。以后标明"此处空白系因牺牲日商广告"或"牺牲"两个字,直到8月18日开始登载其他广告。

---

① 李小华、董军:《名人广告的心理效应》,载《社会》2000年第1期。

1925年5月,上海发生了"五卅运动"。"五卅运动"的斗争矛头直指英日两国,人们更主要的是反对刊登英货广告。但到了7月下旬,《申报》等报纸才真正撤除英货广告。① 而《晶报》早在6月15日就停载英商广告,它在当日第四版下半版宣布"此处空白停刊英商兜安氏西药公司广告。特此另行招登。此启"。18日在同一区域和中缝印上"招登广告"字样。直到后来这两个区域逐渐缩小,被其他广告所替代。

从这两个事件可以看出,《晶报》虽然只是一家小报,但它的民族立场还是非常鲜明的,它以牺牲广告版面的方式表达了自己的政治取向;同时它又能揣摩社会情绪,把握传播时机,将这些事件当作塑造社会形象的良好机会。当帝国主义对中国的欺凌和压迫使整个社会群情激愤时,《晶报》当机停登日商、英商广告,这自然顺应了社会心理;同时《晶报》又不失时机地将自己的爱国行动传播出去,无数次地以"牺牲"或"招登广告"向社会宣示,以期赢得社会的赞许。

第三节 《晶报》的发行策略

《晶报》的销售在1920年代一路畅旺,而且固定订户多,发行质量好,在小报界无人能望其项背,令其他小报艳羡不已。《晶报》的销量高涨固然是其内容契合了读者的喜好,但不可忽视的是,其发行策略也起到了直接推销的作用,这些措施包括实

---

① 陈依群:《试析五卅运动期间的〈申报〉》,载《新闻研究资料》总第42辑,中国社会科学出版社,1988年。

行价格歧视、铺设销售网点、维持价格稳定,以及发动笔战,促进销售等。

一、《晶报》的发行状况

《晶报》创刊之初,发行方式有两种:一种是随《神州日报》附送;另一种是可以单独购阅,也就是单独发行。前文说到,经过不懈努力,余大雄最终将由捷音公所控制的发行权收归己有,自理发行。1927年《晶报》脱离《神州日报》后,采用的应该还是这种发行方式。根据有限的资料推测,《晶报》在上海本埠并没有自己的发行队伍,而是掌握发行主动权,与某一资深报贩单线联系,达成某种协议,由报贩包销。《晶报》在报道大报贩姜东高之死时就透露了这样的信息:"报界中人,无不知有姜东高(原作冬狗)者。姜以贩报为业者,历三十载。民国以来,破晓前,必见其背一包,伛偻缓步而来,入本馆柜台中,启包展报,略加检点,然后入机器房参观,或至各报馆察阅,见有印就之报,则取数刀,携至本馆折之。逾一时,其子女媳及助手方至,各报贩亦陆续至。本馆中人,日必与君相接,君亦视本报及《神州日报》事务如己务,襄理发行诸事,数十年如一日,风雨无阻。"[①]从以上史实看来,报贩与报馆各司其职,相处融洽,其合作关系是稳固的,也说明这种发行方式是有成效的。

这一时期《晶报》的发行有如下特点。

1. 发行范围广

《晶报》发行除了上海本埠以外,外埠主要集中在贴近上海

---

① 神狮:《报贩姜东高君之逝世》,载《晶报》1927年5月15日第二版。

的几个周边城市地带，如宁波、杭州、苏州、无锡等；此外，最北已达北平、天津一带。"上海出版的各种小报，自从我此次小住首都（指南京——笔者注），又得了一种确实的证明。在民国十四年，我漫游北平时，只看见《晶报》，为中央公园、北海公园所畅销的刊物，甚至有人将《晶报》翻印，亦能一日售尽。"①《晶报》在北平销售火爆。《晶报》时常报道自己遭到当局禁邮和扣压等粗暴干涉，从中也可推知其发行地。"虽然军阀能禁止本晶向北，实不能禁止本晶访事员，将他们作乐的丑态，一件一件宣传到南方，南方人要晓得他们丑态的，也就格外欢迎本晶了。目下燕津等处，军阀已经失了势力，就算本晶增长了势力。"②再如，"今则燕、津、鲁，正扣我发行，所扣沪报三，厥惟'申''新''晶'"③，可知北京、天津、山东等地也有销售。又如，"前几时，齐燮元扣留《神州日报》，不准在苏、皖、赣发卖"④。《晶报》是随《神州日报》附送的，因此《神州日报》在苏、皖、赣发行，那里应该也有《晶报》的读者。

《晶报》的发行还远及广州。当时有名为"广州号"的飞机往返广州和上海两地，《晶报》等报曾搭乘该机："'申''新'诸报馆，均托带当日（十七日）报纸，第一千一百七十四号本报，原定十八日出版，乃提早于是日清晨印就，亦托'广州号'，带一束送交广州民国日报馆。'广州号'预期当日四时抵广州，预计广州可观上海当日报纸，且得观后一日出版之本报。惟以修机费时，及在赣滞留，展至十八日始至，广州仅可见隔日之'申''新'诸报，而

---

① 有闲：《小报今日之在外埠》，载《铁报》1930年7月25日第三版。
② 丹翁：《本晶逛了燕津了》，载《晶报》1928年6月12日第二版。
③ 丹翁：《天神与恶魔》，载《晶报》1928年3月3日第二版。
④ 饶舌：《军事下之报馆》，载《晶报》1924年9月12日第二版。

适可见当日之《晶报》,亦云巧矣。"①当然,看当日的《晶报》并非常态,但说明《晶报》已发行至此,而且《晶报》的影响也波及汕头等地的报纸:"港粤各报,转载沪报之竞争颇烈,小品文字最多,《快活(林)》《自由(谈)》之稿,无日不有,本晶尤被采及。……汕头有小报三种,销路最广者为《风》,次则《双日》《韩江》,体裁效法本晶,且时载丹翁、大雄之行踪,殆亦有驻沪记者耳。"②表明《晶报》及其主办者、主笔在中国小报界还是有一定的名气的。因而,包天笑说:"《晶报》与《时报》同,亦以外埠为多。盖《晶报》以前三日一出,而全年定价仅两元,人亦何乐而不掷此区区?故'小《晶报》'(北平、天津均作此称)亦普及全国。"③

2. 固定订户多

报纸的发行方式有两种,一种是订阅,一种是零售。如今,在报纸发行界有一种观点为"无订不稳,无零不活"④,说的是没有订户的报纸是不稳定的,零售不旺的报纸是缺乏活力的。如果一张报纸以零售为主,受天气、读者阅读兴奋点等因素的影响,报纸的销售就会大起大落,时好时坏,而发行不稳定的报纸对广告商来说是缺乏吸引力的。《晶报》的发行主要以订户为主,"当时据一般卖报人说,凡看过《晶报》以后,顶多是再看一份他报,而决不退《晶报》,因为《晶报》是定户多,是人家的家庭间(原文不清晰,暂推定为"间"——笔者注)及办公室、写字间之读物,而决非沿路售卖之读物,这是有一种基础的读者,因此不受

---

① 神猫:《广州人看当日〈晶报〉 广州飞机之运送》,载《晶报》1928年12月21日第二版。
② 天桐:《粤报抄》,载《晶报》1931年5月27日第三版。
③ 钏影:《新闻旧话 卅七 定报》,载《晶报》1939年12月1日第四版。
④ 谭军波:《发行中国》,南方日报出版社,2006年,第8页。

任何的影响"①。至于订户到底有多少,据包天笑的《新闻旧话》,"从前《时报》,有三千以上之定户。《晶报》在全盛时代亦有三千以上之定户,《立报》则定户更多,有五千以上之定户"②(原文"定户"不作改动)。比较而言,《晶报》的订户数也不弱,包天笑曾经是《晶报》的长期撰稿人,他的话应该是可信的。在1920年代和1930年代前期,《晶报》的广告总是占据着两个版面的位置,而且编排紧密。究其原因,除了余大雄精于招揽广告之外,发行稳定也应该是一个不可或缺的因素。此外,发行以订阅为主的另一个好处是发行收入稳固,这对于资金并不雄厚、正在加速发展的《晶报》来说显得尤为重要。

3. 发行量持续增长

1921年7月《晶报》自称:"本报创办以来,至本年八月底止,业已二载有半。承各界不弃,销路日广,除随《神州日报》附送外,单独销售,亦将达万。"③之后,《晶报》在总结1924年的发展情况时,指出"读者的增加","这一年里的销数,实为最可惊的发达。虽然《晶报》自出版以后,年年增加,可是这一年突然飞增,倍于五年来原有之销数。虽经各处兵燹,频受打击,一到那地方平静,《晶报》仍恢复原状"④。由以上的陈述很难估计当年

---

① 天马:《〈晶报〉一年来之奋斗》,载《晶报》1926年3月3日第二版。按:另据陈灵犀回忆:"(当时的小报)可供阅览的场所,只有浴室、理发室、茶室等。所谓'大雅之堂'是不得登的,就是读者把它带到机关、公司、银行里去,也只能躲在厕所里偷看。《社会日报》以新的面貌和读者相见后,得到各方面的刮目相看,得以公开展阅于办公室和家庭之间了。"参见陈灵犀:《社会日报杂忆》,载《新闻研究资料》总第9辑,新华出版社,1981年。由此推知,《晶报》的读者也是有一定的文化层次的,并不能一概地以"黄色小报"称呼《晶报》。
② 钏影:《新闻旧话 卅七 定报》,载《晶报》1939年12月1日第四版。按:根据写作时间推断,这里很可能指的是1930年代前期各报的发行状况。
③ 《本报特别启事 启事一》,载《晶报》1921年7月12日第二、三版中缝。
④ 天马:《〈晶报〉一年的回顾》,载《晶报》1925年3月3日第二版。

的销数,但可以推知销量增长迅速。1925年2月,《金钢钻》提供了一组主要大报和小报的销售数字(见表4-1)。

表4-1　1925年主要大报和小报销量对照表

大　报	销　　数	小　报	销　　数
《新闻报》	约100 000份	《晶报》	约9 000份
《申报》	约70 000份	《金钢钻》	约7 000份
《时报》	约10 000份	《海报》	约4 000份
《新申报》	约9 000份	《大报》	约2 000份
《时事新报》	约8 000份	《风人》	约1 500份

资料来源:《各报销数调查表》,载《金钢钻》1925年2月3日第三版。此表根据原文编制而成。

这些数字应该是客观的,基本上反映了当年各主要大小报纸的销售情况。因为,一方面《金钢钻》的老对手《晶报》的销量在小报中独占鳌头,超出自己达2 000份之多,但《金钢钻》却不计前嫌,不遮不掩地公布出来,表明它还是公正的,数字也是可靠的;另一方面,经查考,《新闻报》1924年每日的平均销量为105 727份[1],这与表中1925年年初的统计是很接近的,这也从一个侧面证明这些数字是可信的。从表中可以看出,《晶报》的销量超过了大报《时事新报》,几与《新申报》持平,在所有报纸中位居第四,令人刮目相看。1927年2月,《笑报》报道《晶报》的

---

[1] 胡道静:《〈新闻报〉四十年史(1893—1933)》,载中国人民大学新闻系:《中国近代报刊史参考资料》(上册),1982年,第194页。

销数为10 000份,居所有调查的11种小报之首,而甚嚣尘上的"横报"《荒唐世界》也只有7 000份。① 就在同年9月,《笑报》又报道了各小报的销量,这些数字是创办小报《大罗天》的报人经询问报贩张煜亭而获得的,其中《晶报》《福尔摩斯》《罗宾汉》和《金钢钻》的销量分别为11 000～12 000份、8 000～9 000份、6 500和6 000余份,这只是本埠的销售情况,"论若外埠,《晶报》自亦首屈一指"。也难怪该报报人有"创办之初,誓欲与'晶''福'等争一日短长"②的宏愿了。1929年初《晶报》的销量已达3万份。③ 可见,《晶报》的销数在1920年代持续增长,1930年《晶报》"销数亦为各报冠"④。

至于《晶报》的最高销数,有人认为是20 000份⑤,根据上文已不止此数。包天笑在庆祝《晶报》创刊15周年(即1934年)的撰稿中有"可知道,日销五万原非易,大雄辛勤常夜不眠,脚编辑到处要周旋"⑥的语句,或可采信。有学者也说"不多久,她(《晶报》)的发行量就达到了5万份,成为当时上海滩小报之首,被推为小报'大阿哥'"⑦。

---

① 看小报朋友:《海上小报一览表》,载《笑报》1927年2月23日第二版。
② 诚守:《各小报本埠之销数》,载《笑报》1927年9月27日第三版。按:"晶""福"分别指《晶报》和《福尔摩斯》。
③ 丹翁:《本晶十周纪念歌》,载《晶报》1929年3月3日第三版。按:歌中有"报纸虽只每期三万上"一句,可引为参考。
④ 蜀鸟:《〈晶报〉记者之迷信》,载《铁报》1930年7月13日第三版。
⑤ 赖光临:《七十年中国报业史》,台湾"中央日报社",1981年,第128页。按:姚吉光和俞逸芬也持类似的说法,"《晶报》的销数逐步地增加,据说每期实销有二万余份"。参见姚吉光、俞逸芬:《上海的小报》,载《新闻研究资料》总第8辑,新华出版社,1981年。
⑥ 爱娇:《〈晶报〉十五周纪念开篇》,载《晶报》1934年3月3日第二版。
⑦ 胡根喜:《报业"四大金刚"与"四小金刚"》,载《传媒》2002年第3期。

二、《晶报》的营销手段

市场营销一般包括四个要素,即产品、价格、渠道和促销。这里,笔者主要从价格、渠道和促销等几方面来考察《晶报》的营销手段。

1. 维持价格稳定

尽量不涨价是《晶报》的价格策略,其目标在于先在市场站稳脚跟,然后寻求市场发展机会,采取的是一种稳健的经营方式。"一个良好的价格策略可以使媒介企业获利,使媒介消费者的利益得到扩大;而一个较差的价格策略很可能使其中一方获利,但从长远看不利于双方的利益实现。"[1]统计《晶报》前期近十年的定价,可以发现,其零售价略有上涨,而订阅价基本保持不变(见表4-2)。1929年4月"因铜圆价跌,纸价激增,以致亏耗甚巨,势难支持"[2],《晶报》等小报集体涨价。1931年3月"因金贵银贱,纸价飞涨,报纸成本受亏至巨,爰定自三月三日起改定售价为每份大洋二分八厘,稍资挹注"[3]。1932年10月订阅价之所以加倍,是因为此时《晶报》已经改三日一出为每日出版,成本的增加必然拉动价格的上扬,而1937年8月订阅价略有下调,原因在于"时局极度紧张,各项事业均受影响,纸张来源亦渐减少"[4],暂出号外半张,因此价格相应降低。

---

[1] 贾国飚:《媒介营销——整合传播的观点》,湖南人民出版社,2003年,第235页。
[2] 《继日报公会后之上海小报公会 积极筹备 不日成立》,载《社会日报》1929年12月15日第二版。
[3] 《本报启事》,载《晶报》1931年3月3日第二版。
[4] 《本报特别启事》,载《晶报》1937年8月16日第二版。

表 4-2 《晶报》售价变动表(1919—1937 年)

货币：大洋

变动时间	零售价	订阅价
1919 年 3 月 3 日	二分	全年二元，半年一元一角，每月二角
1929 年 4 月 3 日	二分四厘	全年二元，半年一元一角，每月二角
1931 年 3 月 3 日	二分八厘	全年二元，半年一元一角，每月二角
1932 年 10 月 10 日	二分八厘	全年四元，半年二元二角，每月四角，分馆每月六角
1937 年 8 月 21 日	二分八厘	（号外）暂定特价全年三元，半年一元半，每月三角

资料来源：根据《晶报》各期订报价格整理编制而成。

施拉姆曾经提出过一个受众选择某种信息的或然率的公式：报偿的保证÷费力的程度＝选择的或然率。也就是说，受众选择某个媒介的可能性与报偿的保证成正比，与费力的程度成反比。① 对读者而言，这个"费力的程度"就包含购买报纸所付出的货币即报价，报价成为影响读者购阅行为的主要因素，而读者总是追求报纸的低价的；但从另一个角度看，报价又是报纸的发行收入，是报纸重要的经济来源，对财力并不厚实的商业化小报来说尤其如此，所以，说小报有一种涨价的冲动并不夸张。而《晶报》的价格策略就是尽可能维持现价不变，《社会日报》在报道小报公会的组织情况时说："小报公会之组织，在四五年前（大约指 1924 年或 1925 年——笔者注），曾一度有人发起，而主

---

① 〔美〕威尔伯·施拉姆、威廉·波特：《传播学概论》，陈亮等译，新华出版社，1984 年，第 114 页。

持会务者,则为海上漱石生孙玉声。当时并拟增加报价,嗣因《晶报》余大雄独持异议,仍照旧价发售,致加价一事未能见诸实行……"①维持现价一方面留住了读者,稳定了发行量,另一方面作为一种竞争手段又可以在经济上阻击对手,达到打击对手的目的。

我们可以粗略地为《晶报》算一笔经济账。据老报人徐铸成的介绍:"那时(根据写作时间推断,大概是 1930 年代初——笔者注)的白报纸,大约每一张对开报纸,成本约一分左右,《新闻报》和《申报》至多时连本市增刊,每日出版八至十张,而每份订价则每日只有三分六厘。批发给报贩,报社按六五折实收,不过两分多……"②也就是说,如果以出版八张计算,每发行一份,至少要亏损二分多(尚未计入人工、油墨、管理等费用)。拿同一时期的《晶报》来说,《晶报》每日出版四版,纸幅小于两报一半以上③,而《晶报》每份零售二分八厘,那么它每售出一份,则可收入近二分,如果扣除相对低廉的人工等费用,则《晶报》尚有盈余,或者说它是不会有亏损的。就广告而论,每期两版广告,"小报中广告收入最多者,当推《晶报》"④。所以,《晶报》在 1920 年代的财务状况是优良的,这也是《晶报》维持原有价格的底气。

---

① 《继日报公会后之上海小报公会 积极筹备 不日成立》,载《社会日报》1929 年 12 月 15 日第二版。
② 徐铸成:《报海旧闻》(修订版),上海三联书店,2022 年,第 286 页。
③ "晶报式之报纸,单张四开,小于《时事(新报)》《民国(日报)》《时报》对开者半(……),小于《申报》《新闻(报)》一半以上。以英寸计,《申报》宽二尺八寸,高一尺十一寸;《新闻(报)》宽二尺十寸,高一尺九寸半强;《时事(新报)》等宽二尺八寸,高一尺十寸强;《晶报》宽一尺九寸半,高一尺三寸半。"参见丹翁:《报纸尺寸》,载《晶报》1931 年 4 月 9 日第二版。
④ 混沌:《上海小报我见》,载《福报》1930 年 9 月 25 日第三版。

2. 实行价格歧视

价格决策是媒介组织唯一不增加成本的营销决策,也是市场营销组合中的一个关键因素。[①] 在价格策略上,《晶报》除采取上文所说的尽量维持原价或者说低价以外,还有就是实行价格歧视。所谓价格歧视就是以不同的价格向不同的顾客出售同一种物品的经营做法[②],比如按购买数量的多少或迟早制定不同的价格。《晶报》在创办之初就宣布"每月售大洋二角,邮费在内,批发从廉"。此外,它还对零售和订阅实行差异化价格。以1929年为例,当时的零售价为二分四厘,订阅价每月为二角,以每月出版10期计算,零买者每月要付出二角四分,比订阅价多付四分。鉴于此,读者必然要在零买还是订阅上仔细权衡一番。价格歧视除了为报纸增加更多的收入,还有一个好处就是促使报贩和读者多买多购,从而拉升报纸的销量;当然,这对于吸引广告客户也起到了刺激作用。

3. 在外埠设立分馆

报纸发行网点的增加可以使获取报纸的难度减少,一些不稳定的顾客群购买该报的可能性就相应增大。报纸发行网点的增加就意味着报纸市场的扩大、发行量的增加、广告量的增加等一连串连锁反应。[③] 为此,《晶报》在本埠力争自我发行权,在外埠则设立分馆。"至外埠销报,则沪报每有分馆之设,其实分馆仅司销售报纸;近或兼揽广告,名义本不相符。然因此则责有所

[①] 吴文虎、林如鹏、支庭荣:《新闻事业经营管理》(修订版),高等教育出版社,2010年,第90页。
[②] 〔美〕曼昆:《经济学原理》(第4版)(微观经济学分册),梁小民译,北京大学出版社,2006年,第503页。
[③] 周鸿铎:《传媒产业经营实务》,新华出版社,2000年,第106页。

专,而收数不致虚悬。"①分馆实质上是报纸的代派(销)处。1923年9月《晶报》设立镇江分馆。10月,又设立苏州分馆、常熟分馆和嘉兴分馆;为刺激订阅量,各分馆赠送读者一到两期《晶报》。此外,无锡、杭州、屯溪等地也设有分馆。1925年包天笑在展望《晶报》的未来时说:"凡看《晶报》的人,不知有《晶报》则已,既知有《晶报》而看了他,就永远的看下去。但是有好几个大码头,都没有《晶报》。今宜设推广部,只要那个地方有十张《晶报》,一转瞬便到一百张,这是《晶报》年来开辟外埠代派处,都是如此的。"②创设代派处,不仅开发了一个新的销售市场,还避免了报纸传递和销售的延宕,便于报贩或读者及时购买,对《晶报》的推销产生事半功倍的效果。

4. 发动笔战,促进销售

像其他商业性报纸一样,小报的收入来源一是发行,二是广告,两者都要追求报纸销售的最大化。那么,怎样才能提高报纸的发行量或者说如何制造"卖点"呢?一个办法就是"骂"③或者说开笔战,这是小报独有的促进销售的方式。一般说来,报纸因某个问题出现意见分歧而引发争论是再平常不过的了。问题是不少小报报人由于恃才傲物和玩世不恭,往往不能心平气和地探讨问题,常常逞一时之强,斗一时之气,为争论而争论,以致矛

---

① 姚公鹤:《上海报纸小史》,载杨光辉、熊尚厚等:《中国近代报刊发展概况》,新华出版社,1986年,第270页。
② 曼妙:《〈晶报〉今后的希望》,载《晶报》1925年3月3日第二版。
③ "骂"可分为两种:一种是打口水仗,在争论问题时意气用事,因一语不和而相互指责、谩骂,斗气抖狠;一种是态度严正地批评或者揭露,比如,"论《硬报》的文字,果然处处不脱硬的精神,把道不同的几位党国要人,骂入他们骨髓之内,看的人觉得爽快极了"。参见林华:《上海小报材料之三变》,载《福报》1929年3月7日第四版。两者都会促进报纸的销数。此处主要指前者。

盾激化上升到相互谩骂、诋毁,有的不惜对簿公堂,引得看客无数。小报老板从笔战所产生的轰动效应中发现了商机,于是有时在报上无端挑起事端,促发笔战。所以,有小报报人说:"办大报的要进学校,要读讲义。办小报的也要懂秘诀。小报秘诀,千头万绪,最要紧的,曰'骂',曰'淫'。什么叫'骂'?一种小报出版以后,社会上边未必注意,最好去找知名人物,痛痛快快骂他几场。那时某种小报的声名,一定可以增加十倍,某种小报的销路,一定也可风行一时。……有一次某报大记者,受疯狗报的诬蔑,学着古人'恶声至则反之'之例,回骂几声,骂是骂得很畅快了,然而疯狗报的销路,也就因此激增起来。"①笔战成为小报刺激销路的重要方式。因此,有人感慨:"以前小报,好像一盘散沙,无所谓团结;不特毫无团结,并且互相倾轧,互相诋詈,互相笔战,所谓自己人坍自己人的台。最好笑的,犹记得有几家小报,因销数不振,于是互相约通了,开始笔战。试想,以这种方法来增加销数,纵使灵效,也未免太觉小报本身的可怜了。"②

《晶报》也不例外。有学者甚至认为《晶报》是小报界打笔战的"始作俑者"③。有人谓余大雄"性喜作山膏之骂,即同业中人,亦往往遭其丑诋,诟辱百端"④,措词虽有些夸大,倒也道出了余大雄好打笔战的习性。另一人包天笑与余大雄也不相上下,"包老先生骚坛前辈,笔调诙谐,白面书生,吴侬软语,有'包小姐'美号,笔名天笑,谐音'包倷笑',相同英国幽默大师'伯纳

---

① 刚父:《小报的秘诀》,载《金钢钻》1925 年 9 月 6 日第二版。
② 林华:《上海小报概论》(八),载《福报》1930 年 5 月 19 日第四版。
③ 洪煜:《近代上海小报与市民文化研究(1897—1937)》,上海书店出版社,2007 年,第 133 页。
④ 天眼:《脚编辑之服辨》,载《金钢钻》1924 年 1 月 12 日第三版。

萧'。包倖笑任《晶报》台柱子,有时都挖苦同文,笑勿出,啼笑皆非,引起笔战。包老先生在《晶报》地盘,大耍枪花,攻包同文,则假他类刊物总攻击"①。由于余大雄和包天笑等人经常挑起笔战,无意中促成了旨在借以反击的小报《金钢钻》的出世。"《晶报》台柱包倖笑,挑起同文恶战后,前《金钢钻》报施老板济群(……),首先发难,创办《金钢钻》三日刊,题此报名者即对付'晶'也。……唯金钢钻天然克星,琢之雕之,钻击克晶,得心应手。施攻《晶报》余、包,乃创《金钢钻》报,暗示克星意也!该报出版,果然金光炎炎,锋芒毕露,骂包攻余文章,特别精彩。双方笔战,热烈万分,势均力敌。'晶''钻'并耀,当年便宜了读者,云端里瞧厮杀,淋漓尽致,好看煞人也么哥。"②《金钢钻》的回击也让人见识了一些小报报人指桑骂槐、冷嘲热讽、吹毛求疵、人身攻击、揭人隐私的骂人伎俩。《金钢钻》一创刊就先后刊载《发刊词》《报界之不幸》《质〈晶报〉》《脚编辑》《开放动物院》《晶球裂……鸟兽散》《本报查本报》③等文章,大骂不止,可说是"长枪大战,墨炮横飞"。

综观《晶报》的笔战,有三种形式④:

---

① 玖君:《报人外史(七〇) 三日大王余大雄》,载《奋报》1939年8月20日第四版。
② 玖君:《报人外史(七一) 三日大王余大雄》,载《奋报》1939年8月21日第四版。
③ 参见济群:《发刊词》,载《金钢钻》1923年10月18日第二版;黛红:《报界之不幸》,载《金钢钻》1923年10月27日第二版;老子:《质〈晶报〉》,载《金钢钻》1923年10月30日第二版;芙孙:《脚编辑》,载《金钢钻》1923年10月30日第二版;冰庐:《开放动物院》,载《金钢钻》1923年10月30日第二版;云龙:《晶球裂……鸟兽散》,载《金钢钻》1923年11月3日第二版;《本报查本报》,载《金钢钻》1923年11月3日第二版。
④ 李时新:《论近代上海小报的笔战——以〈晶报〉的笔战方式为例》,载《东南传播》2009年第12期。

一是内部笔战。据说《晶报》同人关于戏剧之争,就是张丹翁怂恿和挑起的结果,"他老人家却处于第三者地位作壁上观"①。1920年下半年,《晶报》刊载戏剧家汪优哉以"戏子"署名的文章《敬告评剧界》,认为旧戏已经破产,而新戏又无益于社会,请戏剧界不要鼓吹旧戏,要指导看客远离新戏,同时也不要为名伶作起居注。针对这些观点,署名"评剧家"和"又一评剧家"的两篇同名的文章《驳戏子》针锋相对地予以反驳。"戏子"随即以《第二号评剧家来了》进行还击。之后,彼此指责对方。接着又有"看报人子褒""第二号戏子""第二号看报人""辩护士"(均为笔名)纷纷参加,顿成混战之势。这场论战由《晶报》蔓延到《时事新报》《新世界报》《花国日报》等报刊,逐渐偏离探讨问题的主旨。由于意气用事,笔调尖刻,演化为无聊的人身攻击,最终因出言不慎,辱及梨园"祖师爷",激起伶界群起而攻之。②同室操戈,一时热闹非凡。有学者针对此次论争指出:小报本来希望借助探讨学理来提高品位,但早已对小报形成定论的作者、读者却并不理会编者的苦心,仍以惯常的写作与阅读定式来行文或品评文章。于是,编者与作者、读者之间的这种张力就造成了小报上论争文字迅速偏离既定轨道的现象。而小报又需要通过论争来吸引读者、扩大发行,所以,小报上的论争虽然屡见不鲜,却多以气势取胜而非以学理见长,充满意气的文字往往酣畅淋漓,但于学理并无多少裨益可言。③ 此言诚是。

---

① 郑逸梅著、朱孔芬编选:《郑逸梅笔下的文化名人》,上海书画出版社,2002年,第228页。
② 姚吉光、俞逸芬:《上海的小报》,载《新闻研究资料》总第8辑,新华出版社,1981年。
③ 李国平:《"文学革命"中的一场戏剧论争——1920年〈晶报〉的"评剧"事件述论》,载《中国现代文学研究丛刊》2008年第2期。

另一方面,《晶报》的论争多少还带有一些操纵性,也就是通过操纵话题和话题进程来招徕看客和参战者。随手捡拾,就有同胞兄弟冯小隐和马二先生对于《庆顶珠》(又名《打渔杀家》)剧中老生萧恩应该穿靴还是穿草鞋之争,马二先生与李涵秋关于新思潮之争、冯小隐与周剑云关于抄袭之争,等等。"这许多内部的笔战,据说都是由余大雄所挑拨出来的,挑得双方交战,他却袖手旁观,借此吸引读者,坐收渔人之利。"①最为典型的是因袁寒云撰写《辛丙秘苑》不勤,引发袁寒云和丹翁不和,二人分别撰文《山塘坠李记》和《韩狗传》相互影射、咒骂,《晶报》竟然在同一版面以半版的篇幅将二人往来的书信和文章一一刊出。② 袁张之争虽不是余大雄"策划"的结果,但内部的争执竟然公之于众,只能说这又是一次激起读者购读欲望的营销行为了。当然,也有读者对此不以为然:"贵报常将两人冲突之文字,载于一纸,固是新例……终觉太不客气,不敢赞成。"③

二是与其他小报笔战。"上海有几份小报简直冤家似的互相切齿着,编辑先生每日用两只近视的眼睛,拼命向对方探照,想在对方的报上发现了一些可以骂的地方就给他一顿痛骂,一旦笔战一起,就弄得乌烟万里……"④可以说,这也是《晶报》等小报活生生的写照。我们试以《晶报》与《福尔摩斯》的论争为例进行分析。1927年7月17日《福尔摩斯》刊载了一篇署名微雨的言论,题为《呜呼军阀势力下的报纸》:

---

① 姚吉光、俞逸芬:《上海的小报》,载《新闻研究资料》总第8辑,新华出版社,1981年。
② 《山塘坠李记》《韩狗传》以及《丹翁致寒云书》《寒云复丹翁书》均载《晶报》1921年2月27日第三版。
③ 《曾延年书》,载《晶报》1921年2月15日第三版。
④ 白帆:《小报在上海》,载《社会日报》1932年7月7日第一版。

> 友人何君，在京办一小报，近忽为奉张所禁，勒令停版，至其原因，则因内容秽亵。惟该报取材，向极纯正，绝对不刊淫亵稿件，为社会所信仰，为阅者所赞许，该报查禁，实另有其他作用。何君每言及，辄长吁短叹。某君曰："世界固有公理者也？曷请读者公评。"余曰："军阀势力下之报纸，奚能与青天白日旗下相比拟？且欲加之罪，何患无辞？君报固堂皇正大，人其谓秽亵何？休矣，何君，办报固不是生意经矣！"

读到此文，《晶报》联想到不久前国民政府江苏民政厅函请上海交涉公署查禁上海诲淫书报，"交涉公署乃准临时法院复称，此种诲淫书报，本干禁例，已择情节较重确凿有据，如……《福尔摩斯》……等类，饬捕搜查拘案法办在案"，因此认为"此稿为该报编辑吴微雨所撰，'吴''何'苏人同音，友人何君者，即自况也，其他语气即暗射民政厅、交涉公署、临时法院取缔该报而发。该报之污蔑个人，污蔑团体，受其害者，亦已至矣，今乃污蔑及于国民政府。呜呼！其何悖也"①。针对《晶报》的言论，《福尔摩斯》针锋相对，严词驳斥：

> 同行嫉妒，不宜有所陷害，陷害而出于挑拨，其手段之卑劣，与心术之险恶，无庸鄙人辨别，阅者自能作公平之判断。上期《晶报》天马所撰《〈福尔摩斯〉以奉张比当局》一稿，其欲挑拨是非，陷人于罪，彰彰甚。然只顾逞一时之快以陷人，不知自己之诬蔑党国，及其平日对于党国之心理

---

① 天马：《〈福尔摩斯〉以奉张比当局》，载《晶报》1927年7月18日第二版。

如何，已跃然现于纸上。按本报之标题为《呜呼军阀势力下之报纸》①，所以用"军阀势力下"者，即大别于"党国势力下"。盖党国何来军阀？所谓军阀者，乃北（京）政府暴戾武人之专有名词，此人人所知。而天马于平日，苟无以国民政府视为军阀之心，何至如此争强附会，无中生有，硬指本报以奉张比当局，又武断何君即鄙人自况？其设计之阴险狠毒，非惟欲推翻本报，且欲陷害鄙人，其心已昭然若揭，不知其自己平日之视国民政府，直比之北方军阀，已流露于不自觉，而显然可见。呜呼！何其悖也。②

公正地说，《晶报》对于《呜呼军阀势力下的报纸》一文写作主旨的断言难免有穿凿附会之嫌，更为严重的是将《福尔摩斯》与"污蔑及于国民政府"这样一个严重的政治问题牵扯起来，有一种"上纲上线"、挑拨离间的意味。《晶报》此举一方面可以打击劲敌《福尔摩斯》，另一方面对方的回应又可以制造一种热闹气氛。当然，《福尔摩斯》也不甘示弱，它以其人之道还治其人之身，指出，如果《晶报》不是平时视国民政府为北方军阀，怎么会把自己所说的"军阀势力"理解成国民政府呢？釜底抽薪，倒也巧妙。《福尔摩斯》同期另一文《呜呼！包天笑之人格》还缕述包天笑的过往，直指其少时纵情声色，壮年献媚于权要军阀，惯于挑拨，阴贼险狠，声明"决勿再提阴谋家包天笑之名字于光明磊落之本报"③，鸣金收兵。

---

① 1927年7月17日《福尔摩斯》刊文标题为《呜呼军阀势力下的报纸》。
② 微雨：《〈晶报〉以军阀视国民政府　诬蔑之心显然矣》，载《福尔摩斯》1927年7月21日第一版。按：为了扩大影响，该文又于7月23日被《笑报》转载。
③ 一哭：《呜呼！包天笑之人格》，载《福尔摩斯》1927年7月21日第一版。

尽管《福尔摩斯》主动退出论战，《晶报》依旧心有不甘，又在7月24日著文针对《福尔摩斯》的各种指责进行反驳，斥责《福尔摩斯》"混淆黑白，信口雌黄"①，最后不忘反戈一击，暗指对方为"卖淫书之某君"，揭人之短。"晶""福"之争不过是《晶报》与众多小报笔战的事例之一。《晶报》挑事在先，《福尔摩斯》不甘雌伏，双方既辩白事实，自证清白，又实施攻击，决不退让。如此，既可以一泄私愤，又引得众人围观。

上海小报界很少有相互温暖、同舟共济的时候。有小报报人批评道："以前小报界的情形，如一盘散沙，这是无（毋）庸讳言，外界人士，亦每以此情形，为小报界病。然因此发生种种不良现状，最显著的，就是互相攻击，互相诋骂，视同业若仇敌。又往往对于某一件事，这张报贬之，那张报褒之，言论之不一，致令读者如堕五里雾中。"之所以造成这样的局面，一个重要原因是小报资本微薄，在经济上处于弱势地位，又屡屡因内容和格调问题遭受社会的误解和歧视，小报要想苟活，除了迎合读者"爱看热闹"的心理进行笔战之外，似无其他立竿见影的办法了，因此"小报界同人，每每误会互相破坏，就是竞争"②。笔战是小报基于生存需要所作出的选择。也正因为如此，虽然小报界有几次筹备小报公会的活动，但都是虎头蛇尾，应者寥寥。因为小报公会一旦创建，必然要规范各小报的办报行为，这无疑打破了小报经营的潜规则，掐断了小报的财路。

三是与大报笔战。《晶报》"对于同业之指摘，无微不至"③，

---

① 天笑：《弗色头之笑话 吴稚晖君之妙语》，载《晶报》1927年7月24日第二版。按："弗色头"，上海话，"倒霉"之意。
② 农花：《上海小报公会》，载《社会日报》1929年12月15日第二版。
③ 老子：《质〈晶报〉》，载《金钢钻》1923年10月30日第二版。

它经常将批评的笔端指向《申报》《新闻报》《时事新报》这样一些大报，对其思想立场、新闻标题、文章内容、电报编排和校对等进行无所顾忌的点评，当中不无戏谑和夸大。这虽然是其"扫除障翳，使渐入光明之域"办报宗旨的体现，但也有企望得到对方的回应以招来一批参战者和看客的意图。一些报纸"以博得一般盲目的读者的同情，尤喜向销数较多的有价值的报纸挑拨，希望与之笔战，应之则无异代登义务广告，因为销路大的报向他对骂，他的销数便也可随之激增，这是一定之理（……），所以真有价值的销数独多的报纸，轻易决不肯和人家笔战"①。确实也是如此，当《晶报》长年累月以报界批评家的姿态对上海的几家大报肆意评说时，绝大多数报纸只是装聋作哑，不予回应；但《时事新报》终于失去耐性，奋起反击，一场笔战就此爆发。

1924年三四月间，《晶报》与《时事新报》就"妓佣罢工事件"②发生争论。针对妓佣因生计问题而罢工一事，《时事新报》发表评论认为"不知同盟罢工，律有明禁，即在正当营业，尚所不许，何况妓佣？"③一副高高在上的口吻。《晶报》觉得《时事新报》的"这几句话，好像前清上海县衙门里刑名师爷的批语，官气十足，不像民国报纸上主笔先生的话，大约不久《时事新报》要改《时事官报》了"④。《晶报》一开口就不太友善，又是调侃又是挖苦。《时事新报》不甘示弱，污损《晶报》是"龟报"，说《晶报》帮妓

---

① 谢豹：《报纸骂人之副作用》，载《铁报》1929年9月13日第二版。
② "自上海公共租界抽签禁闭妓院后，神女生涯，已经将归淘汰之列。乃不图妓佣因生计艰难之故，前日忽然集议罢工，并有拦阻妓女包车之事。"此即为"妓佣罢工事件"。参见漱：《妓佣罢工》，载《时事新报》1924年3月27日第十三版。
③ 漱：《妓佣罢工》，载《时事新报》1924年3月27日第十三版。
④ 秋梦：《时事官报？》，载《晶报》1924年3月30日第二版。

佣出头乃是"龟龟相护"①,语气尖刻而又轻薄。《晶报》顿感颜面大失,哪肯罢休,于是大揭作者"漱"(孙玉声)的老底:"早知《时事新报》下作不堪,等于二十年前之《笑林报》②,则秋梦君亦不作是言矣",指出"卑鄙龌龊之口吻,乃出之上海著名之大报,乃出之号称有学者之研究系之党报,我不但为该报羞,我并且为该党羞也"③。双方极尽讽刺辱骂,不依不饶。中途,《晶报》的老对手《金钢钻》也迫不及待地加入论战,落井下石,大抖余大雄的隐私以"证明"《晶报》确实是"龟报",劝孙玉声"人不与兽斗,'官'不与'龟'斗,我劝你还是高抬贵手,饶他们这一次,总算是买个乌龟放了生罢"④。看戏不怕台高,幸灾乐祸之态溢于言表。最后,不甘就此收场的《晶报》撇开"龟报"论题,另辟战场,嘲讽《时事新报》副刊《上海》的"一日一人"专栏"将上海官场中人,排日登载,下注之历史,无不加以谀词,令人为之肉麻"⑤,并赋诗一首:"一家官报在洋场,研究新文化保皇。主笔公然聘才子,溯初黄可溯初黄。任公老去太无端,今日应知付托难。劲敌宁惟一政学,大家都作'笑林'看。"⑥又将孙玉声和《时事新报》奚落了一番。《晶报》如此死缠乱打,《时事新报》只得偃旗息鼓,悔不该当初贸然挑战,一场激战至此以《晶报》的"胜利"结束。从整个过程看,《晶报》以报界监督者自居,一厢情愿地指点报界

---

① 漱:《时事官报》,载《时事新报》1924年3月31日第十三版。按:在风俗业,将扛着妓女去应召接客的男工叫龟奴。因而,《时事新报》指"此报帮妓佣出头,无理取闹,谓之'龟佣'"。
② 孙玉声为《时事新报》副刊《上海》主笔,曾在《新闻报》任职时,与同人于1901年3月15日创办《笑林报》,后屡易主持人,最终因刊登淫词被封。
③ 春痕:《〈时事新报〉之堕落》,载《晶报》1924年4月3日第二版。
④ 澹盦:《官报与龟报》,载《金钢钻》1924年4月3日第二版。
⑤ 春痕:《再忠告〈时事新报〉》,载《晶报》1924年4月6日第二版。
⑥ 神狮:《赠〈时事官报〉》,载《晶报》1924年4月6日第二版。

（当然也有借此抬高自己地位的企图）。独有《时事新报》不肯轻易就范，与《晶报》刀来剑往，却不知自己早已坠入《晶报》的圈套。《晶报》一面为保全尊严而战斗①，一面也博得了社会各界的瞩目。

《晶报》的笔战主要发生在创办之初的1920年代初期，这正是《晶报》发展的起步阶段，它需要制造一连串的"新闻事件"来引起读者的关注，构筑知名度，同时收获一些填充版面的材料以解稿荒之虞，而笔战被证明是一种最有效率、最容易操作且成本低廉的手段。不仅《晶报》如此，其他小报也是这样，所以，在上海报界有一种有趣的现象：《晶报》"骂"大报，小报"骂"《晶报》。②"《晶报》名誉销路都比别家小报馆好，阅《晶报》的人多，倘然《晶报》肯还骂一声，非但骂他的报，增涨销路，就是骂他们的记者，也要身价十（倍）呢，所以《晶报》被别家小报骂，好似哑子吃黄连，说不出的苦。"③到了1920年代后期，《晶报》的笔战几乎销声匿迹，虽然它秉承传统仍在指点报界，但已经冷静、平实得多了，而且逐渐偏重于对报界的客观报道，往日戏谑嘲讽的风格已不多见。或许是办报观念较为正统的马二先生对余大雄的劝谏发挥了作用，他说："我不解，为什么报纸只管骂人，挖苦人，寻别人的开心，这是报纸记者的天职吗？有趣味吗？《晶报》的能力自然比别的报纸高一点，然而也免不了这种态度，我很不

---

① 《晶报》的辱骂、讽刺、挖苦、不依不饶、胜利至上、意气用事、缺少平心静气的态度，基本上把小报恶习表现得淋漓尽致。从另一个角度看，又是一个小报为自己的生存和名誉而战斗的例子。
② 比如，滔滔：《〈晶报〉对不起知己者》，载《福尔摩斯》1926年9月27日第二版；缠夹：《〈晶报〉有嘴》，载《笑报》1926年3月20日第三版；曼父：《〈晶报〉替王宠惠改号》，载《笑报》1926年4月5日第二版；等等。这些都是众多小报给《晶报》"挑刺"的例子。
③ 健笔：《余大雄的抽筋剥皮手段》，载《笑报》1926年12月20日第三版。

愿其如此。纵有别人以那种卑劣口吻相加,在我以为无回敬之必要,且万万不可回敬。所谓只有狗咬人,断不能使人咬狗也。《晶报》的态度,竟是人狗对咬,这样办去,必致每况愈下,所以我常踌躇而不愿下笔。"①丹翁后来也反思说"以前《晶报》,每每自己打场笔头官司",而现在"总觉着同室操戈,无甚好顽哉"②。在当时的环境里,《晶报》更多地感受到了办报的艰辛和困苦,不再嬉笑怒骂,不再痛快评说,对同人和同业增添了一些同情和友善。

当然,《晶报》销量的增长也离不开报贩的积极推销。有资料称,沪上但凡订报不外《申报》和《新闻报》,这两份报纸订阅费为每月九角,而《晶报》每月报价为一角。报贩就利用这一点,向订户介绍《晶报》如何趣味化,如何雅俗共赏。还说:看了大报该备一份小报,作为工余的消遣;订一份大报,每月九角,付了一块钱,省得多一找头,附送一《晶报》,就是两得其便。大多数订户认为这个办法很好,同意这样办,于是《晶报》的销路就打开了。③ 另外,《晶报》的撰稿人知名度高,在读者中极有人缘,日子一长,人们也都愿意订阅。这样,《晶报》的发行量就直线上升。④ 但这里有一个疑问,那就是《晶报》的每月订阅价为一角,这与我们所掌握的每月二角的订阅价(20年代)有较大出入。如果以报贩批发打折而论,那么折扣也未免太高了。

要言之,《晶报》的销量在1920年代和1930年代初期呈持续增长的态势,在小报界处于遥遥领先的位置。这些都说明《晶

---

① 马二先生:《致大雄》,载《晶报》1924年4月9日第二版。
② 丹翁:《十五周回想》,载《晶报》1934年3月4日第二版。
③ 郑逸梅:《书报话旧》,学林出版社,1983年,第251页。
④ 胡根喜:《报业"四大金刚"与"四小金刚"》,载《传媒》2002年第3期。

报》在小报市场的占有率高,社会影响大。《晶报》良好的发行状况一方面反映了《晶报》内容对读者的适应性,另一方面也为广告招揽提供了前提条件。

第四节 《晶报》的广告策略

广告对于小报具有举足轻重的作用。有小报报人强调:"办报之重要,除编辑外,广告为一报之命脉,其重要与编辑埒。"①所以,运用何种策略去吸引广告主的注意,如何以变化多端的表现手法表达广告诉求,唤起读者兴趣,是报纸需要认真应对的问题。余大雄既是拉稿能手,也是拉广告的能手,他懂得如何施展广告策略,追求报纸收益的最大化。

一、广告招揽

一家媒体要想成为广告客户中意的宣传媒介,首先要将自己推销出去,让广告客户了解自己,并为之提供可供参照的信息。为了吸引广告客户,《晶报》采取换位思考的方式,即假设商家选择媒体的标准,然后"对症下药",规定自己的宣传说辞,从而打动广告客户。试看《晶报》为招登广告所刊载的一则广告:

> 凡欲营业发达,名闻中外者,其惟广告乎! 上海报纸而能为社会人人所欢迎者,其惟《晶报》乎!《晶报》虽小,名誉

---

① 《〈福报〉一年来之回顾》,载《福报》1929 年 6 月 13 日第二版。

极大,如登广告,不但触目,而收效更速。《晶报》内容,名著妙文,不可胜载,故阅是报者,莫不爱如珍璧,永久保存;如刊登广告,亦必永远存在。中外行家,富于广告智识者,盍试刊登《晶报》乎? 定价极廉,排列极精。如蒙赐刊,无任欢迎,请通信望平街一百六十一号,即当派人来前接洽,或电话中央二千四百二十八号。①

该广告首先强调了广告对商业活动的重要性,为突出《晶报》是一种理想的广告载体设置伏笔;接着指出《晶报》良好的社会声誉及其产生的显著的广告效应(引人注目、收效好);同时强调,由于《晶报》内容精妙,具有保存价值,因此广告也得以保存,可以反复阅读,还有,费用低廉,广告编排好;最后以略带吹捧的口吻,动员商家不妨一试。一般认为,商家在选择某一媒介作为广告发布的平台时,总会考虑媒介的覆盖面(决定媒介影响的范围)、媒介的属性和地位(影响媒介的覆盖面和权威性)、媒介的投资效应(广告费用问题)、公众阅读媒介的情形(如注意力集中程度、保存性、反复性)等诸要素。② 对照该广告,可以看出,虽然其用语不无自夸,但它对商家心理的揣摩、对广告技巧的运用还是非常老到的,具有一定的号召力。

为了便于客户投放广告,《晶报》在每天的报眼位置刊登"广告刊例",内容包括广告等级、广告位置、广告面积、广告费用等,以备客户随时查阅。我们可以选取三个节点③来考察一下这些

---

① 《招登广告》,载《晶报》1924年2月9日第一版。
② 何修猛:《现代广告学》(第六版),复旦大学出版社,2005年,第246—248页。
③ 此处以1920年代及1930年代初期的"广告刊例"为观察对象,以"广告刊例"发生变化的时间作为考察点。

"广告刊例"的共性和变化。

1925年1月的"广告刊例":

> "特等":登于新闻之中,价面议。"头等":封面分格计,三英寸宽、二英寸高为一格,每期每格洋四元;新闻中缝分三段,每段五元,零登整页照算。"二等":后幅分格,每期每格三元,后幅中缝分段与新闻中缝同,每段二元四角,整登照算。

1926年3月的"广告刊例":

> "新闻栏中":价面议。"新闻中缝":计三十字长、十字宽为一格,以半格起码,每期每格洋八元。"封面中缝":分格等与新闻中缝同,每期每格洋五元。"封面":计十五字高、十九字宽为一格,以半格起码,每期每格洋六元。"后幅":分格等与封面同,每期每格洋五元。

1933年3月的"广告刊例":

> "特别":报头两面及上幅横条,价面议。"普通":每格计十五字高、十九字宽,每期一律洋六元,半格起码,如指定地位另加。"新闻中缝":每格计三十字高、十字宽,每期洋八元。"封面中缝":分格与新闻中缝同,每期洋五元。

由上可知,《晶报》很重视经营读者注意度高的新闻栏、报头两侧(报眼)、上幅横条等版面区域,对其广告价位采取灵活议价的方式。由于《晶报》在小报界的崇高地位，也由于这些版面区域的显要位置，广告客户支付愿望明显，为了赢得最终的广告发布权，广告客户必然竞相角逐，从而抬高价格，这样《晶报》可以实行价格歧视，让出价高者"中标"，得到比统一价格更高的广告收益。另外，《晶报》还提供专门的广告服务，即按照客户的要求安排广告位置，同时收取一笔额外的费用。《晶报》以前是以英寸为单位来计算广告面积的，后来则改为以字数来计算，由于字符的大小都是一样的，只要统计字符的多少就可以算出广告面积了。如同报价一样，《晶报》的广告收费标准一旦确定下来，就一以贯之地执行下去，不因发行量的增长而乘势随意涨价。如1927年《晶报》的销量由1925年的9 000份上涨到11 000～12 000份，但《晶报》的广告收费标准保持不变，这样既赢得了客户的信赖，留住了客户，又铸造了良好的社会声誉。

二、广告设计

一般说来，广告设计是根据商家的营销目标，运用图形、色彩、文字等要素将广告内容进行组合编排，制作出富有感染力和审美价值的广告作品和广告版面。广告设计是表现广告内容的重要手段，成功的广告设计可以吸引消费者对商品的注意和青睐，为商家创造良好的经济效益。《晶报》的广告内容主要是市民日常生活用品和服务，包括香烟、眼镜、热水瓶、风扇、丝袜、绸缎、香皂、牙粉、雪花膏、香水、爽身粉、花露水、医药、食品、怀表、唱片、报刊图书；此外，还有储蓄、会计、招生、理发、手相、赛狗、按摩、旅社、旅游、电影、戏剧、迁址、鬻文卖字、房屋出租、书店开张、酒楼开业、诗谜征射、组织声明，等等。为了提升广告效果，为广告客户提供满意的服务,《晶报》对广告进行了比较独到的制作和排列,使得整个广告呈现如下特点。

1. 编排紧凑、美观

一个广告版面是由数幅广告组合而成的,广告版面要给读者整齐、爽目的印象,就不能随意地摆放和拼凑,稀稀疏疏、拥挤不堪或者大小混排都是不行的。因而,有报人说:"盖一报之精神所系,新闻版和广告版是并重的;譬如广告版的广告,排得非常紧凑,格式又非常好看,那末(么)人家拿在手里,一看其广告,便知其发达之一斑。"这位报人以《金钢钻》为例批评其广告"排法稀松,人家望上去没有什么精神",究其原因"就是缺少一个负责拼广告的人,于是乎随随便便的地方来得多"[①]。披览《晶报》的广告版面,可以发现,每一幅广告都以铅线(或花边)围成矩形,形成一个独立的聚集读者视线的空间,然后再由众多的广告组合成整个版面。在组合的过程中注意了两点:一是广告与广告之间空隙得当,既不显得空散,也不显得拥堵。二是从整体上注意铅线与铅线之间的遥相呼应。本来铅线是为单幅广告服务的,起阻隔和美化的作用,但又与其他广告的铅线遥遥对应,成一条直线,使得整个版面看上去阡陌交错,井然有序,整齐中见流动。

2. 插图与文字搭配

报纸广告主要由文字、插图、色彩等元素组成。广告文字能够传达抽象的概念和思想,使消费者迅速地了解广告信息的核心内容。广告插图则以线条或色彩为媒介,形象、直观地表达产品特性,它对视觉的刺激作用远远高于文字,人们对插图的注意

[①] 林华:《上海小报概论》(十四),载《福报》1930年6月7日第三版。

度占到78%（文字占22%），插图是名副其实的"吸引力发生器"。① 另外，插图的使用还可以使广告传播锦上添花，提高广告的观赏性。总之，图文并茂的广告使读者更易于接受和理解广告信息。《晶报》每期都会有三到四幅图文并茂的广告，在众多的广告中十分抢眼。比如，精益眼镜公司广告，广告将"精益"两个字变形为大大的圆形字体，好像两块镜片，又把两个字中的几个笔画化为黑点，犹如一对骨碌碌转动的眼珠，十分滑稽，突出了公司名称和产品性能。下面则配有相关的文字介绍："本公司为中国首创第一家，精制各种科学镜片，用最新式试验光仪器验目，配光异常准确，非独能使合光之眼镜补助君目力之困难，且足壮尊严之气象，而增进平时之丰采，实非浅鲜也。"两者上下呼应，相得益彰。

图4-4　1923年1月30日第一版精益眼镜公司广告

构思奇崛的是中国南洋兄弟烟草公司的金龙牌香烟广告。广告右面是一盒香烟，旁边一条盘踞的长龙从嘴里吐出"请吸新

---

① 李宝元：《广告学教程》（第二版），人民邮电出版社，2004年，第275页。

出金龙牌香烟"九个字,画"龙"点"睛",凸显产品品牌;广告上端中间有一个状似钟表的同心圆,中央是一个画成圆形的"国"字,寓意"国"放中心(心中有"国"之意),围绕着"国"字以逆时针方向分别放射出四句话:"奉劝我国吸烟者　都吸本国金龙烟　国民爱国本天职　大家为国着先鞭";广告左面是一个男子对这个图案露出羡慕的表情。整幅广告再无其他文字,画面简洁明快而富有情趣。那时的商品销售顺应一般的社会心理,喜欢标榜国货,所以,这个广告在"国"字上大做文章,诉诸情感和理性,将抽烟和爱国捆绑在一起。

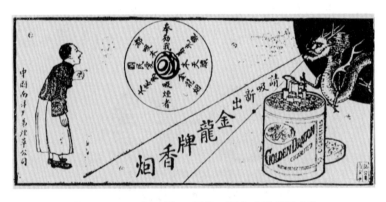

图 4-5　1925 年 2 月 27 日第一版金龙牌香烟广告

3. 突出商家和商标等关键信息

对于企业来说,广告的核心功能有两个:一是促销功能,二是塑造品牌形象。① 通俗地讲,就是卖商品和卖企业形象,所以让消费者知晓商家名称、产品商标和产品的关键信息并铭记于心就显得至关重要。《晶报》采取的办法就是通过字号、字体、反

---

① 何修猛:《现代广告学》(第六版),复旦大学出版社,2005 年,第 9 页。

白和文字编排来突出处理。比如,一条热水瓶广告将"长城牌热水瓶"六个字以大号字竖排在广告中央,其右和其左则以小号字分别排上"请注意——著名的高等国货"和"上海立兴热水瓶厂出品",一下就让读者抓住了广告的核心内容。

又如一条赛狗广告:广告的上端以超大字号横排"逸园"两个字,两字中间是三条狂奔的狗的图画,读者只要看到这里,就能够大致猜出赛狗在逸园举行;下面是稍小字号的比赛时间"今晚八时半起赛";其下更小字号的是参赛狗的名字、预决赛时间、摇奖信息等。总之,越是重要的信息,就越是以大字号予以突出,以吸引消费者的注意力,使之迅速获取重要信息。还有,整

图4-6　1930年11月18日第四版逸园赛狗广告

幅广告横排竖排并用,也显得活泼灵动。

总之,通过实施以上这些广告策略,《晶报》获得了可观的经济收入。早在1926年就有人指出余大雄"拥有《晶报》,收入甚丰"[1]。1927年5月21日《晶报》又聘曹廷荣为常年会计师顾问。会计师的职务主要是核查账目,设计会计制度。如一家报馆经营收入有限,是没有必要聘请会计师的。这只能表明《晶报》的经营已经达到一定的规模。1930年9月,《福报》也报道《晶报》在小报中的广告收入是最多的。[2]

---

[1] 《致余大雄书》(二),载《金钢钻》1926年5月23日第三版。
[2] 混沌:《上海小报我见》,载《福报》1930年9月25日第三版。

第五章 守成心态与上海战事:《晶报》的颓势与危机

在1920年代末期,《晶报》已经显露出社会影响下滑的迹象,最先觉察的是那些敏感的小报经营者兼观察者,也有读者表示了同感。此时《晶报》因种种原因改变了一贯嬉笑怒骂的风格,收敛了曾经自诩的"敢骂"精神。《晶报》之所以在小报界的地位还无人撼动,主要还在于《晶报》前期铸就的声誉所造成的读者的购买习惯,《晶报》"依其牌子老的缘因,还站在不失败的地位"①。1930年代初,小报界顺应时代潮流,兴起革新风潮,但《晶报》并没有意识到这次革新发生的背景及其重大意义,只是在小报"日刊化"的推动下被动地改三日刊为日刊,再无什么建树。此时,《晶报》的用稿量急速增加,而原有的写作群体已是分崩离析,《晶报》不再是读者的首选。1930年代正值多事之秋,1932年"一·二八"战事和1937年"八一三"战事无论是对租界社会还是上海报界都造成了猛烈的冲击,《晶报》因此元气大伤,入不敷出。1937年12月《晶报》被迫宣布提前休刊;而余大雄则对自己一手创办、经营十八年之久的《晶报》弃之不顾,另谋出路了。

---

① 林华:《上海小报史》(三),载《福报》1928年5月28日第二版。

第一节 《晶报》"敢骂"和"敢言"精神的消减

自从1927年蒋介石在南京成立国民政府并且在形式上逐步统一全国后,整个社会基本上进入和平时期。身处租界的《晶报》随着社会环境的变迁,其内容也发生着一些变化。1920年代前期,《晶报》第二版主要为短评、时事新闻、漫画、社会新闻(如离婚案、争家产案、侵权诉讼、犯罪案件等)等,第三版主要为小说、游记、趣闻逸事、名人行踪、娱乐报道(如妓界和戏界消息)等,两版各有侧重。中期以后,随着租界娱乐业的发展,娱乐内容延伸到歌舞界、电影界等,一些娱乐明星的照片时常出现在版面上。这时《晶报》的版面也很"干净",基本上没有后期冶游经历的粗俗描写。同时,名人行踪的范围已经扩展到具有广泛影响力的社会阶层,包括军界、政界、金融界、工商界、文化出版界等等。总体而言,娱乐新闻、社会新闻、名人踪迹仍是《晶报》关注的主题。

随着国民政府国家建设的渐次展开,《晶报》报道范围也有所拓展,社会、经济、工商、贸易、运输、文化、教育、民生、城市建设(以上海租界和首都南京为主)等陆续纳入《晶报》的报道视野。《晶报》还对卫生运动、拒毒运动、国货运动、新生活运动等政府主导的社会运动进行了报道。为了让读者了解一些复杂的新闻事件,《晶报》还对事件的来龙去脉、前因后果以及未来走向和影响进行了有一定深度的分析和解释。到了1930年代,由于日本对中国的不断侵扰,《晶报》又增添了对于日本政治格局和在华军事侵略活动的报道和分析,这又成为《晶报》一个新的报道重点。总之,《晶报》内容的驳杂性和趣味性仍在延续,新闻报道的广度和深度随着社会环境的变化在一定程度上得到加强,但舆论监督的力度却发生了一些微妙的变化。

一、《晶报》"敢骂"和"敢言"锋芒的钝化

前文已有论述,《晶报》在1920年代前期的一个突出表现就是"敢骂",人们都说《晶报》是一张"会骂人的报纸"[1]。南京国民政府成立后,政治环境的变迁和执政者的更替使《晶报》的态度发生了变化,《晶报》不再如以往那样无所顾忌了,而是有选择地收敛锋芒。这在《晶报》的报道和评论中可以追索到一条清晰的线索。其表现有三:其一,《晶报》一改从前言辞激烈、肆无忌惮的风格,而是以事实为依据,心平气和,侃侃而谈。其二,对于批评对象不再指名道姓,常用"某"字代替,委婉以求,戏谑和讥讽的口吻已不多见。其三,主要批评政府部门及其中下级官员,高级官员少有涉及(倒是对政府高层有不少赞誉之词)。比如,《某要人之特别汽车》:

> 某要人近在美国购一价格昂贵、装璜(潢)富丽之汽车一辆,共值美金四万七千元,合银元约十四万数千元。车身全部,均系钢制,车顶则系厚半英寸之海军特用钢甲所制,枪子及炸弹,均不能穿车身。车窗则为一种黄色御弹玻璃(……),且装有活动之钢栅,足机一踏,在顷刻之间,可以关

---

[1] 大雄:《纪念日回想》,载《晶报》1934年3月3日第一版。

闭。内部装璜(潢),亦非常美丽。车后另设卫士座二,高出车顶,以便瞭望。车旁踏脚板,较普通汽车为长。车顶且装有握手把四具,以备车旁护兵之用。闻此项汽车,在一星期内,即可运沪交货矣。①

新闻用大量篇幅,不厌其烦地描写采购的汽车是如何昂贵、富丽、先进,但就是不指明如此奢华的汽车到底为哪位高官所有,只以"某"字指称;而且,全篇也只是客观描述,不作任何点评。又如《某部长之齐家治国》揭露某部长假公济私,行为腐化,文章仅以"某部者,司喉舌机关之总枢纽也"透露了些许信息,但部长究竟是谁,只能靠读者发挥脑力自己琢磨了。此外,还有《一毛不拔之招商局》讽刺招商局毫无同情心,没有一人认购陕灾赈灾游艺会游券,可谓一毛不拔②,《交通部电话加价之由》批评交通部对电话加价不能给出一个圆满的解释③,等等。

与同时期另一张小报《铁报》比较,两者判然有别:前者谨小慎微,后者锋芒毕露。例如《铁报》在《检查新闻与主席谈话》一文中批评国民党政府的新闻检查过于严厉,质问国民党政府主席蒋介石:"如允许我们批评的,就不应该擅封报馆,乱拘记者;即有批评不当,记载失实,甚至为反动言论,国家自有法律在,岂可凭当局的喜怒而随意处分之? 如不允许我们批评的,则尽可直截了当的说不准批评,何必一方面说尽人批评,一方面却钳制舆论,用此一擒一纵的手段呢?"④对国家领袖作如此直言

---

① 绛雪:《某要人之特别汽车》,载《晶报》1930年4月9日第二版。
② 昭绥:《一毛不拔之招商局》,载《晶报》1931年5月9日第三版。
③ 喋喋:《交通部电话加价之由》,载《晶报》1930年8月27日第二版。
④ 饥民:《检查新闻与主席谈话》,载《铁报》1930年4月28日第二版。

不讳的诘问,其大胆直露恰似《晶报》从前的风格,但在现在的《晶报》看来简直不可想象了。

对于《晶报》的转变,一些小报报人和读者都颇有微词。虽然《晶报》在趣味性方面有口皆碑(实际上在1930年代初,早先热热闹闹、打趣逗乐的氛围已明显减弱了),但趣味性提供的终究是表层的转瞬即逝的快感,读者更加看重《晶报》对其社会价值的坚持。事实上,《晶报》"敢骂"和"敢言"的锐气已经钝化了。1928年,报人林华说:"今日之《晶报》,大家都说沉闷,谅《晶报》自己也承认的。"①看来《晶报》的"沉闷"并非他一个人的想法,而是具有代表性的。1930年,他又表达了同样的观点:"牌子最老的小报,当然要推《晶报》了,大家每以《晶报》文字,太麻木沉闷为病。"②指出《晶报》仍然没有什么改进。无独有偶,就在同一时期,也有人发表了相似的看法:"《晶报》的记者,亦多倚老买(卖)老,以小报界老大哥自居。实在,该报内容之陈腐,已不适存于现时的命命(革命)时代。这样的报纸,只应供给现社会坐拥厚资的有闲阶级茶余酒后的消遣,不成其为报纸,因为他是绝对不负舆论界应负的责任的。"③尖锐地批评《晶报》面对社会现实装聋作哑。确实,与当年愤世嫉俗、泼辣凌厉的"敢骂"的个性相比,现在的《晶报》显得稳健、温和得多了。

《晶报》也慢慢觉察到了读者的不满情绪。既然《晶报》面对批评依然故我,那么,《晶报》又是如何回应读者的呢?1929年《晶报》刊载了一篇署名"道听"的文章《〈晶报〉骂人问题》,以示回复:

---

① 林华:《上海小报史》(七),载《福报》1928年6月10日第二版。
② 林华:《上海小报概论》(四),载《福报》1930年5月1日第三版。
③ 蜀鸟:《〈晶报〉记者之迷信》,载《铁报》1930年7月13日第二版。

> 近来常有人说,《晶报》的趣味减少了,问他何所见而云然,他说因为《晶报》不敢骂人的缘故。我以为"不敢骂人",是一个问题,"不必骂人"又是一个问题。《晶报》现在不是不敢骂人,是不必骂人。不必骂人的界说,并不是说人皆君子,无人可骂,是《晶报》两三年来无形的大进步,不尚空谈,趋重写实,将一桩事情原原本本写将下来,是是非非,看官们自有判断,不必再加上骂人的话头,可是比较骂人,要高明十倍呢!①

原来《晶报》并不认为"人皆君子,无人可骂",而是"骂人"的方式发生了改变,也就是,只将事实客观冷静地报道出来,不着褒贬,由读者进行价值评判,自己则由台前退隐到幕后了。

但是读者并没有因道听的解释而涣然冰释。1934年,丹翁旧话重提,再复读者:"又有人道,从前《晶报》以骂人出名,何以现在不大骂人?这一点,在下未易作答,究竟是不是绝鲜可骂之人,但你叫我骂那(哪)一位?啊呀,且恐向称报馆为骂人机关的,且不免弄做被人骂的机关呢!至于据实纪录,算不算骂,姑不必谈。我直以为假若骂不胜骂,转以不骂为有味了。"②丹翁的话和道听的话差不多,还透露了一个新的信息:还是有可骂之人,但却找不到可骂的具体对象。意思是,直截了当地骂容易得罪人,倒不如"据实纪录"容易些,强调这也算是一种"骂",将"骂"的内核置换了,反映了《晶报》在复杂的现实面前的重重顾虑和妥协收缩。因为不管怎么说,呈现事实的风险总比表达观

---

① 道听:《〈晶报〉骂人问题》,载《晶报》1929年3月3日第二版。
② 丹翁:《十五周回想》,载《晶报》1934年3月4日第二版。

点的风险要小得多。

1935年初《晶报》以《〈晶报〉骂人的今昔》为题再次就"骂人"问题向读者作出解释:

> 记得从前《晶报》登过《希望〈晶报〉骂人》一类文字,髣髴(仿佛)《晶报》是以骂人见长。但是近来很少骂人,有人说是因为新闻检查的关系,其实不然,因为检查只在军事、外交范围以内,并不干涉骂人。又有人说,初生之犊不畏虎,江湖越老越心寒,所以不骂人,谁知更大谬不然。《晶报》是抱着大无畏精神,向前迈进的,决不气馁的。那末(么),《晶报》何以不骂人?是因为《晶报》从前往往"就人论人",现在却是"就事论事";从前侧重评论人之是非,现在注重研讨事之好坏。打表面看,好像是不骂人,究竟是《晶报》退步还是进步,请阅者自下断语。①

文章署名"行云",与前面《〈晶报〉骂人问题》的作者"道听",都是钱芥尘的笔名。这一次,钱芥尘的解释是《晶报》改变了"骂"的对象,不像以前重在"论人",而是重在"论事"了。从《晶报》的内容来考察也大致如此,这与前文所说的"趋重写实"是一致的。问题是,既然钱芥尘并不认为"人皆君子,无人可骂",为什么要发生"转向"呢?难道像以前那样"骂人"不是更能激发读者的赞许、提升报纸的信誉吗?只能说,这里有一些钱芥尘在文中已经提到但又不敢承认的原因,这就是社会环境等因素对《晶

---

① 行云:《〈晶报〉骂人的今昔》,载《晶报》1935年1月6日第二版。按:《希望〈晶报〉骂人》刊于《晶报》1924年3月3日第二版,作者为淞鹰。

报》的约束。1934年《晶报》撰稿人红蕉的一篇纪念文章揭开了其中的奥妙:"这几年里,(《晶报》这孩子)却常被人当作大人看待,强制他习礼貌,不许他顽皮,不许他淘气,把他的童心抑制着,他真觉得无可奈何。"①文章把《晶报》比拟为一个顽童,使用文学笔法向读者暗示,在一个新的环境里《晶报》的办报风格不能不有所调适,锋芒不得不有所收敛,或者说现在的《晶报》面对现实困境只能退却,而不是如以往迎头而上。至于钱芥尘说"《晶报》是抱着大无畏精神,向前迈进的,决不气馁的"②,这句话放在以前是没有错的,但现在只能姑妄听之了。《晶报》确实"退步"了。

二、《晶报》"敢骂"和"敢言"精神消减探因

国民党执政时期,《晶报》逐渐消减了"敢骂"和"敢言"的锐气,这是读者有目共睹的。那么,到底是哪些因素促使《晶报》转变自己的风格,对读者的批评无动于衷呢?在谈论这个问题之前,笔者想借用社会学原理,探讨一下读者何以对《晶报》的变化有如此强烈的反响(如"太麻木""沉闷"),这对于我们全面评价《晶报》及其与读者之间的关系会有一些助益。

前文论及,《晶报》的销量在小报界长期高居榜首,甚至曾经逼近几家大报,这表明《晶报》在读者中是享有一定的影响力的。在长期的办报过程中,《晶报》出于办报宗旨的实践和生存策略的考虑,慢慢构筑起"敢骂"和"敢言"的个性特征。问题在于,

---

① 红蕉:《〈晶报〉之天真》,载《晶报》1934年3月5日第二版。
② 行云:《〈晶报〉骂人的今昔》,载《晶报》1935年1月6日第二版。

《晶报》在试图扮演一种"不畏强暴"的角色时,读者在阅读的过程中也慢慢接受了《晶报》的这种角色,并形成了一种稳定的角色期待。角色期待是指社会对角色扮演方式的定义①,正如"读小报的人,当然希望小报上文字,能谈人所不敢谈,记人所不敢记"②一样,《晶报》读者对《晶报》的期待就是"敢骂"和"敢言"。众多读者对《晶报》的角色期待必然使《晶报》的行为受到激励。确实,很长时间,《晶报》的角色表现与读者的角色期待是十分匹配的。但是,随着社会环境等因素的影响,《晶报》开始变得畏首畏尾,其角色行为与读者的期望产生了偏离,于是引起读者的强烈反应,使得他们只从自己所认为的《晶报》应该扮演的角色来评价《晶报》。③ 结果,他们只是注意到了《晶报》"敢骂"和"敢言"精神的退缩,而对它实际上在扩大报道范围和为政府建言献策等方面所付出的种种努力视而不见了。

从某个方面讲,读者对《晶报》的评价是情绪化的,正是这种以偏概全的认知已经隐隐约约影响到了读者与《晶报》之间的关系。综合考察,有以下因素促使《晶报》不得不收敛"敢骂"和"敢言"的锋芒。

1.《晶报》对蒋介石政府的态度

与《晶报》对北洋军阀政府的深恶痛绝不同,《晶报》对蒋介

---

① 〔美〕戴维·波普诺:《社会学》,李强等译,中国人民大学出版社,1999年,第98页。
② 林华:《上海小报概论》(四),载《福报》1930年5月1日第三版。
③ 实际上,有学者言:"在近代中国黑暗纷乱的政治背景下,读者逐渐养成一种不正常的阅报心态,具体表现为对刺激性言论的偏好。"参见王晶:《近代读者与大众媒介关系的历史解读——以民国二十年代京沪读者与报纸的关系为视角》,载《新闻与传播研究》2008年第5期。或者说,一般读者的心理就是报纸敢和当局叫板,才有看头,才是好报纸,不然就觉得无味。这其实也是对报纸的一种角色期待,它诱导报纸不能不朝这个方向努力,以餍足读者的期望。

石政府是衷心拥护的,这种拥护寄托了《晶报》对结束内战、回归和平生活的向往。① 1928年"双十"节,丹翁撰写了一篇《本晶"双十"纪念歌》,文章以"年年今日庆'双十',今年'双十'四海一。家家'双十'庆一日,本晶三倍青天白"②开头,描写民众对国民党执政和中国终归统一的欢欣鼓舞。天马也撰文说:"今年的国庆日,方才是真正的国庆日;往常的国庆日,在军阀之下,人民流离颠沛,吊之不暇,庆于何有?"③对国民政府抱以厚望。其实,早在北伐军北上扫除地方军事势力和推翻北洋政权时,《晶报》就对北伐军和国民政府进行了热情的报道和高度的评价。《青天白日旗下的政治》说:"青天白日,原是表示一种政治清明的现象,我们在青天白日旗下,便是由黑暗而走入光明之境。十六年前,欢迎过民军一次了,愿诸君好自为之,我对于青天白日旗三鞠躬了。"④表达了对国民政府的认可和礼赞。1928年2月,《晶报》刊登了一则《钱芥尘启事》⑤,钱芥尘在启事中对于西北军要人所谈论的有关自己的政治问题一一加以澄清,声明自己接办的《上海画报》对"党军"和"蒋总司令"多有赞扬,由此也可以探知钱芥尘的政治态度。丹翁在《千号纪念新闻篇》中以自己的亲身感受说道,在军阀当道时自己只能靠玩玩古董来逃离社会,寻求精神寄托,但现在不同了,他反问:"如今我们大家谁不该努力为党国去立点功业?"⑥

另外,与蒋介石有关的新闻,无论事大事小,也时时登上《晶

---

① 天马:《民国十七年之愿望》,载《晶报》1928年1月6日第二版。
② 丹翁:《本晶"双十"纪念歌》,载《晶报》1928年10月10日第二版。
③ 天马:《今年是真正国庆日》,载《晶报》1928年10月10日第二版。
④ 天马:《青天白日旗下的政治》,载《晶报》1927年3月24日第二版。
⑤ 《钱芥尘启事》,载《晶报》1928年2月15日第二、三版中缝。
⑥ 丹翁:《千号纪念新闻篇》,载《晶报》1927年7月3日第二版。

报》的版面，如《蒋介石之警犬》《蒋宋婚筵上之闻见》《蒋介石之八字》，等等。① 在几乎所有的报道中，《晶报》无论是对于蒋介石本人还是他作为国家元首都赞誉有加，有时甚至到了阿谀奉承的地步。② 既然《晶报》对蒋介石和国民政府寄予了殷切的希望，感情倾向和政治态度的转向就使得《晶报》进行了一次彻底的角色转换，由前任政府的反对者变成现任政府的拥戴者和合作者。这样，其"敢骂"和"敢言"精神也随之发生了变化，表现为有节制的、有选择的批评，其态度是与人为善的，其方法和宗旨就是通过揭露官员的腐败行为、指责行政机关责任心的缺失、指出一些规定和制度（如新闻检查制度）的缺陷，来改善和规范官员的行政行为，减少社会的丑恶和腐败现象的发生。

有破有立，既然有批评，当然也有建言。《晶报》经常就一些市政、财政、民生、社会之类的问题向政府部门和租界当局提出自己的意见和建议，内容包罗广泛，譬如，筑路（如《宝山路工程之迟缓》批评宝山路道路建设工程进展缓慢和电报局地线房有碍交通③），机构设置（如《电话局宜属于市》认为，依照市组织法的规定，电话局应从交通部移至市府经营④），赋税（如《整理附加税的我见》反映农民赋税太多，不堪重负，希望官员体恤民情，

---

① 参见神狮：《蒋介石之警犬》，载《晶报》1927年6月24日第二版；神妙：《蒋宋婚筵上之闻见》，载《晶报》1927年12月3日第二版；观矗：《蒋介石之八字》，载《晶报》1928年1月9日第三版。
② 比如："闻蒋介石氏语新闻记者顾执中君曰：'君辈采访新闻，而以我之家事为专电资料，曰蒋夫人来宁也，曰蒋介石问病也，是皆我之家事而已，安有新闻价值？此后请勿为此！'顾君曰：'是惟总司令之夫人，始有纪载之价值耳，然《新闻报》少此纪载也。'蒋终不谓然。于此可知蒋介石氏之眼光，辨别新闻价值，以国事有关者为限，私人行动，非新闻也。后之撰新闻学或新闻史者，其志此。"参见道听：《蒋介石之新闻观》，载《晶报》1928年1月22日第二版。
③ 露珠：《宝山路工程之迟缓》，载《晶报》1928年7月15日第二版。
④ 天马：《电话局宜属于市》，载《晶报》1928年8月15日第二版。

给农民以喘息的机会①),住房(如《上海平民住宅问题》建议取缔既不卫生又不安全的阁楼和小屋,建造平民屋舍,廉价出租②),社会改革(如《取缔腐化称呼》主张取缔"老爷""大人""少爷"这些腐化的称呼③),就业(如《毕业即失业》指出大学生毕业就失业,希望政府和社会加以注意④),赈灾(如《我所希望的妇女义赈会》动员各界妇女通过参加园游会的形式为灾民捐款⑤),等等。这些意见和建议满怀《晶报》对社会发展和百姓疾苦的关切之情,表达了《晶报》祈望国家长治久安、人民安居乐业的拳拳之心,这在以前是少见的。

《晶报》已经从原先戏谑打闹的办报方式向严肃庄重的办报风格转型。如果不是第三版常常出现一些花稿和妓女照片,很难想象这是一份为人所不屑的小报,连向来玩世不恭、言语怪诞、视办报为"玩意儿"的丹翁也开始正经严肃地说起话来。1930年11月中旬,国民党召开三届四中全会,丹翁在《四中全会》一文中说:"在下不谙政治,而粗明字义,小报不谈政治,而遇献颂机会,亦能逞得意之笔。四中全会,中外腾欢,仅拈'中'字发挥,聊尽在野之愚忠一点。"⑥以一个在野知识分子的身份对会议提案表达了自己的态度和看法,展现少有的政治参与热情。日本侵略中国时,他又严厉驳斥日本侵略中国却自称是"自卫"的强盗逻辑。⑦ 虽然丹翁时常流露出放达不羁的性情,但与以

---

① 天倪:《整理附加税的我见》,载《晶报》1934年1月24日第二版。
② 天倪:《上海平民住宅问题》,载《晶报》1934年3月20日第二版。
③ 谛谛:《取缔腐化称呼》,载《晶报》1935年1月15日第二版。
④ 谛谛:《毕业即失业》,载《晶报》1934年7月31日第二版。
⑤ 微妙:《我所希望的妇女义赈会》,载《晶报》1935年8月9日第二版。
⑥ 丹翁:《四中全会》,载《晶报》1930年11月18日第二版。
⑦ 丹翁:《侵略乎……自卫乎》,载《晶报》1933年6月5日第二版。

前已是判若两人,连他自己也感到很奇怪:"初出版当儿,我唱唱五更调、作些歪诗词、叙叙社会琐屑,渐渐的忽大谈其教育、文学。如今且谈到国家大事,好似从前太平景象,可以随便抓住个问题消遣。到了实逼处此,竟会与'匹夫有责'那一句古话,豁起甸来,你道是怎样呢?"①钱芥尘曾说丹翁"骨董勤搜聊寄托,佯狂玩世寓酸辛"②,反映了丹翁愤世嫉俗、消极遁世的心态;但只要条件具备,知识分子以天下为己任的责任感又会沛然涌现,丹翁不就是这样吗?小报报人并非都是无聊颓废、狗苟蝇营之辈。

2.《晶报》多年的办报历史

报人林华长期关注同时代的小报现象,先后在《福报》上连载《上海小报概论》《上海小报史》和《四种日日刊》等系列文章,对小报研究颇有心得。他发现了一个规律,那就是,"愈是年代多、牌子老的小报,其言论愈是不能自由,说话起来,一字一句,都要当心"。原因在于,新出的小报没有什么名气,即使文字激烈,得罪人,也不会太惹人注意;又因为与社会的联系较少,所以下笔为文,也就无所牵扯。但是,报纸办的时间久了,就与社会各方面渐渐发生关系,特别容易发生关系的就是广告户头。这样熟人越来越多,稿子取材的范围就越来越窄,"便失了谈人所不敢谈,纪人所不敢纪之精神。于是乎精采(彩)较少,每不能讨好读者。请读其他年代较久的小报,那(哪)一张不如此?"他指出,《晶报》也不例外。③ 讲得确乎很有道理。

"小报之维持,以广告为收入之大宗,故必有丰盈广告收入,斯能使报纸臻于完善;亦惟臻于完善之报纸,斯能有丰盈之广告

---

① 丹翁:《十五周回想》,载《晶报》1934年3月4日第二版。
② 西阶:《挽丹翁老友》,载《晶报》1937年10月21日第二版。
③ 林华:《上海小报概论》(四),载《福报》1930年5月1日第三版。

收入,此盖相互为助者。"①《晶报》是一家商业性的小报,广告是它的生存之本,营利是它的最大目标,它是不敢随便得罪广告客户的。就在1920年代末,《晶报》的广告收入在小报界仍是首屈一指,可以推知,它与广告客户的联系就更加深厚和广泛了。"当广告主认识到自身对媒体的影响力时,便肆无忌惮地使用这项经济特权,不断对媒体施加公司意志。而广告主的影响越来越卓有成效时,这种影响进而演变为媒体控制。"②所以,我们有时会看到《晶报》因为不加选择地刊登违禁药品广告而遭到租界当局的起诉,而几乎很难看到它对伪劣广告产品有所揭露了。③像其他报纸一样,《晶报》有不少广告语含猥亵或者夸大其词④,但《晶报》都避而不论,这显然是与其"天神驱逐恶魔"的办报宗旨格格不入的。

《晶报》出于生存的考虑,和势力强大的上海帮会组织也达成了某种默契关系,它经常报道这些帮会头面人物的行踪和善举,为他们捧场(当然不只《晶报》如此,其他大小报纸也都这样)。1931年6月初,青帮头目杜月笙为光宗耀祖,在家乡浦东

---

① 雄飞:《小报与广告》,载《福尔摩斯》1929年9月5日第一版。
② 禹建强:《传媒市场化的陷阱》,中国传媒大学出版社,2005年,第140页。
③ 《晶报》曾经揭露过"诗谜征射"广告,说诗谜其实是一种游戏,总是押宝者输得多,劝导人们勿要参与此项活动。参见常胜:《诗谜必输的原因》,载《晶报》1925年3月30日第二版。
④ 《晶报》格调不高的广告不少,其中尤以医药广告为甚,像治疗梅毒、淋病,出售春药等。《晶报》曾因刊登"猥亵药品"广告被上海特区地方法院判处罚金(同时被审的还有《申报》等)。参见记者:《本报被控案纪实》,载《晶报》1930年8月9日第三版。此外,还有出售裸体画和性欲丛书、相面术以及其他名不副实的广告。对于此类广告,徐宝璜批评"因登有碍风纪之广告,足长社会之恶习,殊失提倡道德之职务"。参见徐宝璜:《新闻学》,中国人民大学出版社,1994年,第86页。当然,类似广告在《申报》《新闻报》这样的大报也不鲜见,林语堂在《宇宙风》1936年第18期就予以批评揭露。参见微妙:《林语堂再斥〈申报〉 为了有四种医药附刊》,载《晶报》1936年6月9日第二版。

高桥修建家祠，落成典礼盛况空前。为表祝贺，《晶报》当日发表了大雄和仲芬的《祝杜氏宗祠落成》、丹翁的《敬题杜祠》等诗词，并以《丝绣万家之杜月笙》①报道庆典当天万人空巷，还有纯丝绣的杜月笙像赠送外宾。此外，赞颂黄金荣慨然捐资，兴建金荣医院；报道虞洽卿先生七十岁寿庆典礼在宁波同乡会举行的盛景。②

《晶报》在每年的纪念活动中都会邀请上海政界、军界、工商界等社会名流为《晶报》题字撰稿，如上海市市长吴铁城（1934年题字："日进竿头"）、上海市教育局局长潘公展（1934年题字："光芒万丈"）、上海市商会主席王晓赉（1934年题字："焉敢望其项背"）、赈务委员会委员长许世英（1934年题字："寓褒贬　别善恶　越三日　当刮目"）、国民党将领白崇禧（1937年题字："报界之晶"），等等。这些人社会关系广泛，《晶报》又和这些头面人物形成了千丝万缕的联系，这必然会束缚《晶报》批评监督功能的发挥。

还有一个颇为典型的事例。《福尔摩斯》有一文说，当《晶报》撰稿人马二先生于1926年在粤公安局和土地厅任职时，"日常寄书余大雄君，嘱其在《晶报》上勿登骂蒋之文字"，嘱咐余大雄平日审慎付稿，说"兄欲杀弟，可在《晶报》骂蒋"③。后来《晶报》"竟忘其约，于《晶报》上登一方黄文农所绘之讽刺画……题曰'骑虎难下之蒋介石'"④，好在被孙科敷衍过去。马二先生在

---

① 载《晶报》1931年6月9日第二版。
② 分别参见天倪：《黄金荣先生一片婆心》，载《晶报》1931年8月6日第二版；伊人：《虞寿纪盛》，载《晶报》1936年7月6日第二版。
③ 探子报：《〈晶报〉与蒋介石　马二先生去粤非时》，载《福尔摩斯》1926年9月12日第一版。
④ 探子报：《〈晶报〉与蒋介石　马二先生去粤非时》，载《福尔摩斯》1926年9月12日第一版。按：此画载《晶报》1926年3月6日第三版。画面为蒋介石骑于虎背之上，标题为"骑虎欲下之蒋介石"，并非《福尔摩斯》所谓"骑虎难下之蒋介石"。

粤不堪惊吓,孑身重归上海。《福尔摩斯》挖苦道:"乃者《晶报》,常刊诶蒋之文,如《蒋介石纯孝记》《蒋介石之妻》等。苟此时马二仍在广东,吾知蒋介石感动知己,定有以报。吾人于是谓'马二先生之去粤为非其时也'。"①可见,《晶报》为文多受掣肘。如此一来,《晶报》的"敢骂"和"敢言"也就不能不打折扣了。

3. 国民党严苛的新闻检查

综合考察所有原因,国民党愈加严苛的新闻检查对《晶报》"敢骂"和"敢言"精神的影响可以说是最直接的。据报人萨空了回忆,租界的新闻审查机构主要是国民党的新闻检查所和租界工部局的新闻检查所。国民党的新闻检查所主要检查政治问题,闹学潮、抗日等有关消息的报道都得由他们审查,稍觉不妥就扣发。租界工部局的新闻检查所检查的是社会新闻有无触犯某些人的利益,这主要是由帮会头头们来管,像杜月笙、黄金荣、张啸林等大亨。他们各有各的势力范围,不合他们的利益的,他们就派徒弟出面干涉。② 为了巩固统治和统一思想,国民党蒋介石一上台,一方面大力创办自己的新闻宣传阵地,另一方面加强对全国舆论中心——上海新闻界的控制。③ 在机构设置方面,除规定上海市宣传部、社会局、公安局、教育局等党政机关统制新闻界之外,从 1927 年 6 月,特设"中国国民党中央执行委

---

① 探子报:《〈晶报〉与蒋介石 马二先生去粤非其时》,载《福尔摩斯》1926 年 9 月 12 日第一版。按:文中两文分别参见行云:《蒋介石纯孝记》,载《晶报》1926 年 9 月 6 日第二版;观蠢:《蒋介石之妻》,载《晶报》1926 年 9 月 9 日第二版。

② 祝均宙、萧斌如:《萨空了文集》,上海科学技术文献出版社,2002 年,第 18 页。按:《晶报》上经常有一些为杜月笙、黄金荣等歌功颂德的文章,说明他们彼此的关系是融洽的。由此看来,国民党的新闻检查对《晶报》的影响要大得多,本节《晶报》"开天窗"统计表(1927—1937)》就是基于这种考虑所作的统计。

③ 马光仁:《上海新闻史(1850—1949)》(修订版),复旦大学出版社,2014 年,第 616 页。

员会宣传部上海办事处"专司管理新闻宣传活动。同年8月又成立上海新闻检查委员会,负责上海的新闻、邮政电报的检查任务。在新闻法规方面,从1929年开始,国民党先后颁布了《宣传品审查条例》《出版条例原则》《省及特别市党部宣传部工作实施方案》《出版法》以及《重要都市新闻检查办法》《新闻检查标准》等,规定包括:所有报刊的宣传内容及禁止宣传的范围,出版报刊所应履行的繁杂的登记手续和苛细的条件,地方新闻检查所的人员配置、职责、新闻检查项目等,军事新闻、外交新闻、地方治安新闻和社会风化新闻的扣留或删改办法,等等。

具体到小报的监管,国民党政府很早就采取了行动。1927年10月成立小报审查委员会,同时颁布实施《上海特别市教育局小报审查条例》。条例规定了审查主体、小报的创办条件和奖惩等条款。对于有下列七项之一的审查结果的,得予禁止或惩戒,包括:违反党义,煽惑舆论者;诡辞诲盗,有妨治安者;迹涉淫亵,足以诱惑青年者;摘人隐私,毁人名誉,专事嘲讪谩骂者;专载妄诞,以淆惑观听者;专事投机,意在敲诈者;文辞隐晦,实含上述六项恶意之一者。具体的惩戒办法将依据违法情节的轻重,分别予以停刊、禁止发行、封禁报馆、拘办发行人或编辑人的处理。对于有下列四项之一的审查结果的,予以警告,包括:大体尚佳,间有失当者;主张腐旧,违反时代精神者;记载失实,迹近谤毁他人者;意在劝惩,而反迹近淆惑者。[①] 南京国民政府成立不到四个月即设立上海特别市,上海特别市政府不久便核准施行了这个专门针对上海小报的条例,其对小报进行管制的迫

---

① 刘哲民:《近现代出版新闻法规汇编》,学林出版社,1992年,第575页。

切心情由此尽知。

1933年10月12日,国民党第四届中央执行委员会第九十二次常务会议通过《取缔不良小报暂行办法》。该办法赋予全国党政机关、各地新闻检查所和各地邮电检查所以极大的职权,比如:"全国党政机关,对于业经登记之小报,如发现有言论荒谬,叙述秽亵,记载失当及无确实之基金或经常费足以维持其事业之进行者",应依法定手续,注销其登记,向法院检举,并通知当地警政机关停止其发行发售;"各地新闻检查所,对于小报应特别注意检查。如有不送检查,或将业经检扣之消息仍予以刊载者,应一面报请当地主管机关停止其发行,一面通知当地邮检所加以查扣";"各地邮电检查所,对于不良之小报应随时严予查扣,并报告主管机关。"①该办法涉及小报运营的各个环节,对如何惩治不良小报进行了详尽的规定。1934年初,国民党中央宣传委员会复函行政院,解释取缔小报标准,专门对小报的含义予以界定:"所称小报,系指内容简陋,篇幅短少,专载琐闻碎事(如时人轶事、游戏小品之类)而无国内外重要电讯纪载之类报纸而言。"②至此,国民党政府管理小报的法规已经较为完备和详尽了。

那么,报界对于国民党政府的新闻检查又有怎样的反应呢?实在地说,并不像想象的那样是一边倒地反对的。应该说,报界的基本政治立场决定了它们对新闻检查的基本态度。由于报界是认可国民党政府的"合法性"的,因此对现任政府所采取的新闻检查是抱着体谅的态度的。比如有文章说,"我以为应该从速

---

① 刘哲民:《近现代出版新闻法规汇编》,学林出版社,1992年,第540页。
② 《中宣会解释取缔小报标准》,载《申报》1934年1月16日第八版。

颁布《报纸条例》，由中宣会起草，通过中政会议即可实行，大致关于本国军事上的行动、外交上的谈判，在没有宣布的时候，当然不能事先揭载之外，其余尽管登载。我们不是一定反对检查制度，因为同一新闻，南京或天津已大登特登，在别处仍然不能解禁，就是没有《报纸条例》的原(缘)故"①，替政府着想，接受政府的新闻检查行为。而且，报界也是善良的，只要政府示好，"投之以桃"，它们立即"报之以李"。比如，获悉"最近汪蒋二氏所发感电，对言论自由，仍复郑重述及"，乃大加赞扬，说"政府对于新闻界之尊重，可见一斑"；"对于汪蒋感电所述言论自由之两点，表示敬谨感谢"，宣称"新闻界自身，亦将深自惕励，依照中央所订新闻标准力行"。② 然而，结果证明，国民党政府不过是一再许愿，报界不过是一厢情愿，其处境并没有多大改观。

我们以《大公报》和小型报《立报》为考察对象来看看它们的遭遇。"近来(指 1936 年——笔者注)《立报》在新闻与评论中，也常见有开天窗之举，但其天窗有种种不同。……听说新近《立报》还受了一次警告，那个毛病却出在副刊里，林语堂的一篇《新年试笔》，天行(……)的一篇《以华制华》和小记者的一篇不知道什么短评，中央宣传部都以为不妥，来了一次警告，然而读报的还觉得不过瘾。"作者感慨："小型报也不好做呀！"③不久，《大公报》也跟着开天窗。"《大公报》上海版出版之前，有人说他决不会开天窗，而何以不会开天窗之理由，却言人人殊。但是事实告诉我们，《大公报》是开过天窗，而且张季鸾先生还发过牢

---

① 西阶：《欢迎政府变更新闻政策》，载《晶报》1935 年 11 月 30 日第二版。
② 白露：《新闻界之言论自由观》，载《晶报》1934 年 12 月 14 日第二版。
③ 风人：《〈立报〉受警告》，载《晶报》1936 年 3 月 6 日第二版。

骚。……近来(指1936年——笔者注)《大公报》又多了一种式样,便是揭瓦爿,因为那些些空隙,虽然可以坐屋观天,却还有椽子梁栋留着,隐约地旧屋面的情形,还可以看得出,这式样当然不能叫做开天窗,也不是窗格子,只能叫做揭瓦爿了。"①两报都开天窗,且开出了新花样,这就是当时的新闻检查状况。

以上主要是1930年代的情况,而此前1920年代后期的情况也差不多。《铁报》评述:"惟在此最近之二年来(大约指1928年以来——笔者注),因政治势力之束缚,报纸之效能乃亦大受影响。即如新闻一项,又日施检查,凡经当局认为不能发者,只能忍痛删去,否则报纸即有停止邮寄之可能,与夫编辑者应受相当处分。……而评论更与政治切近,且与政治接触之机愈多,设本其超然态度而畅所欲言者,则前车昭然,因此类事件而获罪,且至亡其命者比比也。故今日握有全国报界权威之上海报界,日呈浓烈之不景气者良非偶然。"②

那么,《晶报》的情况又是如何呢?对于小报的新闻检查大概始于1929年。通过对整个1920年代和1930年代中期以前的《晶报》开天窗的次数所进行的粗略统计,可以发现,《晶报》在1927年之前几乎没有开过天窗,但国民党建立南京国民政府后,随着其部分行政权力延伸到租界,就开始出现此一现象,而且到了1930年代中期随着时局的动荡越来越频繁,1937年几乎每月都有,有些时候连标题带内容一并被删除(见表5-1),可见国民党政府新闻统制的严酷性。

---

① 七〇八:《报纸揭瓦爿》,载《晶报》1936年5月12日第二版。
② 晓霞:《今日报纸的评论与图画》,载《铁报》1930年8月19日第二版。

表 5-1　《晶报》"开天窗"统计表(1927—1937)

刊出时间	标题(作者)	情况描述
1927年5月3日第三版	记花非花(傍花)	缺少部分内容
1927年12月21日第二版	武装念秧(观翁)	缺少部分内容
1929年3月27日第二版	活兵站(宝凤)	缺少内容
1929年6月12日第三版	奇形怪状的汤婆子(率痴)	缺少部分内容
1929年9月24日第二版	记司令部之新汽车(百禄)	缺少部分内容
1935年11月26日第二版	戴院长之谦□①(露轩)	缺少内容
1936年6月6日第二版	西南之谣(晓波)	缺少部分内容
1936年6月7日第二版		缺少标题、作者、内容
1936年6月12日第二版	平心静气之时局谭(青柳)	缺少部分内容
1936年6月17日第三版	北平学生游行运动记(言戍)	缺少部分内容
1936年7月17日第二版	代客赎当(七〇八)	缺少部分内容
1936年7月27日第二版	表彰空军壮士之值得(春柳)	缺少部分内容
1936年8月4日第三版	中央电影场新片消息(银蛇)	缺少部分内容
1936年8月8日第二版	道听途说(西阶)	缺少部分内容

① 原文难以辨认。

续　表

刊出时间	标题(作者)	情况描述
1936年8月8日第二版	殷再为人缘稍差(春柳)	缺少部分内容
1936年9月14日第二版	中日记者先努力了(七〇八)	缺少部分内容
1936年12月15日第二版	街谈巷议(过客)	缺少部分内容
1937年1月10日第二版	张杨始合终分(西阶)	缺少部分内容
1937年1月22日第二版	清算张学良与马占山(西阶)	缺少部分内容
1937年2月7日第二版	陕局原则已经解决(秋水)	缺少部分内容
1937年2月15日第二版	三中全会展望(西阶)	缺少部分内容
1937年4月1日第二版		缺少标题、作者、内容
1937年4月3日第二版	沪上华文报全受检查(西阶)	缺少部分内容
1937年4月20日第二版		缺少标题、作者、内容
1937年5月1日第二版	大鹏湾建立军港(桐叶)	缺少部分内容
1937年5月7日第二版	(侃侃)	缺少标题、内容
1937年5月20日第二版		缺少标题、作者、内容
1937年6月4日第三版	玉豚(蟾溺)	缺少部分内容
1937年6月24日第二版	记客卿之利弊(天知)	缺少部分内容

续　表

刊出时间	标题(作者)	情况描述
1937年7月6日第二版	纱交余韵(阿坤)	缺少部分内容
1937年7月10日第二版	庐山谈话之心理统一(秋水)	缺少部分内容
1937年7月17日第二版	宋哲元的和平决心(侃侃)	缺少部分内容
1937年7月27日第二版	(西阶)	缺少标题、内容
1937年8月13日第二版	宋庆龄教训报人(西阶)	缺少部分内容

面对现实的困境，小报又是如何反应的呢？或者说，新闻检查对小报又造成了怎样的影响呢？答案是，小报出于自身安全的考虑只能屈从于政府的新闻检查，这种屈从造成的结果就是无聊新闻和谣言流播，评论空洞无物，报纸信誉度下降，读者对报纸心生倦意。《社会日报》说："今人有言，大报看广告，小报看新闻，实则小报自受新闻检查以来，亦已失却其敢言之精神矣。因此种种，迩来社会人士，对于读报之热度，不特毫无增进，抑且日见减退。"职是之故，报纸只能以回避敏感的政治新闻，迎合读者的喜好作为救命稻草，"今以读者最关心、最注意最新发生之社会消息，一一报告于读者之前，想读者或不致感觉枯寂，而叹今日报纸，毫无一观之价值也"①。由于严厉的新闻检查，读者不相信报纸，连从事报馆工作的人也说"报上是靠不住的"。结果，"谣言愈甚，报纸就失却了一种镇定谣言的信仰。无聊到没

---

① 微雨：《增进读报之热望》，载《社会日报》1929年11月1日第二版。

有办法的时候,只好把黄慧如养儿子做了紧要新闻,用头号字登载起来。可怜啊,上海的报纸!"①恶劣的办报环境逼迫小报只能靠着一些社会新闻打发时日,与《社会日报》的选择如出一辙。

也有小报为了免除官方新闻检查的麻烦,预先实行自我检查,防"患"于未然。《福报》总结说:"不过开天窗总是一件憾事,非加以补救不可,补救之法唯何?说来很便当,只要发稿小心。至于如何小心起呢?也很便当,只要摒除军事上、政治上的消息不登就是了。试看迩来各小报,对于军事、政治等消息,渐见减少,就是这个原(缘)故。"②这正是国民党政府希望达到的目的。由于新闻检查不断加大力度,避免招惹是非成为一种下意识的行为。

《晶报》的反应与这些小报没有多大的不同。1938年在《晶报》十九周年纪念日,有人"愿祝《晶报》言论自由",同时却又说:"在孩子时代的《晶报》,小孩儿家口没遮拦;此刻已是成人了,自然说话要有检点,有审考,不然,就得要防惹祸了。"③明哲保身,谨言慎行,这就是《晶报》在新闻检查面前所作出的反应。当然,也不能说《晶报》无所作为,偶尔也能在《晶报》上读到一些泼辣大胆的文章:

> 框框框框框,开此妙天窗,不但题目且文章,此处若再招登头等之广告,每月进帐又多若干之大洋。老板不禁对着记者狂作揖,即排字先生也得奉请记者吃块咖啡糖,天晓

---

① 一芬:《可怜上海的报纸》,载《晶报》1929年3月12日第二版。
② 林华:《上海小报概论》(五),载《福报》1930年5月4日第三版。
③ 微妙:《〈晶报〉的冠礼 二十世纪的〈晶报〉》,载《晶报》1938年3月3日第二版。

得真帮忙。①

　　报纸上常常看见××、□□的符号,这自然因为不能将原文登出,以此为代。有人问××与□□孰重,我说就象形而言,自然□□比××更重。或问何故,我说,××像封条,这是房子上贴封条了,可是□□是两个窗洞,人在这种窗洞里面,更是不得了咧,所以犯了××,不过是封房子罢了,犯了□□,简直是要坐监牢。这样看来,岂不是□□比××更重吗?②

文章以戏谑的笔调嘲讽当局的新闻检查制度,让人仿佛又看到了1920年代的《晶报》。《晶报》还有一种安全系数高的"敢骂"办法,即引用其他大报的言论,如《大公报》《晨报》《中央日报》等,借题发挥:

　　我们读四月六日(1937年)《大公报》社评,题为《沈钧儒等一案起诉感言》,中有数语曰:"过去国民对政府往往多为反乎事实的怀疑,政府对国民遂不免有不必要的钳制,互信不立,害及大局。现在情势一变,上下双方皆应勾销陈迹,一新态度,率直言之,如《危害民国紧急治罪法》者,虽予废止,亦无不可。"按:今之苏高院起诉沈钧儒等,正以危害民国罪提起公诉,而《大公报》竟主张废止《危害民国紧急治罪法》,我以为上海各大报,推而至于全国各大报,未有能率

---

① 丹翁:《□□□□》,载《晶报》1933年3月26日第二版。
② 莞尔:《××与□□》,载《晶报》1936年4月15日第二版。

直敢言如《大公报》者。实则言所当言,为舆论家之天职,且吾国之贤明政治领袖,决不阻挠舆论。《大公报》记者如张季鸾先生,固尝亲炙吾国领袖,其晓畅事理,胜于泛泛之官吏也。①

第二节 《晶报》编撰优势的丧失

《晶报》的编撰群体(自称"晶社同人")是一个以余大雄为纽带的较为松散的聚合,并没有一个严密的组织。这些报人和小说家栖身于不同的报馆,出于文人的雅兴向各报馆投稿,正是余大雄的广泛结交将他们与《晶报》联系起来。余大雄回忆:"当时(1920年代前期——笔者注)执笔的人,大半是别的报馆里人物,业余觉着很有趣味,不约而同来投稿的……"②说明那时的撰稿人并不怎么看重稿酬。但随着文化市场机制的成熟以及商品观念的普遍建立,也出于谋食的需要,这些撰稿人有的身兼数家报馆的撰述,广种广收。玖君在为余大雄立传时就说:"余公巧妇也!求质不求量,肯花钱,多付稿酬,选用佳作,这一点编辑手腕,迄今小报,仍难效颦。"③表明撰稿人已经普遍具有交易意识,不再进行义务劳动了。而另外一些撰稿人有的则像余大雄一样自办媒体,有的脱离报界,另谋高就。写作稿件或办媒体不过是他们谋生的手段而已。在商业化社会里,这些人的命运不

---

① 微妙:《〈大公报〉之敢言》,载《晶报》1937年4月8日第二版。
② 大雄:《二十年前的回忆(续昨)》,载《晶报》1938年3月4日第三版。
③ 玖君:《报人外史(七〇) 三日大王余大雄》,载《奋报》1939年8月20日第四版。

是掌握在自己手里,而是被价值规律左右着。就这样,《晶报》的写作群体逐渐瓦解,《晶报》引以自豪的人才优势不复存在。

一、《晶报》撰稿人的离散

《晶报》在创办之初人才济济,阵容强大,《晶报》在例行的纪念刊中都会予以热情的推介。以下是袁寒云于1921年对《晶报》主要撰稿人及其行文风格的褒奖:

> 有晶璀璨,朗照四方,诛伐之健,师导之良。草木两易,声誉万邦,文推第一,报□无双。大雄精健,丹翁滑稽,詹詹言小,气与云齐。凌霄汉阁,主人彬彬,讽时谈戏,笔动鬼神。臞蜿儒者,谲哉俳吟,宝盖宫史,意趣渊深。珠辞玉藻,有黄叶翁,一斑偶见,甘拜下风。觉生小隐,评剧搜遗,能抉真邃,斯道良规。小说家言,首数涵秋,沁香阁里,浊世风流。亦新亦旧,马二先生,豪情逸气,江海腾声。难兄难弟,镠子非禅,狂歌玩世,俊采联翩。感时□世,托于盲词,龙门笔法,今见石皮。花萼花史,记重板桥,兴亡有托,屈子之骚。瘦鹃晶语,予倩枯树,虽曰无多,恰到好处。沽流七二,灵毓于梅,健庵高隽,不著尘埃。慧观室主,自挝皮鼓,学者之歌,味清调古。老谈寄尘,文场之雄,偶来谈笑,气概从容。怀忆所及,得十九人,无关先后,尽永晶身。沾光附采,小子荣焉,不惭弄斧,还待著鞭。①

---

① 寒云:《晶赞》,载《晶报》1921年3月3日第二版。文中符号"□"表示难以辨认之字。按:寒云又于同年9月6日在《晶报》发表续篇《晶赞补》,涉及十七人。

这首诗一共谈到了二十个人,包括大雄、丹翁、凌霄汉阁主人、朧嫒、黄叶翁、觉生、小隐、涵秋、马二先生、醪子、非禅、石皮、花萼、瘦鹃、予倩、健庵、慧观室主、老谈、寄尘以及作者本人袁寒云。对照下表我们大致可以推知有余大雄、张丹翁、徐一尘、宣古愚、冯小隐、李涵秋、冯叔鸾、张醪子、汪子实、姚民哀、周瘦鹃、欧阳予倩、谈善吾和胡寄尘等名家(见表5-2)。在1927年公布的《海上小报界壹百名人录》里,经粗略统计,《晶报》撰稿人有二十人榜上有名。① 这些人不仅为《晶报》贡献了不少深受读者喜爱的稿件,他们的名气也提升了《晶报》的知名度,使《晶报》在1920年代达到巅峰。

表5-2 《晶报》主要撰稿人及其笔名

撰稿人	笔　名	撰稿人	笔　名
余大雄	神狮、宝凤、宝凤阁主	张丹斧	丹翁、一诚、无为、无厄、乐笑、延礼、无厄道人、后乐笑翁
徐一尘	彬彬、霄、凌霄汉、凌霄汉阁、凌霄汉阁主、凌霄汉阁主人	孙瘫嫒	老孙、瘫公、好春簃主、花果山人
宣古愚	黄叶翁	周梵生	无住、无聊客
冯小隐	垂云阁主、尊谭室主	冯叔鸾	马二先生、阿木林、啸虹轩、啸虹室主
谈善吾	老谈	汪子实	石皮、破园、影庐、听鼓人
姚民哀	老匏、护法军、花萼、花萼楼主、息庐、乡下人、第二号看报人、涤尘	张厚载	醪子、醪、聊公、了之、聊止、藐、白藐、白藐楼、张聊公、采采、采双

① 枕红生:《海上小报界壹百名人录》,载《笑报》1927年10月24日第二版。

续 表

撰稿人	笔　名	撰稿人	笔　名
袁克文	寒云、陈悫、燕环、万寿室主、小环、寿环、玉环、洹上村人	姚鹓雏	健民、湘君、梦湘、梦湘阁、梦湘阁主
江红蕉	绛雪、秋意、神猫	俞逸芬	神瑛、迦叶、阿迦
张春帆	漱六山房、漱六山房主人	步章五	步林屋、林屋山人、杞人、翔荼
毕倚虹	清波、闲云、淞鹰、天狼、地狼、虎居士	包天笑	曼妙、钏影、爱娇、微妙、拈花、天马、曼翁、小百姓
钱芥尘	炯炯、行云、须弥、道听、西阶、习习、C.J.生	刘襄亭	天倪、饮光、SS、微雨、无诤、迦公
何海鸣	求幸福斋主	汪仲贤	戏子
沈能毅	沦泥	陈飞公	老飞、荒者
张庆霖	病鸳	钱　华	侃侃、小杰
陈孝威	神雷、神霄	朱天目	诗祖宗
舒舍予	老舒、舍翁	周今觉	忼公
张恨水	旧燕、恨水	徐卓呆	李阿毛、半老徐爷
邵飘萍	素昧平生	徐慕邢	南虎
黄转陶	神鱼、团圞	周越然	走火

资料来源：姚吉光、俞逸芬：《上海的小报》，载《新闻研究资料》总第8辑，新华出版社，1981年；魏绍昌：《鸳鸯蝴蝶派研究资料》(上卷　史料部分)，上海文艺出版社，1984年，第487页；李国平：《上海市民的精神"大世界"——民国小报巨擘〈晶报〉研究》，博士学位论文，苏州大学，2008年；《晶报》《福报》等小报。此表根据以上资料增减修订而成。

然而,斗转星移,这些撰稿人有的身兼数职,有的另谋职业,有的溘然长逝,最终能够与《晶报》相随相伴者所剩无几。1934年3月,《晶报》在纪念刊中对本社人才的变迁进行了一番回顾:"执笔于'晶'者,类多海上知名之士,已殁者,为汪破园、李涵秋、孙癯蝯、毕倚虹、袁寒云、步林屋等;其始终相共者,为余大雄、张丹斧、包天笑、钱芥尘等;其续加入者,为刘襄亭、张恨水、周越然、萧鉴冰等;其时作时辍者,为孙东吴、冯小隐、张醪子、周今觉及不佞等;其偶然一作有如客串者,则益众,如叶楚伧、邵力子、张超观、何海鸣、夏奇峰、胡寄尘、周瘦鹃、唐志君、汪仲贤、苏少卿、杨怀白、舒舍予等,几于不可胜数,此其人物之蜕变也。"① 可以说,1920年代中后期,《晶报》的编撰优势就在逐渐消失。余大雄回忆说:"人才凋丧,老将无几,我也只好做做外勤记者,要想过那'脚编辑'的快活日子,不可得了。"② 由以前的专司拉稿变成了操笔写稿。虽然后来陆续补充了一些新生力量,但再也无法恢复《晶报》昔日的荣光了。

二、《晶报》撰稿人的日常生活和境遇

报人林华认为,1920年代后期,《晶报》最了不起的记者,除了余大雄就是包天笑、江红蕉和黄转陶。③ 包天笑曾为大报主笔,同时又是多产的小说家,被余大雄倚为台柱。包天笑在《晶

---

① 马二先生:《〈晶报〉之蜕变》,载《晶报》1934年3月5日第二版。
② 大雄:《纪念日回想》,载《晶报》1934年3月4日第一版。按:相关史料和研究过多强调余大雄"脚编辑"的角色,其实这只是《晶报》早期组稿的现象。另可参见马二先生:《晶话》,载《晶报》1922年12月15日第二版。
③ 林华:《上海小报史》(四),载《福报》1928年6月1日第二版。

报》发表多部长篇小说,如《一年有半》《冠盖京华》《新上海春秋》等。包天笑的文稿轻松灵利,活泼畅达。"不过包天笑非常忙碌,忽尔南京,忽尔苏州,东也要稿子,西也讨文债,所以逼得包天笑没有空多的时间为《晶报》尽力。"虽然每期能够为《晶报》写三篇稿件,"大概因为太忙的原(缘)故,过于草率,所以包天笑的文字,一天不似一天,这种现象,包天笑自己也不能否认。还有,因为供给稿子的地方太多,少有好的消息,听得了一二句,硬把他演成一篇稿子,所以殊少精采(彩)"①。

江红蕉前后任《新申报》的《小申报》以及《神州日报》和《民报》记者,也是《晶报》的特约撰稿人。"他在《晶报》上每期终有二三篇稿子,虽则不免以材料缺乏,有硬拉之病,然有时候确有一二篇有价值的新闻稿子。江红蕉做的东西,很得着一些些毕倚虹的笔路,用笔很圆活,可惜多写白字,但是不足为病,大概笔误所致。在今日小报中,不能不算为一人材(才)了。"②江红蕉主持《针报》时已无全副精力为《晶报》每期供稿。③ 1928 年 8 月,江红蕉又创办《人报》,同年脱离《晶报》。

黄转陶大约在 1927 年由包天笑介绍入《晶报》,此前他常向《晶报》投稿。"黄转陶对于《晶报》,很能出力,黄因与宋铭勋律师同居,所以消息从律师方面得来的也不少。"④黄转陶文笔活泼,"一则枯涩乏味的新闻,写在他笔下,能使读者从头看到完结"⑤。黄转陶虽然在《晶报》撰稿仅有一年多,但已经头角峥

---

① 林华:《上海小报史》(二),载《福报》1928 年 5 月 25 日第二版。
② 林华:《上海小报史》(三),载《福报》1928 年 5 月 28 日第二版。
③ 林华:《上海小报概论》(九),载《福报》1930 年 5 月 22 日第三版。
④ 林华:《上海小报史》(三),载《福报》1928 年 5 月 28 日第二版。
⑤ 林华:《上海小报史》(四),载《福报》1928 年 6 月 1 日第二版。

嵘。"小报界最健笔的,当推黄转陶君。"1928年4月,他由撰稿人向创业者转型,与俞逸芬合办《星报》二日刊。1929年,黄转陶"日来忽笔政大忙,先由某某介绍入《福尔摩斯》,同时又为施济群所罗致"①。1930年,他同时创办上海通讯社和《黄报》两家媒体,每天到各地采访新闻,将其中一部分油印后送至各大报,留下一些小道消息在《黄报》上发表。②

黄文农为图画记者,主要创造讽刺画,多次在《晶报》纪念刊画"天神驱恶魔图"。有读者评价其画作"笔调沉着,意境高超"③。报人姚吉光和俞逸芬称其漫画"讽刺性特强,生动泼辣,获得社会的好评"④。黄文农于1931年3月离开《晶报》,步入政坛,在国民政府财政部印刷局任计划科科长。⑤

这些人身兼数职,或者另谋出路,不能尽心竭力为《晶报》写作,难免粗制滥造,临时拼凑。与此同时,《晶报》从1920年代中期开始,有多位台柱相继离世,《晶报》的写作队伍再遭冲击。

1923年5月,李涵秋病逝,终年50岁。李涵秋以小说名世,著作极多,而以《广陵潮》脍炙人口。他在《晶报》连载小说《爱克司光录》和《爱克司光录二集》达四年之久,同时还撰写其他稿件。好友毕倚虹认为李涵秋为体弱劳苦致死:"其故以撰著

---

① 精香:《小报界之一鳞半爪》,载《铁报》1929年7月28日第二版。
② 姚吉光、俞逸芬:《上海的小报》,载《新闻研究资料》总第8辑,新华出版社,1981年。
③ 受生:《〈晶报〉琐忆(续)》,载《晶报》1935年8月22日第一版。
④ 姚吉光、俞逸芬:《上海的小报》,载《新闻研究资料》总第8辑,新华出版社,1981年。
⑤ 1934年6月,黄文农英年早逝。"文农以艺术家仅知埋首创造艺术,而不能于殇子后抚慰其妻,致伉俪意见渐左,终至仳离","子殇妻离,悲戚过度,成病所致"。黄文农身后萧条,追悼会朴素简单,丧葬费用由朋侪出资,《晶报》也筹资告慰这位前任记者。参见白露:《黄文农一棺入土》,载《晶报》1934年11月3日第三版。

太繁,心血呕尽。吾人感于李先生之死,能毋联想卖文生活之凄苦? 李先生即为此刻苦撰写之牺牲者。劬苦之小说家,或引以为戒乎?"①而三年后毕倚虹亦告别人世。

1926年5月,毕倚虹因劳累、家庭负担、肺病复发而谢世,年仅35岁,"子女八人均未成年,身后萧条,较李涵秋益甚"②。毕倚虹以投稿与包天笑相识,后经包天笑推荐入《时报》任编辑,从此踏入新闻界;后因父亲的安排走入仕途,但终感落寞,重返新闻界,终其一生再未离开。为了谋生和抚养孩子,毕倚虹卖文为生,到处接受约稿,在《晶报》发表《应时的人间地狱》《霞楼忏语》等小说,撰写了不少讥讽时事、交口称誉的评论文章。毕倚虹还兼做律师。1924年12月,毕倚虹创办《上海夜报》,次年5月刚刚停刊,又于次月马不解鞍创办《上海画报》,终因精神不济,出至第一百期时病情加重,一月后离世。"这画报差不多就是倚虹催命符。"③

1929年1月,孙瘭蝯因胃病去世,身后萧条,"遗其夫人,及一子二女在京,景况极为凄恻"。此前几年,孙瘭蝯"以病不恒属稿"。1928年夏乃应于右任之召,任审计院文书科主任,胃病时发时愈。春节休假,竟致不起。④ 丹翁推测孙瘭蝯可能因经济窘迫而死,他忆及春节之前孙瘭蝯曾给友人去信,谈及生计艰难,友人答应助其解燃眉之急,熬过年关,未料撒手人寰。⑤

---

① 毕倚虹:《李涵秋先生的死后观》,载《晶报》1923年5月18日第三版。
② 红蕉:《哭倚虹》,载《晶报》1926年5月18日第三版。按:毕倚虹病逝后,其友侪皆古道热肠,于1926年5月成立"倚虹遗孤教育扶助会",热心帮助其夫人和孩子完成学业。参见炯炯:《毕倚虹遗孤教育费之善后》,载《晶报》1929年3月9日第二版。
③ 恧庵:《〈上海画报〉拾遗记》,载《晶报》1936年7月11日第三版。
④ 《讣告孙瘭蝯君之丧》,载《晶报》1929年1月12日第二版。
⑤ 丹翁:《哀瘭公》,载《晶报》1929年1月12日第二版。

1920年,沈泊尘因病去世,终年31岁。他从民国初年就在报刊上发表漫画,先后在《大共和日报》《申报》《新申报》《神州画报》《时事新报》等报刊发表过上千幅政治时事和社会生活漫画。他为《晶报》创作的"天神驱恶魔图"成为《晶报》的报徽,并在每年的纪念刊上登载。

1931年3月,袁寒云在天津病逝,年仅41岁。袁寒云在《晶报》连载《辛丙秘苑》《新华私乘》《报馆茶房日记》以及《雀谱》《食货小志》《说邮》等,掌故、小说、笔记、诗词、知识小品、评论,品类繁多,颇受读者追捧。1922年初,袁寒云因胃疾搁笔一月,便有读者"投书之邮,一日数至,或诘问,或责难,或促迫,且竟有勒限三日,必得拙文者"①。除了撰稿,袁寒云还经常鬻文、鬻字、鬻扇,赖以获取收益,但因开支浩繁,并未改善其经济状况。② 1927年10月,袁寒云发布声明,自称"自以'寒云'为号,乃一'寒'至此","遂亦以'寒'字为不佳。自今日始,永废除'寒云'之号,仍复用旧号'抱存'两字"③,当然无济于事。"寒云交游广,而不事生产,秉性耿介,近益贫困,终至潦倒以死。"④

1933年9月,步林屋病逝,终年60岁。步林屋与袁寒云交厚,大约于1916年一同来到上海,研思医学古籍,1923年开诊。"步林屋先生居中国济生会者十稔,所宿仅沪人所谓亭子间之一斗室,一榻一案之外,几无回旋余地,而先生之箱笼、书籍、文件,

---

① 《寒云布言》,载《晶报》1922年3月3日第二版。
② 袁寒云有烟霞癖,所费不赀。他于1927年在《晶报》讲述了自己沾染烟霞的历史和痛苦以及戒嗜的情状,参见《戒绝莺粟记》(9月18日第二版)、《戒嗜续记》(9月21日第三版)、《戒嗜三纪》(10月3日第三版),并刊有照片《戒绝莺粟后之袁寒云君》(9月30日第二版)。
③ 抱存:《复名告》,载《晶报》1927年10月24第二版。
④ 聊止:《敬悼袁寒云》,载《晶报》1931年4月3日第二版。

咸堆室中如阜。"①步林屋认为"报以畅销为主,畅销之法,以立论新奇,又合乎多数人心理为主"②。步林屋在《晶报》撰写了许多论及世事国政的评论和谈剧捧伶诗词。1924年创办《大报》,捧伶女诗为小报界之一绝。③

1935年8月,张春帆(漱六山房)因病去世。漱六山房不事生产,家本厚实,但被他挥洒以尽,无子女,亦无遗产。"近数年来,春帆忽拘谨特甚,斗志消磨",著《病中琐记》和《打倒不景气》,"嗟穷叹病,状至可怜"④。漱六山房向各报投寄小说,但常被拖欠稿费,自嘲"文人而卖文为活,已极无聊,卖文而竟为文丐,尤堪自笑"⑤。挚友刘襄亭有言:"始识君于灯红酒绿飞花醉月之中,终别君于市紧钱荒病宪困颜之日。"⑥

1937年3月,刘襄亭因肺炎去世,终年51岁。刘襄亭"为《晶报》编辑亦近十年,所治'新札朴',心细于发,目光如炬,最为同人服膺也"⑦。自1935年始,刘襄亭体殊不健,"每至馆,未及去冠,辄先取痰盂置案侧,随写随咳,痰涌如潮,往往气促心荡,须进糖果,方可再行握管"⑧。当被告知病情严重时,刘襄亭喟然说:"丁兹浊世,生亦徒然。"⑨悲观厌世,不愿诊治。去世前一

---

① 神狮:《林屋山人余哀录》,载《晶报》1933年9月12日第三版。
② 《林屋致意大雄》,载《晶报》1923年12月27日第三版。
③ "《大报》步林屋先生捧伶女之诗,有时每期多至三四首,亘三四年而未曾或绝。此其伶女之多,诚足骇人,而其诗才之致力于捧,尤有足多者,此一绝也。"参见混沌:《上海小报我见》,载《福》1930年9月22日第三版。
④ 大雄:《秋风秋雨哭春帆》,载《晶报》1935年8月13日第三版。
⑤ 漱六山房:《文丐之稿费》,载《晶报》1935年7月31日第二版。
⑥ 迦公:《张春帆君诔》,载《晶报》1935年8月14日第三版。
⑦ 西阶:《挽刘襄亭先生》,载《晶报》1937年3月21日第二版。
⑧ 大雄:《刘襄亭君之回忆》,载《晶报》1937年3月21日第二版。
⑨ 西阶:《挽刘襄亭先生》,载《晶报》1937年3月21日第二版。

周,刘襄亭仍至馆办公,呛咳不止,以致卧床不能复起。① 《晶报》后重刊其前清长篇小说《黑暗地狱》(原名《黑狱》)。

为避战祸,张丹翁返回苏州老家,因肠胃炎复发于1937年10月在苏州病逝,终年61岁。丹翁为《晶报》驻馆记者,自《晶报》创刊,"每期撰稿,且十八年半而无间断"②。张丹翁的评论常在文末缀以一首诗,读者每谓难以索解,张丹翁并不否认。包天笑认为,"他不愿意明显的攻击人,所以渐渐变成晦涩了"③。张丹翁"乃嗜骨董,举凡碑版、玉石、泉货,靡弗搜罗","《晶报》刊翁考古、谈艺文字,寥寥二数言,为小品文上上品"④。《晶报》几乎所有的撰稿人贫困傍身,张丹翁也不例外,"丹翁操文字生涯,毕生清寒,闻身后殊萧条"⑤。

总之,这些报人从故乡来到上海,写小说、撰稿、编报、办刊,卖文为生。他们是一群在上海讨生活的报人。问题是,这些人除了基本的生存需要之外,尚有其他情志之需,如交谊伶界、载酒看花这些文人的普遍雅好。收入有限,而所费颇多,又不善于量入为出,最终造成生活的困顿。⑥ 这只能逼迫他们更加卖命地四处兼职,搜肠刮肚地生产稿件。"文章都为稻粱谋",然而这却是以牺牲健康和生命为代价的。可以说,《晶报》人才的散失是有着深厚的社会背景的。

对于《晶报》人才的流散,作为同业的《笑报》早有观察:

---

① 大雄:《刘襄亭君之回忆》,载《晶报》1937年3月21日第二版。
② 镇冠:《回忆丹翁先生》(六),载《晶报》1937年11月8日第二版。
③ 微妙:《哀悼张丹斧先生》(上),载《晶报》1937年10月23日第二版。
④ 西阶:《挽丹翁老友》,载《晶报》1937年10月21日第二版;逸芬:《哭丹翁先生》(二),载《晶报》1937年11月18日第二版。
⑤ 观蠡:《哀张丹斧先生》(下),载《晶报》1937年11月28日第二版。
⑥ 程丽红:《清代报人研究》,社会科学文献出版社,2008年,第179、181页。

"'晶'之大雄,编报用脚不用手,'脚编辑'之名,早举传市。年来'晶'之健者,率多散于四方,其踵后相继之辈,一蟹不如一蟹,滥竽之徒,几居大半。大雄之足,乃失效用。"其后果是新闻报道失误:"沪上之三日刊小报中,《晶报》恒自负不凡,日常以消息灵通,豪于同侪。然近者之《晶报》,实已退步,此或物极必反之征欤? 证如一事,可窥一斑:甬江之大舞台,为市党部因其不遵命令,函请公安局,勒令停演。此讯先二三日,已有他报载刊,而《晶报》则欣然拾此牙慧,煌煌重刊。沪甬一水之隔,朝发而夕至,自负如《晶报》,一旦因此落后,为人诟病,殊大不值得也。"①批评《晶报》消息闭塞,反应迟钝,连隔江相望的新闻也浑然不知。

1937年12月,面对日益加重的人才凋谢的危局,余大雄顿生无限感叹,只有"无可奈何花落去"之慨了。有的去世了,有的"为着本身的事务,陆续搁笔",剩下的屈指可数。"这种现象,仿佛读《三国演义》,到了'七擒孟获六出祁山'的几回一般,虽还有赵云、马岱等大将奏功,总没有以前的烂漫热闹。"②余大雄自称《晶报》"盛极必衰",与《笑报》"物极必反"的断言不谋而合。

第三节 《晶报》对小报革新的漠然

《晶报》在1920年代独步小报报坛,"自居老大哥的地位,所

---

① 晦光:《〈晶报〉落后》,载《笑报》1928年2月17日第三版。按:《笑报》似乎与《晶报》关系不睦,对《晶报》时有嘲讽。此处暂且引为参考。
② 神狮:《休刊赘语》,载《晶报》1937年12月25日第二版。

以对小报同行,不瞅不睬"①,这多少使余大雄形成了自满的心理。余大雄对于读者对消遣性内容的嗜好充满自信,也为"敢骂"和"敢言"在社会上的广泛反响而自得。然而,他没有意识到小报深藏的危机所引发的革新浪潮对《晶报》的深刻意义,也没有意识到由于时局的变化,读者的阅读兴趣已经发生了变化,消遣性内容并非读者唯一的喜好。余大雄无法摆脱原有办报模式的羁绊,也没有眼光和胸襟从小报发展的历史高度擘画《晶报》的未来——构筑《晶报》在舆论界的地位。就这样,《晶报》身不由己地卷入了小报"日刊化"的变革之后,再无上佳表现。余大雄对小报革新的消极态度致使《晶报》错过了一次浴火重生的机会,它被富于远见、勇于突破的小报或小型报甩在身后了。

一、上海小报面临的危机

有学者将《晶报》创刊后的1920年代称为小报的繁盛时期。确实,由于当局管理松弛,20年代前期"晶报式"的综合性三日刊小报就有60多种。而在20年代末至30年代初的五六年间出版的小报竟有700多种,占上海小报史上总量的四分之三。② 然而,这种繁盛只是表象和泡沫,只能说明小报数量之多而不是质量之好。实际上,就在这些泥沙俱下的小报垒筑的数字之下孕育着小报发展的危机。

一是社会形象差。不少人投身小报界,态度极不严正,比如

---

① 缠夹:《〈晶报〉有嘴》,载《笑报》1926年3月20日第三版。
② 马光仁:《上海新闻史(1850—1949)》(修订版),复旦大学出版社,1996年,第697页。

张丹翁就曾把小报当作"玩意儿",有云:"大捧郭太,蔡伯喈未必怀惭;偶作陈琳,曹孟德亦当见谅。"①报人如此玩世不恭,读者又岂能当真?还有人"不过借此谈谈风月,出出风头,甚或专作标榜之工具。办者如此,读者当也聊以消遣,无足轻重"②。而"出风头主义所办之小报,取材庞杂,文字欠通,自郐以下,不足够论矣"③。由于办报所需资金不多,结果是你办我也办,"于是乎今天有一张新报出版,明天有一张新报发行……无怪人家要把办小报目为一件无聊的事情了"④。不少小报为了争夺读者,常常相互攻击,"报纸之无聊者,惯假骂作态,以博得一般盲目的读者的同情,尤喜向销数较多的有价值的报纸挑拨,希望与之笔战,应之则无异代登义务广告"⑤。小报为争论而争论,因而"往往对于某一件事,这张报贬之,那张报褒之,言论之不一,致令读者如堕五里雾中"⑥。由此可以想见读者对小报会有怎样的印象。有的报人干脆把报纸当作发泄私愤的工具,有人揭露,"近见某小报在极力做攻击嘲骂的文章,然而所骂的,又不知是何许人,只出于个人的私见,而攻讦乎阴私",让读者颇感莫名其妙。"通常而论,多数对之引起憎恶讨厌之情","若夫论及海底下的菊花的,即平常骂人,甚少应用,何况尊严的新闻事业而可以用下流的语调毁人阴私吗?"⑦小报如此作践自己,也难怪"外界人士,亦每以此情形,为小报界病"⑧了。

---

① 圣徒:《勖小报同业》,载《铁报》1930年6月1日第二版。
② 半规:《小报之过去现在未来谈》,载《上海滩》1930年5月4日第二版。
③ 倪古莲:《小报之功过》,载《福尔摩斯》1928年7月28日第一版。
④ 林华:《上海小报概论》(一),载《福报》1930年4月22日第三版。
⑤ 谢豹:《报纸骂人之副作用》,载《铁报》1929年9月13日第二版。
⑥ 农花:《上海小报公会》,载《社会日报》1929年12月15日第二版。
⑦ 圣徒:《勖小报同业》,载《铁报》1930年6月1日第二版。
⑧ 农花:《上海小报公会》,载《社会日报》1929年12月15日第二版。

二是内容低劣下流。小报不像大报那样资金雄厚,因而"既无电讯,又无通信访员,全凭编辑者一人,坐于斗室之中,采道听途说之谈,加酱醋麻油之料"①,时人视小报为"造谣之报"。对读者来说,敷衍充数的文字味同嚼蜡,也就更不值得一读了。有些人写作能力有限,却也贸然提笔上阵,比如,"关于评论时事的,那作者只在卖弄他一些儿小聪明,就是抓到了所谓要人们整个的谈话中的片言只语,或者整个的事实中的一鳞半爪,他就根据了醮饱笔儿,大放厥词,不是骂的狗血喷头,便是俏的哭笑皆非,看上去满纸都是劲,其实搔了半天的痒,还不是等于隔着靴子"②。不少小报编报时缺少严谨认真的态度,版面质量低劣,这不仅给读者制造了阅读的麻烦,而且影响了小报的整体声誉,"因为社会上看报的人,他们只认定这是一张小报,不管是什么报,假使他所读的一张报,发现许多劣点,他便说这是小报的劣点,并不说这是某某报的劣点"③。

小报还有一个痼疾就是取材猥琐。关注勾栏本来是《游戏报》的重要内容,后为继起的小报所沿袭。随着上海娱乐生活的变迁,开花榜、说勾栏变成了捧角评花,并且褪去了往日文人骚客附庸风雅的意味,商业气味渐趋浓厚;到后来,就是香艳文字绵绵不断,以满足社会人士的低级趣味为宗旨了。有报人就批评一些小报"趋尚薄俗所好,以改编《肉蒲团》,仿作《灯草和尚》之作品,引诱一般血气未定之少年,诲淫诲盗。虽时遭捕房查

---

① 平凡:《软的新闻》,载《福报》1930年12月1日第四版。
② 刘灵:《献给亲爱的小报界》,载《社会日报》1932年7月30日第一版。
③ 鲁阳:《有望于上海小报公会》,载《铁报》1929年12月25日第二版。

禁,而此起彼仆,不能消灭"①,斥之"不但无聊,而且近于下流!"②看来,把小报称作黄色小报虽然有些以偏概全,却也不无道理。

小报数量急剧膨胀是造成小报发展危机的关键因素,它带来了报人素质、办报动机、办报观念、报纸内容和格调诸多方面的问题。另外,小报本来就是商业性的报纸,以娱乐读者、追求利润为最高准则,众多小报在相对有限的市场争食,又进一步加深了报纸的商业化,其极端表现就是抛弃社会道德和报纸责任,走色情化道路。不能否认,小报在监督政府和社会、反映地方风俗民情、活跃市民精神文化生活等方面发挥着重要的作用,但小报的整体表现确实太低下了。有报人指出"沪上小报,不胜枚举,佳者殊少,劣者居多",主张"似非严加取缔不可",因为"佳者被劣者受累矣"③。无聊、造谣、色情、消遣品,这就是社会对小报的一般看法。小报的社会形象如此,社会影响力就更无从谈起了。从长期看,社会形象差、社会影响力低、沉溺于日常琐碎生活的报纸很难有多大的发展空间,充其量只能在有限的市场寻寻觅觅、苟且偷生。这就是小报的危机。清醒的小报、有理想的小报不能不行动起来。

小报历来就视大报为竞争对手,大报暴露的任何问题都让它们如获至宝,小报会毫不留情地予以批评嘲讽。撇开一些细枝末节,大报的问题主要表现在两个方面:一是评论言不及义。"以前我们在新闻纸上,还有几篇名论读读,现在是没有了。即

---

① 倪古莲:《小报之功过》,载《福尔摩斯》1928年7月28日第一版。
② 王忆真:《谈小报》,载《铁报》1936年7月26日第二版。
③ 张超:《教育局招待小报界记》,载《笑报》1927年11月17日第三版。

使有两家大报,还勉强做一则短评之类,有的只好做成一种新格言,空际盘旋,不着痕迹,有的专捡外国新近发生的事,加以评论,不关痛痒。"①满纸隔靴搔痒,又谈何引导舆论? 二是"小报化"。"至于大报而小报化,果然是不正当之趋势,不幸本埠各大报实陷此失。而所谓小报化云者,盖以小报向以足资笑谭、无关紧要为宗旨。各大报乃聚神会力,尽量登载社会新闻,如《时报》之以风趣为旨归,与小报之专于一门者,又何以异? 其甚焉者,莫过于近日之《时事新报》也。"②长期的观察和监督使小报对大报的问题了如指掌,这也成为有抱负的小报寻求自我变革,在舆论界争一席之地的动力来源。正如邹韬奋所言,正是"由于所谓大报的一天一天地在堕落",于是"小报就应实际的要求而大报化"③了。

二、小报革新与《晶报》的守成心态

鉴于以上问题,小报界的有识之士开始向社会和报界传播新的办报理念,尝试改善小报的品质和形象。1929年,《福报》声明"舆论公开""态度公正",以和动辄笔战的一般小报区别开来,宣称:"本报有三种材料不登以自勉,所谓三种材料者:(一) 不登花稿,(二) 不刊妓女小照,(三) 不载淫秽文字。"④拿小报素来视为"保留曲目"的低俗内容开刀,颠覆了小报的办报模式,为小报变革迈出了可贵的一步。此外,还有小报界对

---

① 天马:《大报所以无论说》,载《晶报》1929年11月27日第二版。
② 圣徒:《小报化》,载《铁报》1930年6月10日第二版。
③ 穆欣:《韬奋新闻工作文集》,新华出版社,1985年,第28页。
④ 农花:《本报百期小志》,载《福报》1929年4月13日第四版。

1926年底至1928年盛行的"横报潮"的清算,指出它是"社会之蠹""害群之马",掀起了一场"自清运动"①。

《铁报》则为小报变革提供了思想启蒙,包括提出小报未来的目标、使命、内容和功能等。首先,"小报之正鹄"为"大报化","欲建立小报之基础,以次乎健全舆论之林,非大报化不可"。其次,虽然小报因篇幅较小而称之曰"小",但"同样足以为人民喉舌,为国家民族舆论机关,与大报之职责无殊"。最后,如大报一样,小报也可以有新闻、评论、常识、文艺等内容,日刊之小报不过是"大报之缩写",只是两者"采材有所择别"而已,因此"无论报纸之大小,其意义无有分别者也"。

《铁报》呼吁小报界要突破思想束缚,为了小报的前途实行大报化。"每每闻人论及小报,谓近来小报有大报化之讥,以为小报不应如是,而似觉溢出范围者。此种观念,纯然认识未周,不能不谓谬误。……不幸一般小报同业,自己每每慨叹状而言之,是于小报前途,甚有窒碍。若求小报日即于健全地位,此种观念,应该自行打破者也。"②这番言谈立意深远,振聋发聩。

"小报大报化"的另一个实践者是《社会日报》。《社会日报》的发起人胡雄飞一直就想在新闻界闯出一条新路来,这就是要在大报和小报之间独辟蹊径。③ 胡雄飞的想法是颇有意味的,或许在他看来,三日刊小报有趣但低俗,日刊大报庄重却呆板,且两者地位悬殊,那么,取其"中间值"应该是一个不错的选择。1929年11月《社会日报》创刊,日刊,对开,以本市社会新闻为主,副刊次之,注重趣味性和文艺性。究其实,和"小报化"的大

---

① 秦绍德:《上海近代报刊史论》(增订版),复旦大学出版社,2014年,第144页。
② 圣徒:《大报化》,载《铁报》1930年6月4日第二版。
③ 陈灵犀:《社会日报杂忆》,载《新闻研究资料》总第9辑,新华出版社,1981年。

报并没有多大的差别。由于人力和物力所限,不久停刊。1930年10月《社会日报》复刊,这一次秉承胡雄飞"要办得像样一点,不能(与一般小报)同流合污"的想法,除了基本保持原有的刊期和内容结构以外,将对开改为四开,确立了"报格要力求正派""立论要主持正义"[①]的办报方针,力求和一般小报拉开距离。当时正值"九一八"事变爆发,《社会日报》一改以往小报无关宏旨、不问时政的倾向,密切关注政局变化,大胆发表言论,受到了读者的欢迎。《社会日报》的社会影响不断加大,日销数不断上升。[②]《社会日报》创立了日刊、综合性小报的新模式,涌起了一股包括《晶报》在内的小报变三日刊为日刊的潮流。从前的三日刊小报由于时间性上的缺陷,只能以"敢"字当头来突出报纸特色,但"敢"容易导致失去理性的痛骂和轻贱他人人格的调笑,缺少严肃和公正的态度,有碍于小报社会形象的树立。而日刊小报能够时刻关注社会现实,及时报道,放言谠论,这无疑将提升小报在社会和舆论界的地位。刊期缩短使小报的面貌焕然一新。

综上所述,"小报大报化"的思路是在摸索中逐步明晰的。也就是,先从宣示办报宗旨纯正、剔除影响报纸格调的消遣性内容等方面入手,再向变三日刊为日刊,配置新闻、评论等内容,主动介入现实生活等大的方面渐次展开,不断向大报风格靠拢。但就《社会日报》而言,休闲性和趣味性内容仍占不少比重,比如还保留着旧式小报乐此不疲的点将小说。这种小说一连刊载十多篇,可谓洋洋大观,实为满足读者好奇心的游戏文字。可以

---

① 陈灵犀:《社会日报杂忆》,载《新闻研究资料》总第9辑,新华出版社,1981年。
② 方汉奇:《中国新闻事业通史》(第2卷),中国人民大学出版社,1996年,第522页。

说,《社会日报》竭力摆脱旧式小报的影响,但旧日的痕迹并不能完全抹去。而实行"小报大报化"最彻底并且其内容更丰赡的当推成舍我 1935 年 9 月开办的小型报《立报》了。

成舍我称《立报》为"小型报",是为了以此为标识划清与小报的界限,同时表明"小报大报化"(成舍我称之为"大报小型化")的办报原则。在成舍我看来,小报"不竞争新闻,不重视言论,它只以乱造无稽谣言,揭发个人阴私,为其首要任务"①。正因为如此,《立报》出版当日就宣称"凭良心说话""用真凭实据报告新闻"②,这是很有针对性的。至于"小报大报化",成舍我认为包含两个方面:一是确立"立场坚定,态度公正"的办报宗旨。他认为,这是一张报纸获得广大民众的欣赏和爱护的前提。二是新闻要改写和精编。小型报是大报的缩影,要满足"内容精要"和"篇幅缩小"两个条件。③ 事实上,成舍我不仅使"小报大报化"的内容更加细化,使其具有很强的操作性,而且还提升到一个前所未有的高度,亦即报纸大众化,例如规定《立报》要"为大众福利而奋斗","使全国国民,对于报纸,皆能读、爱读、必读",从而"使每一个国民,都知道本身对于国家的关系"④。晚清小报在面对辛亥革命时表情漠然而陷入低潮,而现在的《立报》在面对日本的侵略时适应时代要求,积极地担负起抗日救亡、引导舆论的重任,一纸风行。前后比照,变化之大令人惊叹。

此外,小型报还从多个方面契合了读者的价值需求。一是

---

① 成舍我:《由小型报谈到〈立报〉的创刊》,载李瞻:《中国新闻史》,台湾学生书局,1979 年,第 371 页。
② 《我们的宣言》,载《立报》1935 年 9 月 20 日第一版。
③ 成舍我:《由小型报谈到〈立报〉的创刊》,载李瞻:《中国新闻史》,台湾学生书局,1979 年,第 381、373 页。
④ 《我们的宣言》,载《立报》1935 年 9 月 20 日第一版。

"以大报之精髓,成一简明之刊物,为读者省脑力与时间也"[1]。大报通常有六七大张,消息芜杂,记载冗长,广告繁多。如果仔细读来,所费时间和精力殊多。小型报则消除了这一缺陷,它是"忙人报纸",更加切近市民繁忙的现代都市生活。二是省金钱。大报为了竞争都争相增加纸张和篇幅,增加了读者的负担。而《立报》甫创刊就声言,除国家币制及社会经济变动外,永远保持"一元钱看三个月"的最低报价,成为名副其实的"经济读物"。总之,小型报"以少少许胜多多许"赢得了市场,也获得了崇高的社会声誉。小型报是小报脱胎换骨结出的硕果,它代表了"小报大报化"的最高成就。

应该说,一般小报存在的问题《晶报》多多少少也存在,比如,吟风弄月、发起笔战、低级趣味,等等。从某个方面讲,《晶报》就是依靠这些办报方式起家的,以为这就是办报的正途,自然也就没有革新的要求了。小报革新的主要原因乃是外敌入侵的危局以及社会对小报的负面评价,这本是一件需要严肃对待的事情,但《晶报》却将自己与一般小报撇开,摆出一种事不关己的姿态。"一·二八之役,沪上各报皆缩减篇幅,《晶(报)》亦仅出一小幅之半,厥后战事既定,乃改为日出一幅。"[2]时间是在1932年10月10日,从此《晶报》从三日一刊变为每日刊行(见图5-1)。

事实上,《晶报》刊期的改革完全是由读者推动来完成的,它不能对读者的要求装聋作哑。自从《晶报》领风气之先首创三日刊之后,继起的小报群起仿效,涌起创办"晶报式"三日刊的热

---

[1] 赵君豪:《中国近代之报业》,商务印书馆,1940年,第107页。
[2] 马二先生:《〈晶报〉之蜕变》,载《晶报》1934年3月5日第二版。

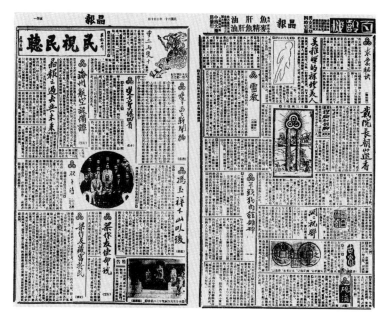

图 5-1 《晶报》1932 年 10 月 10 日第二、三版

潮。进入 1930 年代以后，容纳不下多少新闻、与社会局势脱节的三日刊小报越来越不能适应读者的需求，不变革只能被淘汰。而《社会日报》一复刊就逐渐显露出介入社会、信息容量大的特性，立即引起小报界的重视。不久，其他小报起而仿效。① "三日刊都变为日刊了，《晶报》读者也都要求改为日刊。"② 在此情况下，《晶报》才开始有所反应，可已经是两年之后的事了。③ 然

---

① 方汉奇：《中国新闻事业通史》（第 2 卷），中国人民大学出版社，1996 年，第 525 页。
② 微妙：《一日三刊的〈晶报〉——献于〈晶报〉出版纪念日》，载《晶报》1936 年 3 月 3 日第二版。
③ "四大金刚"创刊时间及三日刊改为日刊的时间如下——《晶报》：1919 年 3 月 3 日及 1932 年 10 月 10 日；《金钢钻》：1923 年 10 月 18 日及 1932 年 8 月 1 日；《福尔摩斯》：1926 年 7 月 3 日及 1931 年 9 月 1 日；《罗宾汉》：1926 年 12 月 8 日及 1935 年 5 月 1 日。

而，除了篇幅增加，内容格局并没有什么实质性变化。①

究其原因，主要有两点。其一是余大雄的认知偏差，将《晶报》质量的下降归因于被迫的改革。余大雄固执地认为"《晶报》三日一刊有三日刊的优点"，对自己首创的三日刊充满迷恋；又说"(《晶报》)无端受了环境的推移，未有充分的准备，仓卒间每日出版，多与理想不合，不但读者未能餍望，即同人等亦自感粗制滥造，有负将来的志愿"，对革新颇为抵触。之后，"迩来经过一年有余的试验，去理想仍觉辽远"，似乎又进一步"验证"他的论断，以致心灰意懒，"所以以往的一笔疙瘩帐，也就无心再算了"②。事实上，早在1920年代末，早有一些冷静的观察者看出了《晶报》潜藏的危机："《晶报》站的地位，也非常危险，假使长是守旧不变，不谋改造，虽是销数不跌，也不能再增加。眼看着后来的小报，突飞猛进，驾乎《晶报》之上，吾倒替《晶报》很以为可惜。"③《铁报》更是直言不讳，批评《晶报》有愧于报纸社会先导的责任："《晶报》的记者，亦多倚老买(卖)老，以小报界老大哥自居。实在，该报内容之陈腐，已不适存于现时的命命(革命)时代。这样的报纸，只应供给现社会坐拥厚资的有闲阶级茶余酒

---

① 丹翁在《晶报》改为日刊前夕撰文指出，"今'晶报化'之日刊，只是每日发刊之三日刊，并无日刊之要素"，"《晶报》每日发刊，与向来三日刊之《晶报》，固为一气贯通"。参见丹翁：《每日发刊与改作日刊》，载《晶报》1932年10月6日第二版。
② 大雄：《纪念日回想》，载《晶报》1934年3月3日第一版。按：报人郑逸梅对《晶报》也有同感："该报由三日刊改为日刊以后，内容大不如前。"参见郑逸梅：《书报话旧》，学林出版社，1983年，第252—253页。余大雄的失意还因一个未能实现的庞大的计划，那就是，"最初计划，《晶报》如改日刊，却要将'社会''实业''外交'三种之日刊轮流出版，以成一种特别式的小日刊，其衷心愿为环境所迫，咄嗟之际，虽已变三日刊为日刊，有志未逮，犹觉歉然"。参见丹翁：《十五周纪念》，载《晶报》1934年3月3日第二版。
③ 林华：《上海小报史》(七)，载《福报》1928年6月10日第二版。

后的消遣,不成其为报纸,因为他是绝对不负舆论界应负的责任的。"①余大雄不再记起他在1929年《晶报》创刊十周年纪念时许下的宏愿:"今后《晶报》转入更始革新的时代了,所仰赖于诸同志、诸读者之处,将倍蓰于已往十年。"②

其二,余大雄认识不到小报革新的必然性和重要意义,也没有胆略为《晶报》在舆论界谋一席之地而努力(以《晶报》以往铸就的市场占有率来做这件事要相对容易一些),尽管这也是《晶报》获利的有效手段。③ 让余大雄顾虑重重的不是其他,而是这包含着极大的政治风险。为着《晶报》长期的生存,精于权衡利弊的余大雄避开了这步险棋。在余大雄看来,要想扩大报纸销量,唯有想方设法地满足读者的日常文化娱乐需求,不管这种需求是健康的还是低俗的,这也正是《晶报》的格调问题一直难以解决的根本原因。《晶报》曾在1919年5月为适应社会的变化,由"文艺定期日刊"向"社会定期日刊"成功转型,那是一次灵巧而又自然的转身。但在战争风云变幻的1930年代,余大雄仍然想通过娱乐消遣性内容包打天下,已经不合时宜。④ 对社会政治的回避使《晶报》失去了一次转型的机会,余大雄只能眼睁睁

---

① 蜀鸟:《〈晶报〉记者之迷信》,载《铁报》1930年7月13日第二版。
② 大雄:《更始宣言》,载《晶报》1929年3月3日第三版。
③ 引导舆论和追求利润之间既可能是扞格不入的,也可能是相辅相成的,主要看是什么性质的舆论以及受众有怎样的反应。以后者论,成功的例子就是《立报》,它站在时代前列,宣传抗日救亡,表达广大民众的心声,因而在短期内就打破了上海报纸的发行纪录,获得了崇高的社会声誉,这是老牌报纸《申报》《新闻报》以及《晶报》所望尘莫及的。
④ 《晶报》的台柱包天笑也与余大雄多有共鸣:"今者小型报纸,已风发云涌,其形式至不一,有缩大报而成为雏形者,有减篇幅而求普及者,至于《晶报》则故我也。或有议《晶报》不前进者,且《晶报》似与人无竞争心,而甚鲜发扬踔厉之气者,愚以为《晶报》自有其《晶报》之风格在也。"参见微妙:《〈晶报〉十八周纪念献言》,载《晶报》1937年3月3日第二版。

看着《社会日报》和《立报》一路超越而瞠乎其后了。《晶报》难逃被时代淘汰的命运，《晶报》的荣光将要终结了。

第四节 《晶报》经营状况的恶化

一、经济和战争因素对《晶报》的冲击

从20世纪20年代末30年代初开始，中国社会局势动荡，国内经济不振，再加上在上海先后发生的两场战事，对上海各行各业造成了深刻的影响，《晶报》也未能幸免。

1. 经济因素的影响

自1929年起受世界经济危机的影响，中国银价暴跌，出现金贵银贱的现象。由于"金价飞涨，银价低落后，上自政府，下至商人，无不皇皇然认为大祸临头，亟谋救济方法。但救济者虽尽力救济，金价飞涨仍依然飞涨"①。金价暴涨使报馆深受其害，"因各报馆以纸张为大宗用品，而纸张又来自外洋，每年所耗不赀。今金价既如此飞涨，而海关又新改金单位，纸张来价，当益昂贵，各报馆支出上乃受极大损失"②。

据报道，"近十年来白报纸最高之价格为民国二十年之每令六元另九分五厘，以后即逐步趋跌，而自去年（指1936年——笔者注）始又猛跳狂涨，一度涨至每令五元五角，其涨风之锐，几成为直线式之上升，十分可怕。……最近白报纸市价稍稍回落，徘

---

① 凤影：《各报馆之紧缩政策》，载《金钢钻》1930年2月9日第二版。
② 同上。

徊于五元挂零之间,直线上涨恐怖业已打销。……据纸业专家之观察,纸价仍有继续上腾之可能,在本年度之内,恐无进入五元大关希望,倘各国纸商终不放松,则最高价之打破又为意中事也"①。

由于纸价上涨拉高办报成本,连经济实力较为雄厚的《申报》和《新闻报》也不得不紧急应对。"在目下青黄不接之秋,唯有采取纸张紧缩政策,且已渐进的实行矣。在昔两大报只少在四大张以上,最多可到七大张,本埠增刊只少为二大张半,目下已减至外埠三大张,最多至四大张,本埠增刊普通一张半,最多二张半。将来新闻方面,亦必须采取精编政策,否则,势将无法容纳。"②

纸价高涨,报纸不堪重负,举步维艰,因此,有的缩减版面,有的裁员,有的涨价,有的干脆关门大吉。"益以今年以来,纸价由八镑四先令一吨之价,增加至十五镑十五先令矣,靠卖报,靠广告,甚难取得纸的代价,因之收闭者频闻。"③

对《晶报》等小报来说,经济的振荡在1929年4月就已显现,当时《晶报》等"因铜圆价跌,纸价激增,以致亏耗甚巨,势难支持"④,商议集体涨价,《晶报》的零售价由原来的每份二分涨到二分四厘。两年之后的1931年,《晶报》不得不再次提价:"兹因金贵银贱,纸价飞涨,报纸成本受亏至巨,爰定自三月三日起改定售价为每份大洋二分八厘,稍资挹注。"⑤《晶报》向来采取

---

① 侃侃:《纸价飞涨中之报馆》,载《晶报》1937年4月1日第二版。
② 侃侃:《报纸之紧缩主义》,载《晶报》1937年5月27日第二版。
③ 露轩:《新闻业之末路》(二),载《晶报》1937年7月2日第二版。
④ 《继日报公会后之上海小报公会 积极筹备 不日成立》,载《社会日报》1929年12月15日第二版。
⑤ 《本报启事》,载《晶报》1931年3月3日第二版。

的是稳健的价格政策,两年时间连续涨价在《晶报》的历史上是没有的。① 可知,《晶报》的经营确实遇到了困难。

经济因素不仅影响到纸张的价格,还波及报纸的广告和销数。1934年,美国实施白银收购政策,这一次又造成中国银价暴涨,白银外流,致使物价下跌,工商业凋敝。② 到了1935年,形势依然没有好转。"今年吾国的工商业不景气,这影响就到了吾们的同业,因为上海的报馆,全靠广告,是大家都知道的。工商业不景气,广告便大打其折头。本来要登七天广告的,现在就登了三天吧;本来要登三家报纸的,现在就登了一家吧;本来要登全幅的,现在就登了半幅吧。工商业这样的紧缩,报馆就要吃亏了,这还是从紧缩方面说。此外因了他们的营业失败,倒账关闭,而广告费收不到的,也不知有多少。广告是报馆养命之源,尤其是上海几家大报馆。在销数方面,为了不景气,当然也要受到影响,向来看两份报的,现在改看一份报了。"③

老牌大报《申报》和《新闻报》的经济收入也跟着下滑。"本年(指1935年——笔者注)百业不景气,报馆生意亦大受影响。'申''新'两报在黄金时代,至少要赚到几十万元钱一年,最好的时候到过百万以上。今年上半年倒还不错。下半年的广告,却清淡异常,十一、十二两月份尤甚,每天最少的,只收到二三千元,实际上还要亏本,老板唯有摇头太息。"④财力逊于《申报》和

---

① 早在1924年前后,小报界有人提出增加报价,《晶报》独持异议,最终仍照旧价发售。参见《继日报公会后之上海小报公会 积极筹备 不日成立》,载《社会日报》1929年12月15日第二版。
② 赵津:《中国近代经济史》,南开大学出版社,2006年,第235页。
③ 芳菲:《不景气影响到报馆》,载《晶报》1935年12月27日第二版。
④ 侃侃:《不景气中〈大公报〉南迁》,载《晶报》1936年1月1日第二版。

《新闻报》的《晶报》也是"市面萧索,广告不振"①,收益锐减。

2. 战事因素的影响

1930年代上海发生了两次战事,即"一·二八"和"八一三"。两次战事如同动荡的经济形势一样也使《晶报》遭受了重大的挫折,使《晶报》的经营雪上加霜。

1932年"一·二八"事变爆发。受战事的影响,上海本埠与外埠交通阻隔,连租界与华界也不能往来。"沪报界自'一·二八'以后,大小报咸感不景气,望平街上各报馆,连年陆续他徙。"②《晶报》的销路也跟着大受影响,但又不能不出版。就这样,像沪上其他报纸一样,《晶报》从2月1日第1539号缩减篇幅,仅出半张即两版,称为"临时特刊",主要刊登战讯,暂时停止刊载小说和小品文章;又自2月18日第1542号改为"号外",仍为两版,直到3月24日第1554号(3月27日第1555号恢复先前的四版)。这时的《晶报》只能说维持存在。据上海市社会局和国民党中央统计处等的统计,在这次战事中,全市工厂、商店、住房等损失达16亿元,工人失业25万人,市民死伤近8000人,居民颠沛流离者更是指不胜屈。又据上海市公安局1932年2月的调查,全上海人口比战前减少了81万人。③ 工商业遭受战火的洗劫,人口又大幅度减少,《晶报》的经营状况可想而知。

1937年8月13日,日军又以"虹桥事件"为借口,在上海市区沿四川路、军工路一线发动进攻,"八一三"事变爆发。11月12日国民党军队全线西撤,日军从此占领上海华界。"八一三"

---

① 一读者:《〈晶报〉三度小休记》,载《晶报》1939年4月21日第六版。
② 憩庵:《无可系恋之望平街》,载《晶报》1937年7月6日第二版。
③ 熊月之、周武:《上海:一座现代化都市的编年史》,上海书店出版社,2007年,第394页。

事变对上海造成的影响是极其深远的。在金融方面,"银行储户纷纷挤兑,存款骤减,资金逃匿,市面筹码短缺,工商周转不剂,经济恐慌笼罩全市,波及各地"①。在工业方面,"'八一三'事变之前,集中于上海的工厂已达 5 200 多家,因战事全部被毁的,在闸北一带有 35%,浦东和南市一带各有 20%,合计被毁工厂达总数的 70%以上"②。总之,上海的工商业、金融业、文化教育事业等都遭受了惨重的损失,报纸的生存环境遭到严重破坏。最直接的后果是,"八一三"事变之后,纸张等物资供应困难,发行受到限制。以两家大报为例,《申报》自 8 月 15 日起改出一张半,18 日又改出一张。③ 连《本市附刊》要出七八张的《新闻报》,从"八一三"起,都改缩为一张半,因为炮声一响,工商界暂时都不需要广告了,娱乐场所也大部分停业,各地方的新闻来源也断了。④《晶报》也难逃厄运。

1937 年 8 月 16 日,《晶报》在《本报特别启事》中声明:"时局极度紧张,各项事业均受影响,纸张来源亦渐减少。惟报纸为传布消息之利器,自不得不黾勉从事,以尽宣扬天职。爰自十六日起,仿'一·二八'时前例,紧缩篇幅,除去不紧要之稿件,暂出半张,专载时局上之珍闻说论。量的方面,虽小而又小;质的方面,则精益求精。"自 8 月 17 日起只出两版的《晶报》在报头标出"号外"字样,到了 10 月 10 日才废除"号外",并刊登《本报特别启事》告知:"本报自今日起,废除'号外'字样,作为第 3335 号,

---

① 虞宝棠:《国民政府与民国经济》,华东师范大学出版社,1998 年,第 257 页。
② 赵津:《中国近代经济史》,南开大学出版社,2006 年,第 115 页。
③ 宋军:《申报的兴衰》,上海社会科学院出版社,1996 年,第 196 页。
④ 徐铸成:《报海旧闻》(修订版),上海三联书店,2022 年,第 315 页。

唯因在非常时期,暂仍紧缩篇幅,日出半张,尚希鉴谅。"①事实上,每日半张两版从1937年8月16日延续至12月25日宣布休刊。②

这期间,第一版为广告版,每天大约只有十一二条广告,第二版为新闻版,其新闻和言论大多围绕战事展开,也有一些社会新闻、娱乐新闻,少量的小说和小品文。《晶报》不仅因战事导致纸张的短缺和广告的锐减,还造成消息传送的延误。比如,1937年12月4日,《晶报》就对报纸传递可能延迟向读者解释:"自三时起至夜九时止,本馆所在地之汉口路一带,亦断绝交通,临时戒严,致有稿件,未克送馆,且付排印,亦在九时以后,致今日本报,或有稽迟之处,尚祈诸君原谅。"

如果说余大雄故步自封放缓了《晶报》的步伐,那么,战事频仍和经济不振则阻挡了《晶报》的行程,造成的打击是致命的,《晶报》陷入前所未有的危机之中。天倪悲叹道:"吾报随时代之潮流,应环境之艰困,自承年来殊鲜进嬗,有负初衷。"③

---

① 《本报特别启事》,载《晶报》1937年10月10日第二版。
② 有学者认为,《晶报》"1937年8月31日停刊,同年10月10日复刊,12月25日休刊整顿,1938年1月19日续刊,1939年2月7日停刊,4月21日复刊,9月2日停刊,同年10月6日复刊"。参见李楠:《晚清、民国时期上海小报研究——一种综合的文化、文学考察》,人民文学出版社,2005年,第339页。经查对原件,有误,应为:《晶报》1937年8月16日为第3319号。"'八一三'战作,举凡小型报,一律奉令暂行停刊,《晶报》当然不能例外。参见须弥:《〈晶报〉小史》,载《今报》1946年6月15日第二版。从8月17日(第3320号)开始标为"号外",至8月31日(第3334号)仍为"号外"。从此,编号中止,9月依照日期分别标为对应的"9月号外第×号",10月则为"10月号外第×号",到10月10日废除"号外",接续8月31日编号,为3335号。1937年12月25日宣布休刊(第3411号),26日开始停刊整顿。1938年1月19日续刊(第3412号)。1939年2月7日宣布休刊(第3794号),4月21日复刊(第3795号),9月2日出版最后一期(第3929号),开始休刊,10月6日复刊(第3930号)。
③ 天倪:《十七周纪念之天神》,载《晶报》1936年3月3日第二版。

二、《晶报》的苦闷迷茫与提前休刊

面对无法逃避而又不可改变的现实,《晶报》报人痛苦不堪,只能发挥文人的想象力,靠幻想来寻求片刻的快慰,它曲折地反映了《晶报》报人渴望"复兴"的心情。1933年双十节,曼妙就在构想1943年《晶报》国庆纪念忙碌的场景:

> 民国三十二年的双十节,晶报馆同人,在预先几天,便大起了忙头。
>
> 现在的《晶报》,每天要销八十万份,为了国庆,当然要多销一点,再加二十万,预计是一百万份。一百万份的报,要用好几架轮转机印的了。要说《晶报》是纸张放大了吗?不,依然还是四开报。不过由一张加至两张,两张加至四张,而六张,而八张,一直加到十六张。双十节这一天,早有预告,是出一百张。
>
> 这一百张上的新闻材料,在一月前就要预备了。余大雄东打电话,西打电话催稿子。有时还要自己亲身到各处去访问,履行他"脚编辑"的义务,虽然不用他走,已有汽车给他代步。再有报上的广告,也是预先几天就要排好版子的。所有上海的以及全国的大商家,都要登《晶报》的广告,当然忙不过来了。
>
> 那时中国交通很发达,九号的晚上,邮政局是通宵工作,专为发送各报馆国庆日的报纸。有装火车分散到内地的,有走海轮到沿海各省的,还有一清早送上飞机的快报。晶报馆有四架送报的大汽车,停在机器间的门口。报纸从

机器上，印好，折好，扎好，便立刻轮流飞驰，由后门送出。……

十年一瞬，努力吧《晶报》！这并不是奇迹。①

十年后的《晶报》竟然是如此繁忙和发达，俨然一纸风行，万人争睹：印量大、版面多、新闻充足、广告丰裕、经济效益好。这是何等的盛况美景！然而，现实与它的反差又何其大！

《晶报》报人的心情是复杂的：一方面，虽然身处逆境，他们仍然需要发扬踔厉，维持《晶报》的运行；另一方面，越来越逼仄的生存空间又使他们愤懑不已。1936年3月30日，为了增强报道的时效性，《晶报》宣布进行一次效率革新："本报自民国二十一年改三日刊为日刊后，以排印关系，提早一日付梓，于兹三载，其间撰稿者以求隔日不失去时间性，致感执笔之困难，读报者或犹觉纪事之稽迟疏漏，区区苦衷，想蒙共谅。兹为革新起见，自四月一日起，先恢复当夜发稿之制。此外改良印刷，增加材料，逐渐施行，以冀答爱读本报诸君之盛意焉。"②同年4月，又一连三天刊登征稿启事，扩展新闻来源："本报为增辟新闻一新耳目计，自即日起，凡以社会间特别消息投稿者，酌奉薄酬，借答雅意。语必求确，事必求奇，合则刊登，恕不奉璧。投稿诸君名姓、住址，务祈明示，俾刊出后，直寄酬金。如系当日事讯，请于每日午后六时以前送来。"③

除此之外，《晶报》还在进行谋划，寻求新的出路。据张恨水

---

① 曼妙：《三十二年之〈晶报〉 国庆日之祝颂》，载《晶报》1933年10月10日第二版。
② 《本报特告一》，载《晶报》1936年3月30日第二版。
③ 《本报征求短讯》，载《晶报》1936年4月3日第三版。

回忆,余大雄在1935年与他谈论过一个新的《晶报》计划,"其言头头是道,令人闻之雀跃欲起,所指之发动期,为廿五军纪念日,即今日也"①。但是,环境的恶化远远超出余大雄的料想,他的宏愿也就成了空中楼阁。

在这个租界经济萧条、政局动荡不安、新闻统制日甚的年代,《晶报》报人难掩苦闷迷茫的心情,终于将长久压抑的情绪宣泄出来。1937年7月,露轩于1日、2日和3日发表文章《新闻业之末路》,感叹报纸为政府与资本所控制、报纸自由精神丧失、办报成本上涨、记者生活艰难,茫茫然不知出路何在,读之令人动容。之后又有报人油然升起对望平街无尽的感怀,抚今思昔,怅然若失。

5日,微妙在《别矣望平街 此全中国舆论集中地也》一文中说:"'望平街'三字尚足以代表上海之报界。'望平'两字,寓有渴望和平之意,中华民国又为渴望和平之民族,吾舆论家当不负此望平街一个历史名词。今者晶馆西迁,别矣望平街,不能不令人低徊(回)弗已也。"②不无惜别之意。憩庵则以《望平街前梦》一文追忆望平街的荣枯。起初众多报馆在山东路汇聚,形成"望平街"。虽然人才辈出,"咸未能于此收得满意之成绩"。此后多数报馆陆续迁出,望平街将成为遗迹了。③

6日,微妙读到憩庵的《望平街前梦》,顿起悲逝伤离之感。

---

① 恨水:《是为庆》,载《晶报》1936年3月3日第二版。按:文中并未挑明到底是什么新计划。
② 微妙:《别矣望平街 此全中国舆论集中地也》,载《晶报》1937年7月5日第二版。按:"西迁"是指《晶报》因馆舍改造,计划于7月6日将编辑部和营业部迁至汉口路704号,将发报处迁至山东路239号(1938年1月《晶报》复刊时又迁往汉口路299号)。
③ 憩庵:《望平街前梦》,载《晶报》1937年7月5日第二版。

他跳开报业话题，忆及三马路（汉口路）二十多年前妓馆鳞次，流莺出没，而自己和毕倚虹也曾留恋花丛，如今"佳人既去，门巷已非，人面桃花，不堪回首"①。憇庵则撰文《无可系恋之望平街》，讲述自己两次不愉快的从业经历。一是申报馆经理席子佩为"族人所愚，甘放弃此伟大之事业而不顾，而余亦即于此时脱离申报馆"；二是《新申报》"辗转入于孙传芳之手，而余与望平街亦宣告脱离矣"②，感叹望平街日渐衰敝，言之不免懊丧。

7日，微妙一改悲切的语调写了一篇《大可希望之望平街》。他认为若为新闻业的前途着想，尚有极大的希望，他既不赞同"末路"之叹，也不支持"无可系恋"，希望报人们从黯然神伤中振作起来。他反驳了几种悲观论调。有人认为，"今之新闻界，未必胜于前之新闻界，前之操笔政者，虽多拘迂，然颇有风骨，尚能据事直书，倘有非分之压迫，犹能拼力与之抵抗"。他说："今者吾国家有贤明之政府，高于一切之党权，已将昔日之军阀官僚土豪恶势之对象而廓清之，则舆论界自无所用其剑拔弩张之力，既偶而报上有'开天窗''拔蜡烛'之怪现象，此不过误解'有闻必录'之记者为之耳。"认为国民政府的新闻检查并无不可。又有人说"吾中国数十年来最不进步者，厥惟报业，直至今日，尚不能代表大多数民众之舆论"，他以望平街的历史进行驳斥，认为，"然望平街固有其荣誉在，他勿必言，即以辛亥革命而言，吾望平街中人，一致拥护革命，推倒满清，虽强暴亦所不畏"，望平街有代表舆论的传统。最后，他认为"望平街之各报馆，虽已分散各处，而众志成城，则有一无形之望平街，隐为维系，非惟为全国人

---

① 微妙：《三马路前梦》，载《晶报》1937年7月6日第二版。
② 憇庵：《无可系恋之望平街》，载《晶报》1937年7月6日第二版。

所指导(知道),'望平街'三字,且将驰誉及于世界。我辈虽为落伍者,亦为过来人,会当忍死须臾,以观诸公之奋斗猛进也"①。但乐观的心态难以抵御局势的变幻莫测。当日,"七七"事变爆发;一月之后日军在上海发动"八一三"事变。

1937年11月12日,国民党军队撤离,上海华界沦于日军之手,公共租界和法租界处于日军的包围之中,形同"孤岛"。12月13日,日军占据上海新闻检查所,要求各报自14日起送稿检查,否则不得刊载。外部环境恶化,大批报刊自11月下旬起纷纷停止出版或迁往内地。② 在"四大金刚"中,《金钢钻》和《福尔摩斯》早已于8月13日和18日各自停刊。而《晶报》既未停刊,也未外迁。作为小报,它还在支撑,报道或评析中日关系、日军动向和意图、难民收容、市区交通、地方防御,等等。由于经营低迷,再加上已近年末,《晶报》最终决定提前休刊,准备趁此机会进行一次休整。12月25日,《晶报》发表了由神狮(余大雄)执笔的《休刊赘语》:

> 自明日起,本报暂与读者小别,但只是暂时休刊。向来年底岁初,有许多报纸,都得休刊几天,这次本报提早休刊的原因,系欲利用这个时期,将内部革新一番,但亦可说是为了环境关系所致。
>
> 爱读本报诸君,继续订阅至十几年的人,大约不少,对

---

① 微妙:《大可希望之望平街》,载《晶报》1937年7月7日第二版。
② 截至1937年12月15日,上海日报公会会员报《立报》和《民报》于11月24日停刊,《时事新报》于11月27日停刊,《中华日报》于11月29日停刊,《神州日报》于11月30日停刊,《申报》和《大公报》于12月15日停刊,《时报》和《新闻报》尚未决定何时停刊。参见公:《老〈申报〉宣告停刊 〈大公报〉上海版亦停》,载《晶报》1937年12月15日第二版。

于本报的人才凋谢，必亦很注意感叹的了。李涵秋、汪破园、袁寒云、毕倚虹、步林屋（林屋山人）、孙朣嬛（好春簃主）、黄文农、张春帆（漱六山房）诸先生，前后都归道山。去年今岁，又失去刘天倪、张丹翁两根台柱，还有周瘦鹃、张穋子（聊公）、冯小隐（垂云阁主）、徐凌霄、马二先生、姚民哀、张恨水、俞逸芬诸先生，以及偶尔执笔的如小凤、观蠢等，无数名士，虽都健在，各人都为着本身的事务，陆续搁笔。还在奋斗的英雄豪杰，真屈指可数了。……本报到了今日，一面是盛极必衰，一面是穷极则变，若要挽回衰境，唯有组织变化。休刊以后，重与读者相见，便是本报转变的时候了。

办报比排戏还要复杂。有种报馆，像影戏院，只要定得好片，便可卖个满员。有种报馆，像京戏园，须会集许多角色，才能叫座。本报往日地位，很像一个京戏班，生旦净丑都须齐备，并要有杨、余、梅、程、荀、尚①等名角，同时登台才好，这种戏班，是不易组成而且常演的。尤其在这个年头，最流行的，是一种可演京戏、可映电剧的戏院，才可迎合一般看众的心理呀。

本报自民国八年创刊，由最初的发起，维持至今，再两个月，已满十九年。到了民国二十七年元旦，亦便是二十岁了。其间本报自身的妙闻轶事，足为谈助的甚多，更不必说及记载以外的补充新闻。本报重行出版以后，得机当逐一描写，以资纪念。在此休刊的良辰，预祝读者明年新岁万福！

---

① 指当时著名的京剧艺人杨小楼、余叔岩、梅兰芳、程砚秋、荀慧生和尚小云。

  这可以看作是余大雄主持《晶报》十八年的办报工作总结。余大雄认为,内容丰富和名家众多是《晶报》获得成功的重要原因,而《晶报》之所以"盛极必衰"主要在于环境恶劣和人才凋谢,他还向读者传达了《晶报》"穷极则变"、东山再起的打算。《晶报》就此向读者暂别了。

  然而,等到《晶报》复刊时,《晶报》的创始人余大雄已经弃《晶报》而去,另谋他途。《晶报》的"余大雄时代"就此完结。

第六章　从文人到报人：《晶报》的"大报化"转向与困局

受战事、经济和人事等方面的影响，1937年《晶报》出现严重亏损，这也导致创办人余大雄的脱离。作为三日刊的鼻祖，《晶报》追随"日报化"风潮却终未恢复昔日的荣光。或许在《晶报》看来，其引以为傲的小报之路已经走到了穷途末路。实质上，《晶报》易为日报后，其版式和内容格调并未发生明显变化，社论、新闻和副刊等付之阙如。文人办报的风格一如其故，文艺性浓重。《晶报》休刊后进行了全面的改组，以图重整旗鼓：一是调整股东成员，二是调整人事。在人事方面，钱芥尘接办《晶报》，聘请曾任《立报》总编辑的朱虚白任主笔（朱虚白后离职，由《申报》记者钱华接任）。朱虚白先后主编上海《立报》和南京《朝报》，办报经验丰富。① 办报

---

① 《晶报》在复刊前日预告朱虚白将任该报主笔："今后新阵容除特约名家撰述外，并延前南京《朝报》总主笔、《中央日报》特派员朱虚白先生任总编务，抱重整旗鼓决心，成短小精悍编制。爱读本报者，幸共鉴焉。"参见《〈晶报〉明日复刊》，载《生活日报》1938年1月18日第三版。此前，《晶报》也对朱虚白的业界活动进行过报道："《立报》驻京办事者朱虚白君，奉调到沪任总馆主编，其驻京一席，已聘严服周君继任。朱君不日携眷来沪治事。查该报经费凤主搏节，待遇馆友，并不过丰，以朱君在京主持《朝报》例，月致二百金，同时《中央日报》亦委托朱君在沪发电，亦致百余金，如此则勉够养廉矣。京同业与朱君感情极佳，连日在马祥兴、路透社、好莱坞等处欢宴饯别，颇极一时之盛云。"参见露轩：《朱虚白主编〈立报〉》，载《晶报》1936年2月9日第二版。

主干由文人向报人转化。朱虚白的办报思路就是将《立报》的办报模式，从版面设置、内容结构、广告招揽到报纸营销等，贯彻到《晶报》之中，但又保留《晶报》的传统特色，从而确立了"小报大报化"和"新闻趣味化"的办报方针，实行"大报化"转向。经过艰苦的努力，《晶报》慢慢焕发了生机。但受租界经济低迷和欧战的影响，纸价上涨，广告减少，《晶报》经营又陷不振。与此同时，为了刺激读者，《晶报》加大了性知识的分量，色情描写也愈加暴露。然而，不可掌控的外部因素令《晶报》的衰势如脱缰之马，《晶报》已是束手无策。1940年5月，《晶报》停刊，告别了曾经独领风骚的小报报坛。

第一节 "小报大报化"与"新闻趣味化"

"小报大报化"和"新闻趣味化"的办报方针是《晶报》革新与妥协的产物。小报发展的出路是"小报大报化"，即小型报基础上的内容大报化，这是小报界有识之士的共识，《立报》的成功树立了标杆。但《立报》的停刊也表明"小报大报化"的发展空间在时局动荡的租界是很有限的。《晶报》应该看到了一点，但它还是义无反顾地踏上了这条路。《晶报》在完成"立报式"的内容布局之后，试图通过评论专栏"晶语"发出自己的声音，这是其"大报化"的重要标志，但不久迫于租界的新闻检查就哑然无声了。后来《晶报》又创设了格调清新的副刊《文化营》，但在读者的反对声中也歇息了。但整体看来，《晶报》还是在"小报大报化"的进程中奋力地挪动着脚步。《晶报》本来就是一张娱乐消遣性的小报，趣味性是其主要特色。《晶报》是迫于形势寻求革新的，所以其革新并不是激进的,而是与历史传统达成妥协,将趣味性保留下来。然而,《晶报》一再突出内容的娱乐性和趣味性,致使格调较之以前更加低级庸俗了。这样,就在《晶报》的版面上呈现出严肃内容与低俗内容并行的矛盾现象。其实,趣味性已经干扰了《晶报》"大报化"的进程,使得"大报化"一定程度上被扭曲,只能停留在内容格局这一浅表层面,造成了"大报格局,小报格调"的奇特现象。以后,随着政治和经济形势的愈加紧迫,《晶报》被迫步步后退,直到小品文字再次覆盖整个版面,回到初创时的起点。"小报大报化"彻底失败。

一、"两化"办报方针的提出与实践

经过二十多天的休整,《晶报》终于在1938年1月19日与读者见面了。复刊当日,《晶报》分别在第一版左侧和第四版右侧打出口号:"本报忠实报道新闻,说人人要说的话,文字浅近,趣味浓厚,是最平民化的刊物"(见图6-1)和"本报具有二十年的历史,是小型报纸鼻祖,销路普遍全国,刊登广告最有效力",与昔日《立报》的做法如出一辙。《立报》曾打出口号:"每人皆认识本身对于国家的责任,然后才可达到民族复兴的目的"(见图6-2),"天天读报最易增进本身对于国家的认识,故欲民族复兴必先实行报纸大众化","永远不增价,终年不休刊,凭良心说话,拿真凭实据报告新闻","报纸大众化是价钱便宜人人买得起,文字浅显人人看得懂",等等。从这些口号看,《晶报》要像《立报》一样在新闻报道和新闻评论等方面贴近读者,代表舆论,有所建树。

图 6-1　1938 年 1 月 19 日《晶报》复刊号

图 6-2　1935 年 9 月 20 日《立报》创刊号

大体也是如此。与以前相比，现在的《晶报》最大的变化就是加大了新闻报道的力度，不仅信息量大，而且还把新闻分门别类安排在不同的版面上，各得其所。同时，体现趣味性和知识性的小品文字也拥有了固定的版面。试看复刊当日的版面安排。以往，《晶报》在"八一三"事变之前的版面设置是第一、四版为广告版，第二、三版为文字版。事变发生后，受战事等因素的影响缩减为半张，只有两版，第一版为广告版，第二版为文字版，报眼位置为"定报价格"和"广告刊例"。而现在又恢复到了战前的四版，其版面设置也类似于《立报》①：报名居中央，下面依次是英

---

① 《立报》的报名居中间，报眼为人物图画和时事插图。第一版载国内要闻、短评、新闻照片等。第二至四版，上半版分别载国际新闻、本埠新闻及社会新闻等，下半版分辟三个副刊《言林》《花果山》和《点心》（后改为《小茶馆》）。

文名"The Crystal"和登记证号等内容,报眼位置各是两幅广告。第一版载有关日本侵华战争的电讯,另辟有一个言论专栏"晶语"。第二版刊载国内新闻和本市新闻(包括轮船停航、钱业损失、米价复涨、粮食运输、孤儿救济等)。第三版相当于副刊,载有小品文字和小说。第四版刊载国际新闻。每版分十二栏,采用多行体标题和新式标点,全部采用印刷体(手书标题在"八一三"事变后废止),废除了穿插式的编排方式。广告则零散地分布于第各个版面。整张报纸看上去气象一新,初显大报气派。

追求趣味性、关注娱乐界,是《晶报》的办报传统,在新的发展阶段同样被置于重要的地位。这可以在复刊次日登载的一则《欢迎投稿》中一见端倪:"本报欢迎投稿,凡兴味浓厚之含有新闻性稿件,无论社会、政治及其他各方面,均极端欢迎。但以短小精悍、不超过五百字、不妨害他人名誉者为原则。一经刊登,酬金从丰。"①就在另一版面还有一则内容相似的《本报欢迎投稿》,指向更加具体:"本报征求外界投稿,凡含有新闻性兴味浓厚稿件,均极欢迎,关于舞场消息,电影、戏剧界轶事,向导社、按摩院、妓院等现状及趣史,以及交际花照片等尤特别需要,一经刊出,酬金从丰。"又如连载《花间碎语》,恰如《晶报》早期花丛纪事的翻版,只是尺度愈加放纵。随着时代的变化,租界的娱乐项目花样翻新。《晶报》敏锐地把握市民日常的娱乐需求,内容也不断更新。

同年3月,经过了两个多月的办报运行,朱虚白在纪念《晶报》创刊十九周年时初步阐述了《晶报》的内容构想和办报方针,他说:"本报从前是三日刊,后来改为每日刊;从前专载小品文

---

① 《欢迎投稿》,载《晶报》1938年1月20日第三版。

字,现在革新版面,注重新闻报道,小品文字仍保持向来的作风。"又说:"严守'平正通达''稳健忠实'的旨趣,以服务社会为第一目的,以经营业务为第二目的,这是报人应抱的方针。"①从朱虚白的阐释来看,此次复刊后的办报方针迥异于以前的偏重于迎合读者趣味、追求经济利益的办报思路,看上去严肃、高远了一些。但是,"以服务社会为第一目的",却是一个模棱两可的表述。一味讨好读者日常的娱乐需要,传播"向导社、按摩院、妓院等现状及趣史"是不是所谓"服务社会"?比较《立报》旗帜鲜明宣称的"增进本身对于国家的认识""达到民族复兴的目的"的办报宗旨,相去甚远。我们并不否认《晶报》复刊初期鲜明的抗日爱国的立场(在当时恶劣的租界环境里能够坚持下来,确实难能可贵),但一旦理想与生存这一根本问题发生冲突时,《晶报》还是选择了后者,其商业性本质决定了它在关键时候应该如何选择(这基本上是本能的,与其他一些民营大报没有两样)。可以说,《晶报》的办报方针并非深思熟虑的,多少含有标榜的成分。

值得一书的是《晶报》在此期间还出版过一次体育特刊。1938年4月初,英国依士林顿足球队应上海西人足球会之邀来沪举行表演赛。4月3日,《晶报》抓住这次机会,以四个版的篇幅出版了一期《晶报体育特刊》,报道依士林顿足球队的环球行程、队员情况、以往的战绩、赛程、出场阵容以及国内其他与足球有关的新闻、逸事、趣闻等(见图6-3)。比如,第一版有《介绍依士林顿》《从英国足球谈到依士林顿》《两军阵容表》,第二版有《足球起源谈》《香港甲组杯南华华领袖群雄最近成绩表》《球坛

---

① 虚白:《纪念本报十九周年》,载《晶报》1938年3月3日第三版。

秘辛：惧内名将徐步云　与李义臣互相媲美》《江潮一笔罗曼史　可怜痴心林宝宝　望穿秋水不再来》，第三版有《今年西联足球回顾录》《香港华队阵容近状》，第四版有《从汉口到四川许文奎等一笔买路钱》《依士林顿球员职业一览》《南华华称雄香港　特别银牌复赛　七比一大胜海军》。这是《晶报》绝无仅有的一次特刊。《晶报》牢牢把握了报道的丰富性和趣味性，不仅有场内比赛的报道，场外花絮，甚至还有一些独家消息，其采访能力和编写水平令人刮目相看。对具有新闻价值的事件进行如此灵活的策划报道，《晶报》俨然一派大报的作风。

图 6-3　1938 年 4 月 3 日《晶报体育特刊》第一、四版

这一时期，《晶报》不断追赶读者的阅读喜好，改革内容结构。1938 年 4 月 29 日和 30 日，《晶报》分两次刊登《本报革新版面预告》，准备"自五月一日起，革新版面，充实内容，新闻与文

艺,绝对注意趣味化",包括:重新分配版面,第一版登载各地紧要电讯,第四版登载国际电讯及本市新闻,注重新闻的翔实、迅速和简要;开辟多种小品文专栏,如"政海秘闻""社会珍屑""舞国佳话""肉市杂谭""茶室风光""学府新语"。总之,秉承复刊初期的办报理念,《晶报》加强了内容趣味化的力度,并对小品文字进行了更加细腻的分类。此时,《晶报》的办报思路更加明晰,即依赖新闻和小品文,极力突出趣味性。自言论专栏"晶语"在1938年4月因租界新闻检查被撤销之后,《晶报》更加强化了这一办报思路。显然,像"肉市杂谭""茶室风光"这类专注娼妓生活的专栏是完全不会出现在《立报》的版面上的。

1938年5月,《晶报》明确提出了"两化"的办报方针,这就是"小报大报化"和"新闻趣味化"。① 这既是《晶报》对复刊后前四个月办报活动的理论总结,也是为今后报纸的发展指示方向。最早明确主张"小报大报化"并成功实践的是成舍我于1935年9月创刊的《立报》。成舍我早已深知小报以营利为唯一目的、以迎合读者的低级趣味为追求的痼疾,他创办的《立报》紧贴现实,把办报宗旨与民族危机和国家命运联系起来,成为"小报大报化"的典范。在"小报大报化"的过程中,《立报》形成了这样一些特点:报幅小型,以大报的格局安排版面,以"精编"的方法组编稿件,实行"报纸大众化"和注重副刊等。② 朱虚白则力图把《立报》的办报理念贯彻到《晶报》当中,但又照顾《晶报》追求趣味性、娱乐性、贴近日常生活的传统。

"小报大报化"与余大雄的"大报小办"的办报理念正好相

---

① 《本报公开征稿》,载《晶报》1938年5月1日第二版。
② 吴廷俊:《中国新闻史新修》,复旦大学出版社,2008年,第267、268页。

反,但两者都代表了近代上海报纸发展的理性选择。"大报小办"是余大雄在大报普遍沉闷、了无兴味的1920年代初提出的,它强调内容的驳杂和趣味、笔法的生动和泼辣,主要针对大报的弱点进行差异化竞争,刷新了传统小报的办报方向。成舍我提出的"小报大报化"恰恰是针对小报眼光琐碎、趣味低级的痼疾所进行的一次矫正,其特点是办报宗旨纯正,顺应时代潮流,关注国家和民族命运。[①] 这样看来,报纸不过是时代发展的产物,谁感知了时代的脉搏也就抓住了读者。《晶报》在1920年代的成功和《立报》在1930年代的成功都验证了这一办报规律。当时的《晶报》曾经引领一代报业风尚;而今作为落伍者,它又为《立报》倡导的报业风尚所引领。

"小报大报化"是《晶报》复刊后的一次转型,但显然又是不完善的。由于过分强调趣味性,《晶报》的趣味性越来越趋向低级庸俗,格调日见低下。这样,在《晶报》上就出现一种颇为奇特的现象:政治、军事、经济等严肃新闻与冶游、秘辛、琐闻等色情、无聊、休闲文字各自占据一定的版面,并驾齐驱。应该说,《晶报》的商业性迫使其把趣味性牢牢控制在自己手里,因为它带来的是刺激销量的即时效应。这就决定了《晶报》的革新不是与从前作断然的诀别,而是不彻底的转型,它没有与低级趣味一刀两断,反而背负起这个历史负担。但另一方面,"小报大报化"又必须按计划推行,其效应虽然是远期的,但也是巨大的、诱人的,这样就形成了严肃内容与低级趣味并存的分裂状态。其实,趣味性已经对"大报化"造成了干扰,使得革新只是停留在内容

[①] 这是《立报》称自己是"小型报"而不是"小报"的主要原因,《立报》的崛起使得"小型报"这个中性词获得了正面积极的意义,许多小报又开始自称"小型报"了。这是《立报》没有料到的。

格局这一层面,而对严肃纯正的格调无暇多顾了。《晶报》的"小报大报化"因此被扭曲了。

不管怎么说,革新后的《晶报》发展势头强劲。1939年2月6日《晶报》宣布:"本报兹因销数激增,广告拥挤,决定自二月十九日起(即阴历元旦)扩充篇幅,增加一全张。原有新闻地位将增一倍,小品文字益求充实。关于政海内幕、社会新闻,以及电影、跳舞、妇女、戏剧等含有时间性与趣味化之稿件或照片,一律欢迎投稿,报酬从丰。"①《晶报》打算从四版扩至八版,增加新闻版和小品文的篇幅。

然而,一次变故使《晶报》的革新戛然而止。就在2月6日凌晨,《晶报》"第二、三版主任编辑"②钱华突遭枪杀身亡,使《晶报》的编辑工作顿时陷入停顿之中,不得不宣布"本报因主持无人,明日(八日)起暂行停刊"③。钱华早年留学日本,日语娴熟。归国后入北平燕京大学新闻学系学习。先任天津《庸报》总编辑,后为张竹平推荐任《申报》记者,编辑电讯,后兼任《晶报》撰稿人。《晶报》在报道钱华被杀事件时对其死因进行了推测:"廿六年夏间,中央党部曾谓其有亲日嫌疑。经星夜赴京,谒方希孔(治)部长解释而止。'八一三'前,日本新闻记者时有赴《申报》

---

① 《本报扩充篇幅征求文稿启事》,载《晶报》1939年2月6日第四版。
② 钱华时任"第二、三版主任编辑",这是《晶报》报道钱华被杀时的表述。但根据整个事件推测,钱华应该是担任《晶报》主笔,统领编辑事务,而《晶报》前任主笔朱虚白已经脱离《晶报》。《奋报》也说钱华是《晶报》总编辑。参见玖君:《报人外史(七七) 金戈将军钱华》,载《奋报》1939年8月28日第四版。至于这一时期的钱芥尘,他名义上是主持《晶报》,但可能很少管理馆务。有资料称:"为了摆脱汉奸的纠缠,钱芥尘在1938年春夏之际,特意于《申报》上刊登闭门谢客的启事。"参见关林:《钱芥尘其人其事》,载李果:《海上文苑散忆》,上海人民出版社,2006年,第131页。
③ 《本报启事》,载《晶报》1939年2月7日第一版。

访之者,引起流传,殆由于此耶?"①在《晶报》看来,钱华或因"亲日"而遭杀身之祸。在1930年代前期,钱华发表的评论的基本立场是抗日的。但根据《救亡日报》报道,钱华在后期确已投敌,任伪上海新闻检查所所长,在国民党的锄奸运动中被打死。②这与钱华赴京解释可以相互印证。

报人徐铸成回忆:"原《申报》记者钱华,大概也是落入人贩子(指诱人投敌的汉奸——笔者注)的罗网吧,当上了《神州日报》的总编辑,上'任'不到一个多月,就被打死在该报门前。"③这里有两处不确。一是钱华担任的是《晶报》主笔,而非《神州日报》总编辑。二是钱华是在从寓所前往晶报馆的路上(即跑马厅路)被杀的,还没有到报馆。④

二、"两化"办报方针的推进与退缩

由于钱华被杀,《晶报》被迫在1939年2月8日遽然停刊,扩版计划即刻夭折。钱芥尘与蒋旭初商议,将《晶报》改组为股份公司,钱芥尘为中国股东之一⑤,由美商A. L. 特奥多罗担任

---

① 《跑马厅路枪杀案 钱华昨晨遇害 身中五枪均系致命伤》,载《晶报》1939年2月7日第四版。按:方治,号希孔,时为国民党中央宣传部副部长。
② 《孤岛的锄奸运动》,载《救亡日报》1939年4月21日第三版。
③ 徐铸成:《报海旧闻》(修订版),上海三联书店,2022年,第337页。按:学者徐忍寒在谈到《申报》记者金华亭之死时,引用他人的话说:"金有重庆政府背景,《申报》另一记者钱华有敌伪背景,与金对立,先遭枪杀而死,杀金可能是敌伪报复。"参见徐忍寒:《〈申报〉七十七年大事记(一八七二——一九四九)》,载《上海地方史资料》(五),上海社会科学院出版社,1986年,第33页。
④ 关于钱华被杀的经过,《申报》进行了较为详尽的报道。参见《本报记者钱华昨遭狙击身死》,载《申报》1939年2月7日第十版。
⑤ 《钱芥尘启事》,载《晶报》1940年2月12日第一版。

发行人。① 1939年4月21日《晶报》复刊,《晶报》在第一版刊登了一则《本报复刊小启》:

> 本报自四月廿一日起,由美商 A. L. Teodoro 君为发行人,彻底改组,用于今日复刊。今后本报有二大蕲向:促进东西两大民主国亲密携手,谋太平洋上之集体安全,以求民治思想益臻实现,此其一。造成健全正大之舆论,取公开态度,为大众喉舌。凡有专著、小品、新闻、趣事,靡不虚心采纳,而于解除民生疾苦,增进人群福祉,尤致意焉,此其二。谨布区区,诸希明鉴。

《晶报》由原来关注国内现实的"天神驱逐恶魔"的理想追求,转向关注亚太地区的"集体安全",同时谋求"正大之舆论""为大众喉舌",宗旨不可谓不宏伟。然而,从《晶报》此后的表现来看,是不符合的。论新闻,主要转载国外通讯社的电讯稿,从中立的报道中传达一些爱国倾向。论言论,则付之厥如,迫于政治压力,《晶报》早已将容易招惹是非的言论弃之一边,"造舆论""为喉舌",更无从说起了。如果说《晶报》以前还明确地站在抗日爱国的立场上,那么,此时的《晶报》已经隐晦得多了。不言不语、不偏不倚成为其生存法则。看来,这个"小启"的用意不过是《晶报》向社会各方政治势力宣告其美商背景,以保护自己免受侵扰。其实,这时的《晶报》更着意的是能否打动读者的三件东西:小品文、新闻和趣味性,这是它生存的根本。读者的需求是多元的,既然抗日爱国、维护民族利益、战争中的民生状况这些

---

① 须弥:《〈晶报〉小史》,载《今报》1946年6月15日第二版。

主题被政治环境挤压掉了,剩下的就只有安全且有趣的小品文了,它的确能够满足读者逃避现实、自我麻醉、打发时间的心理需求。这也难怪在国势蜩螗的上海洋场,娱乐业依旧长盛不衰了。

《晶报》曾因销数激增打算从1939年"二月十九日起,每日发刊两全张"①,即八版,这是《晶报》办报史上一次雄心勃勃的扩版计划,但因钱华被杀而中断。此次《晶报》甫复刊就付诸实施了:第一版至第四版为新闻版,主要刊登战事新闻、国际新闻、国内新闻、本市新闻、社会新闻等,第五版为副刊《文化营》,第六版和第七版主要登载小品文,第八版为副刊《影城》。小说和广告则穿插在不同的版面。版面多、内容丰富、种类齐全,这是《晶报》追求"小报大报化"的再一次努力。《文化营》的创设表明《晶报》还试图在提升报纸格调上有所突破。

1939年6月1日,《晶报》应读者"扩充六、七两版小品栏,恢复《晶报》固有特色"②的要求,取消"曲高和寡"的第五版副刊《文化营》,增刊小品文。《晶报》尝试向"阳春白雪"的领域拓进,但终因必须迁就读者低下的阅读兴趣而半途而废。《文化营》仅仅存在了一个多月的时间。这是《晶报》在"小报大报化"进程中遇到的第二次挫折(第一次是言论专栏"晶语"被租界当局撤销,只存续了三个月时间)。可能在《晶报》读者看来,《晶报》尝试突破就是脱离"正轨",他们已经对《晶报》形成了固定的定位,不容许《晶报》"轻举妄动"。我们试以改版前后的版面作一比较,就可以发现《晶报》对读者阅读喜好的迎合。

---

① 《本报发行部启事》,载《晶报》1939年2月6日第四版。
② 《本报扩充小品栏启事》,载《晶报》1939年6月1日第一版。

以1939年5月8日第五版为例(见图6-4),内容包括:《谈公主》,讲述清朝公主所受到的崇高礼遇和管家婆对她的严厉管束,属于历史知识;《诗经话绎》连载的是《诗经》译文,词句浅近而优美;《伊朗的国王》是翻译作品,连载伊朗国王治理国家的方略;《一个街头的女人》介于纪实和小说之间,讲述作者遇到的一个在街上第一次乞讨的女人;《爱国志士》是赛珍珠的长篇小说;最后是已故《晶报》撰稿人袁寒云的手迹。改版当日(1939年6月1日)的版面内容则有:《苏联军事技术的发明》由苏联征求军事技术发明讲到德国的杀人武器,最后由远及近说到中国科

图6-4　《晶报》1939年5月8日第五版副刊《文化营》

学技术人才短缺;《闽中三子》简述三个福建籍人士即国民政府主席林森、文官长魏怀和上海海关职员子范之间的友情和早年生活经历,大多为位高权重的名人;《经济家的蒋总裁》讲述蒋介石生活清苦,对军事开支精打细算,明察秋毫,杜绝一切奢侈浪费;还有袁寒云的手迹、骑郎的诗《梦影征尘录·春游感旧》以及连载小说,如赛珍珠的《爱国志士》、天笑的《新上海春秋》。比较而言,后者多为小品文字,内容切近现实生活,多涉名人逸事,内容通俗,行文活泼,更适合一般市民读者的阅读喜好。商业性的报纸在读者的需求面前很难固执己见,余大雄以前改三日刊为日刊就是如此,此次取消副刊《文化营》也是如此。这也暴露了《晶报》编辑方针的模糊摇摆和格调的混杂。

1939年9月3日,《晶报》奉工部局警务处命令休刊,近一个月之后又于10月6日提前复刊,同时取消第八版副刊《影城》,改为小品文字和小说。① 虽然《晶报》储备了一定量的纸张,以备长期之用,但鉴于战争形势对纸价的影响,这一次未雨绸缪,缩减版面,于16日由原先的八版减至六版。但为了不过于影响版面容量,采取了一些补救措施:一是取消中缝广告以及版面外侧的四条标语,版口放宽达二十行以上;一是废除铅条,减去空白四分之一以上,这样"篇幅虽云减少,质量反见增加"。② 版面调整如下:第一版至第三版仍为新闻版,第四版和

---

① 《申报》报道了《晶报》休刊和复刊的原因:"本报(《晶报》)前因民食问题,误载投稿何德奎先生谈话,奉警务处属令停刊两月。本报以职工之生计堪虞,读者之责难备至,请求提前复刊。幸邀贤明当局许可,用于今日复刊。"参见《美商〈晶报〉今日复刊》,载《申报》1939年10月6日第二版。
② 《本报改革版面启事》,载《晶报》1939年10月16日第一版。

第五版专登小品文和小说,第六版为副刊《戏刊》。

1940年3月21日《晶报》再次调整版面:将版数由六版减至四版,同时撤销电讯版,扩展小品文和长篇小说,一如初创时的版面格局。《晶报》仿佛从终点又回到了起点。① 《晶报》在《本报恢复原有体裁小言》中道出了原委:

> 本报同人束发受书,知丹素之辨,明夷夏之防,只以喜亲翰墨,雅集同文,不忍二十二年历史悠久之本刊,废诸一旦,故自客岁四月美商经营以来,日皆搦管成数千言或数百言,白纸黑字,无可磨灭,知我罪我? 自有公论。
>
> 今世局玄黄,瞬息万变,而本报撤除新闻电讯三版,说者谓等于"大开倒车",若知事实上之种种困难,则读者不难会心微笑,相喻无言。深夜电讯,每至次晨三四时,自备印刷,具轮转机者,可以胜任愉快,本报以平版印刷,截稿提前,挂一漏万,所在多有,此时间上之困难一也。
>
> 纸价高昂,欧战未已,较诸客岁四月,上涨五倍以上,本年三阅月,损失达数千金,悉索敝赋,其何持久? 且大报之新闻网一项,月费数千金,螳臂当车,徒供嗢噱,宁为鸡口,毋为牛后,此经济上之困难二也。
>
> 本报夙以小品文字、长篇小说,为读者所称许,用是毅然决然,还我本来,益当奋勉前修,不坠声誉,硁硁之愚,惟

---

① 《晶报》体裁和内容的变动大体分四个阶段:小品文、评论、新闻、长篇小说(1919年3月3日至1937年12月25日)—新闻、电讯、小品文、长篇小说(1938年1月19日复刊至1939年2月7日)—新闻、电讯、小品文、长篇小说、副刊(1939年4月21日复刊至1940年3月20日)—小品文、长篇小说(1940年3月21日至5月24日)。

垂察焉。……①

《晶报》的"小报大报化"以失败而告终。《晶报》早在余大雄主持的晚期曾经改三日刊为日刊,这是《晶报》"小报大报化"的序幕,但由于余大雄视野狭窄、行为保守,未能善始善终。《晶报》在朱虚白(后有钱华等)担任主笔时期明确提出"小报大报化"的办报方针,可以看作此前"小报大报化"的赓续。但由于《晶报》长期以来形成的办报传统和读者定位,朱虚白只能有所保留地推进。他的革新是浅层的、浮表的,如刷新内容、扩充版面、设置特刊等,没能在革新的深层方面有所突破,如代表舆论、提高格调等。对于后者的意义,此前的余大雄看到了,没有做,而朱虚白看到了,也努力了,但也是有始无终。租界政治势力的压迫和读者市场的压力就像一张紧缩的罗网,是《晶报》所无法冲决的,而《晶报》"小报大报化"的理想却在罗网之外,因此它的任何努力都充满了不确定性。

第二节 《晶报》的自救与困境

因为借鉴了《立报》的成功经验,这一时期《晶报》的经营活

---

① 《本报恢复原有体裁小言》,载《晶报》1940年3月21日第一版。按:据钱芥尘多年后回忆,《晶报》恢复小品文字其实别有隐因:"当敌伪嚣张之时期,(《晶报》)获言论报国之机会,终以廿八年六月九日揭载国府命令通缉汪逆精卫全文(原文为《国府明令缉汪　依法惩办以肃纪纲》——笔者注),同年十月十日揭载蒋委员长国庆日告全国同胞文,暨同日国府宣言全文(即《蒋告全国同胞文》和《双十节国府宣言》——笔者注),触犯时忌,不可终日,迫不获已,删除电讯,只刊文艺。"参见须弥:《〈晶报〉小史》,载《今报》1946年6月15日第二版。

动非常活跃,不少做法可圈可点,经营状况也渐有起色。然而,租界经济形势的恶化,使《晶报》办报成本骤然增加,《晶报》再陷困境。尽管《晶报》倾力自救,但已无回天之力。

一、扩大销量和征求广告

为了让读者重新认识自己,《晶报》在 1938 年 1 月 19 日复刊时在报侧打上两句口号:"本报忠实报道新闻,说人人要说的话,文字浅近,趣味浓厚,是最平民化的刊物"和"本报具有二十年的历史,是小型报纸鼻祖,销路普遍全国,刊登广告最有效力",宣传自己的报道原则、内容特点、立场和风格、历史地位以及广告效力,同时将"定报价格"和"广告刊例"由以前的报眼位置移到第二版和第三版两侧。为了增强广告效果,一直刊登到 1939 年 9 月才停止。以后在征求订户时,《晶报》一再强调自己的内容特色和悠久历史,如"革新伊始,销数日增;新闻报道,迅速正确;特殊消息,层出不穷;副刊文字,篇篇名作;体育纪载,别创一格"①。用词严整,朗朗上口,很具有煽动性。又有,"积二十年经验,集第一流作家,储大报之精华,居小报之皇座。已订阅大报者,不可不看《晶报》,未订阅大报者,更要一看《晶报》"②。将自己与大报比较,极力突出购阅《晶报》的重要性,构思奇巧,独具匠心。这与《立报》的"只要少吸一枝烟你准看得起,只要略识几百字你准看得懂",真有异曲同工之妙。

为了调动读者订阅的积极性,《晶报》想方设法减少读者在

---

① 参见《晶报体育特刊》1938 年 4 月 3 日第一、四版中缝。
② 参见《晶报》1938 年 11 月 30 日第一版。

订阅过程中可能遇到的麻烦。例如,"本报革新伊始,征求直接定户,用专差送报,每晨七时半前准可送到府上。报费先惠,每月四角,三个月一元。来函或电话订阅,翌晨即当奉呈不误"①。打电话就送报到家,可谓无微不至,这样的服务态度不能不令读者为之一动。

《晶报》在征订时,还不时赠送精美日历、挂历等物品。比如,"即日起,凡订阅本报三个月者,赠送乙种民国廿九年精美日历一份。半年者,甲种一份。因成本超过去年四倍以上,故除订阅诸君外,余皆恕不赠送"②。但赠送也很讲技巧,不是一视同仁,而是通过区分订阅还是零购、订阅时间长还是短,来确定赠送的方式,目的只有一个,鼓励读者成为长期订户。这些物品对报馆来说所费不多,但对订户来说却是订报的奖赏或者相当于报价打折,会起到刺激作用。以《晶报》1938年11月30日一则针对本地市民的征订广告为例,专人送报一元钱可看三个月,而送一幅挂历值洋三角,那么等于看三个月的报纸,大约有一个月是免费的,这对读者来说是有一定的诱惑力的。

有时,《晶报》也会对上海周边订户直接进行优惠促销:"自即日起,征求按日邮寄订户一千份,特别牺牲五个月,仅收报费壹圆,当日中午必到。直接订户,仍为三个月壹圆,专差于晨七时半前送到。"③按照《晶报》的报价,外埠订阅三个月应收一元四角,现在减为一元,比赠送挂历还要实惠,但规定只优惠五个月,限于一千个订户,激发读者抢先订阅的热情。类似的还有:"本报兹定二月十九日起,每日发刊两全张,为优待读者起见,在

---

① 《本报征求定户》,载《晶报》1938年1月20日第二版。
② 《本报赠送精美日历》,载《晶报》1939年11月22日第一版。
③ 《〈晶报〉增刊两大名著》,载《晶报》1938年8月20日第一版。

增刊期前直接订阅本报,仍按向例每月洋四角,三个月洋一元,此系特别牺牲,以一千份为限。增刊后报费当酌为增加,请爱读本报者注意为幸。"①

当时的读者对小说等文艺作品颇感兴趣,"至如小报最靠撑持门面,充塞篇幅,而引起读者天天连续不断读去的魔力,要算小说"②。尤其是在时局动荡时期,人们把小说当作恐惧和无聊生活中的消遣之物,因此,《晶报》有时会同时连载几部小说。《晶报》利用读者的阅读喜好,常常在征订广告中预告即将连载的小说篇目,特别强调是名家名作、新作,以引起读者的注意。比如:"本报除原有包天笑先生之《新上海春秋》,张恨水先生之《征途》两大杰作外,兹定二十一日起增刊捉刀人王小逸先生之《今杂事秘》,旖旎风光,无事不艳,徐卓呆先生之《一重天》,全部以李阿毛为题材,滑稽笑梯,引人入胜。先此露布。"③以色艳和滑稽为卖点来打动读者。又如:"张恨水先生以善写社会小说,推为第一流作家,惟武侠小说,尚不多觏。本报今得其精心杰作《新游侠传》,足以鼓舞民心,发扬民气。自十二月十五日起刊载第三版,爱读恨水先生说部者,幸注意焉。"④

《晶报》还有一种扩大销量的办法,就是设置"医务问答"栏和"法律问答"栏,请有关专家为读者答疑解惑。这本是为读者服务的好事情,但《晶报》又规定"为限止起见,来函须剪附'医务问答'(或'法律问答')四字方为有效,否则恕不作复"。而这四个字又只能从《晶报》上裁剪下来,这实际上是一种变相的推销

---

① 《本报发行部启事》,载《晶报》1939 年 2 月 6 日第四版。
② 佩珍女士:《上海小报的总观察》(下),载《福报》1931 年 4 月 22 日第二版。
③ 《〈晶报〉增刊两大名著》,载《晶报》1938 年 8 月 20 日第一版。
④ 参见《晶报》1938 年 12 月 4 日第四版。

手段,也就是以特色内容吸引读者,从而推动读者购买报纸,这与以名家小说招揽读者在本质上是相通的。

《晶报》对报纸的推销是不定时的,但临近年底就加强了广告的力度,以加深读者的印象,比如"积二十年经验,集第一流作家"那则广告就从当年11月30日连续刊登到12月3日为止。

《晶报》早在复刊之日就宣扬自己历史悠久、销路广泛、广告效力好,这个自我宣传的广告连续刊登了一年多的时间,以起到持续推动销售的作用。《晶报》的广告主要有食品、药品、燃料、鞋袜、布料、酒楼、茶室、行医、按摩、回力球、电器、脚踏车、文具、戏剧、电影、报纸、书籍、商店、百货公司,等等,都是一般工商企业、影剧院和个人刊登的广告。与复刊之前集中刊登不同,这些广告都被安排到中缝和各个版面之中,置于版面的周边,与其他文字一起编排,这样增加了广告被注意的频度。为了广开财源,容纳更多的广告,《晶报》在中缝区域开辟小广告栏,每方广告可刊登一百二十八个字,每方定价一元。为了让广告客户知道一方的面积大小,《晶报》还在相应的位置用方框展示出来。总之,尽可能为广告客户提供更加便利的服务。《晶报》的广告销售业绩在1938年和1939年的大部分时间应该是不错的,它曾经于1939年2月因"销数激增,广告拥挤"计划扩版,虽然因一次变故而中止,但同年4月还是圆满完成了。只是到了下半年,《晶报》开始缩减版面,广告也就随之减少了。

二、经济形势恶化与《晶报》再陷困境

《晶报》此次复刊伊始,在内容上不断革新,尽可能适应读者的阅读趣味,加上报纸征订做得有声有色,广告销售好,因此,经

过1937年的低谷之后,《晶报》经营状况终于开始回升。但好景不长,到了1940年,受国内经济恶化的影响(与"八一三"事变后相似),《晶报》亏损严重,入不敷出。

由于资料有限,我们只能通过一些间接材料来探知《晶报》当时的经营情况。1938年2月《晶报》刊登了一则启事:"本报复刊伊始,销数激增,刊布消息,力求迅速正确,并无发行号外等情。兹查不肖之徒,利用本报声誉,于本报英文报名旁擅印'号外'木戳,在市上喊售,殊为可恶。本报除已依法究办外,特郑重声明,爱读本报者幸勿受欺。"[1]看来,《晶报》销售畅旺,颇受读者欢迎,甚至有人为了谋利以旧报充号外欺骗读者。3月,《晶报》宣布取消红色报眉,"迩因销路大增,印刷需时",这时又有人像上次一样假冒《晶报》的号外。[2] 4月,又出现了类似情况,与上次指为不肖之徒利用本报声誉赚钱不同,这一次《晶报》认为有人"实属故意毁坏本报声誉"[3],是竞争对手使用卑劣手段进行恶性竞争。所谓"堆出于岸,流必湍之",现在的《晶报》成为其他小报防备的对象。20年代的《晶报》也有类似的遭遇,那时小报采取的方法就是与《晶报》开笔战,刺激自己的销售。

1939年2月4日,《晶报》通知投稿者:一月份稿费已结出,请自即日起至本月十日止,每日下午二时至四时,携带印鉴,前来本馆领取。《晶报》的资金结算及时,并且能够在月初就将上月的稿酬结清,说明《晶报》的财务状况良好。而且,因为"销数

---

[1] 《本报紧要启事》,载《晶报》1938年2月28日第二版。
[2] 《本报取消红色报眉启事》和《本报并未发行号外启事》,载《晶报》1938年3月12日第一版。
[3] 《本报紧要启事》,载《晶报》1938年4月10日第一版。

激增,广告拥挤"①,《晶报》这时决定扩版了,《晶报》的努力得到了即时的回报。

但是,租界恶化的金融环境使报业等行业深受拖累。由于历史原因,租界实行多种货币同时流通的制度,这样加剧了租界社会投机囤积之风,通货膨胀日趋严重,物价飞涨。从1937年6月至1941年12月,上海物价指数上涨了15倍,亦即币值从一元降至六分三厘。② 从1940年年初开始,《晶报》的经济形势就急转直下,最大的问题就是纸价飞涨,导致经营成本骤然增加。《晶报》长期用大洋交易,而现在时而用国币交易,时而有法币交易。为了应付财务危机,《晶报》不得不采取措施,进行紧急应对。2月14日增加报价,每份售法币四分。3月21日取消第一版、第二版和第三版新闻电讯,由六版缩减为四版,全部刊登小品文字。这样,一可以减少纸张的用量,二可以节省电讯费用,因为"大报之新闻网一项,月费数千金"。

从这三个月的收支和盈亏情况看,"纸价高昂,欧战未已,较诸客岁四月,上涨五倍以上,本年三阅月,损失达数千金"③。在广告方面,根据随机抽样统计,1939年2月7日为27条(共四版),4月21日为32条(共八版),6月1日达33条(共八版),9月2日为28条(共八版),10月21日为20条(共六版)。比较来看,1940年1月15日只有15条广告(共六版),3月18日有16条(共六版),3月21日为18条(共四版)。总体看来,广告的数量在不断减少。虽然广告收入是依据广告数量、广告面积和广

---

① 《本报扩充篇幅征求文稿启事》,载《晶报》1939年2月6日第四版。
② 熊月之、周武:《上海:一座现代化都市的编年史》,上海书店出版社,2007年,第414页。
③ 《本报恢复原有体裁小言》,载《晶报》1940年3月21日第一版。

告位置来计算的,但从广告数量至少可以推测广告收入的一般走势。也就是说,《晶报》的广告收入在这三个月大致呈下滑的趋势。另外,版数不断缩减也间接反映了《晶报》的营业状况持续走低。1940年4月24日,《晶报》再次发布涨价启事:"兹因纸价飞涨,漫无止境,亏累既巨,维持为难,现经同业公议,决定于本月今日起,增加批价一分,零售每份概售国币五分,借资挹注,事出无奈。"①《晶报》的经营状况几近崩溃,《晶报》已经走到了山穷水尽的地步。

第三节 《晶报》的运营与色情文字

色情或曰色情文化这个概念在不同的时代、不同的社会,内涵是不同的,要对它进行界定非常复杂。根据当今学者的观点,色情文化最显著的特点就是淫秽性,即生动、直观地表现性征、性行为、性生活,使人获得的不是性爱的美和爱情的高尚,而是肉欲的引诱和色情的挑逗。质言之,不管色情文化采用什么形式,都是通过大量刺激感官的色情内容,极力宣扬欲望享乐、肉体享受并将其作为人生的追求目标的。② 彼时的报人通常把反映妓女的日常起居、逸闻小史和报人的冶游经历的文字称为"花稿"。在上海租界,娼妓业虽然几经废禁,但还是一个被官方承认的行业,因此花稿也就具有了存在的合法性,没有成为官方取缔的对象。即便如此,如果花稿描写失度,也可能被法院以"文

---

① 《本报增加批价一分启事》,载《晶报》1940年4月24日第四版。
② 李锡海:《色情文化的特征及其泛滥的成因和对策》,载《济南大学学报》(社会科学版)2007年第2期。

字秽亵""妨害风化"为由予以判罚,这时花稿也就成了报人所说的"色情文字"①。以性交易为主要特点的娼妓业本身就是花稿滋生的土壤,花稿大行其道,又对娼妓业起到推波助澜的作用,而不少市民的日常生活和社会交往又是与娼妓业紧密相连的,因此花稿也就有了广阔的市场。

人们常把上海小报称作黄色小报,主要还是因为小报连绵不绝的色情文字,表现在:一是不少小报创办时就沿袭晚清小报的办报路径,与妓界和伶界等娱乐界结下不解之缘,把当时上海租界畸形发展的娱乐业作为自己关涉的对象;二是在1920年代后期曾经出现过一种格调更为庸俗露骨的小报"横报",以骆大荒的大谈吃喝嫖赌之经和两性生活之事的《荒唐世界》为始作俑者,为社会所不齿。以前者而言,小报登载风花雪月的内容非常普遍,几乎伴随小报存在的整个历史,持续时间长。阿英论及晚清小报有言:"如果不谈这些'风月''勾栏',这些小报在当时就不会存在了,就失去物质基础了。"②就后者来说,"横报"虽然只存在了半年时间,但秽亵低级,社会影响大。也正因为如此,人们就形成了小报等于黄色小报的片面结论。

综观小报的发展历史,小报之所以与色情文字不离不舍,说到底还是出于商业利益的考虑。每当营业不振,小报就会加入或加大色情内容;而一旦摆脱了危机,又会减少色情内容。不论如何,小报慑于社会道德和租界当局管制的压力,是不敢肆意妄为的,是克制的;但当小报跨越了公认的描写尺度,变得无所顾

---

① 本章所指的"色情文字"包括花稿和描写旖旎的色情文字(含小说),此外也将几乎无日不有的性知识文章涵括在内。为了行文的方便或指涉的具体,有时采用花稿的说法,有时采用色情文字的说法。
② 阿英:《晚清文艺报刊述略》,古典文学出版社,1958年,第50页。

忌时,说明这家小报已经走到了穷途末路,作最后的挣扎了。《晶报》的色情文字也经历了这样的过程。

一、江南士风对上海社会风气的熏染

小报刊登捧妓捧伶的文字并不是小报报人玩世不恭、无聊透顶一句话可以概括的,这是一个过于简单的结论。这实际上牵涉到江南(江浙一带)一种文化风习对上海的输入和上海商业化社会对这种风习的主角娼、优与文人名士关系的影响。

学者许敏对江南娼士结缘的文化风习进行了较为深入的研究。① 许敏认为,明朝时期,江南学风兴盛,读书人数众多,但由于录取比例的限制,每年能通过科举考试进仕的人数却非常有限。于是,江南士林设计了一条评价这些文人学士的学问和才华、以此博得社会声誉的民间标准,广受士林欢迎。一些人甚至恃才傲物,行为不羁,不屑于科举仕途。民间对这些才子名士也是宠爱有加,放纵他们的狂放言行。他们出入秦楼楚馆等社交场所,成为一个独特的社会阶层。娼妓结纳名士体现了社会礼遇才子的风气,娼妓也因与名士交往增加了自己的知名度。这些名士往往以惊世骇俗的言行哗众取宠,但他们终究是被政治中心边缘化的失意文人。事实上,他们唯一能去的地方也就是妓院了,他们只能耽溺其间,别无作为。于是,一些反映文人冶游生活的文学艺术作品大量涌现。一个值得注意的

---

① 此处参照了许敏的观点。参见许敏:《士·娼·优——晚清上海社会生活一瞥》,载《史林》1992年第2期。

现象是,有些作品将冶游作为一种风雅和文化来推崇,并且在社会上流行开来。这种风气后来被逃难的文人带到上海,一时称盛。

太平军攻占江南之后,江南的一大批文人名士和妓女都陆续逃到了上海。原先的高谈阔论在商业贸易发达的上海已无用武之地,这些落拓文人相继进入传教士开办的文化机构成为职业文人。后来,他们有的自办报刊和出版社,有的则成为自由撰稿人。这些文人虽然落难逃到上海,但江南的士风并没有被遗弃。他们经常在报纸副刊发表一些消闲文章,比如诗词、游记、小品等,其中,不少内容就是从前冶游文章的延续。报纸副刊成为这些文人展示才华、唱和酬答的园地。又有一些人办起专门刊登这类文章的消闲报刊,不久便为社会所接受。这些消闲报刊成为市民文化生活重要的载体和组成部分。

那些逃到上海的妓女出于营业的考虑,需要广告来推销,而与这些文人交往、被他们品评无疑是一个快速扬名的捷径。于是文人与妓女重续从前的江南娼士之好,狎妓冶游大行其道,捧妓文章也公然登上报纸版面,成为报刊一景。"以往被视为下流而多有所掩饰的嫖妓行为,现在却成了堂而皇之、公然无讳的家常便饭,甚而成为炫耀于人,以示时尚的事情。"① 妓女也因报刊的宣传成为新闻人物和社交明星。妓院成为社交场所,民间的社交活动也会请妓女作陪。虽然社会舆论不断予以谴责,但招妓风气是如此之烈,以至于欲洁身自好、不染其间已势不可能。②

---

① 李长莉:《晚清上海社会的变迁——生活与伦理的近代化》,天津人民出版社,2002年,第318—319页。按:像余大雄、张丹翁、钱芥尘、包天笑、毕倚虹等都有吃花酒、邀妓乘车兜风等类似的经历。
② 同上书,第320页。

这些现在看来荒唐堕落的行止在当时的上海却是市民见怪不怪的生活方式。招妓看戏是江南的遗风，传到上海则尤为炽烈。看戏不仅是一种文化娱乐，也是一种社会交往方式，同属娱乐业，如同娼与士的结合，伶与士也结合在一起，捧角的文章也盛行开来。

综上，报刊上出现捧妓捧伶的文字其实是当时一些报人、文人以及其他社会人士生活娱乐方式的一种反映。这样看来，花稿登上报纸版面并成为重要内容，是有一定的历史文化根源的。

二、《晶报》色情文字的流播

《晶报》从办报之初就开始登载花稿，讲述冶游见闻，报道花界消息，刊登妓女照片，等等。在《晶报》看来，花稿不过是供文人附庸风雅、娱情遣乐的文字，完全是一种文人的风尚，并没有什么功利性，"花丛纪事，本为文人好事而作，随手招来，原不至于有伤风雅"，"仅清谈遣兴而已，绝不羼有半点尘垢"。也正因为如此，《晶报》指斥"一般冶游子，每好借此兴风作浪，飞短流长，以快一己私意"[①]，说他们记载失实，违背了撰写花稿的"纯正"动机。这正与《晶报》成为"海内名士的机关"和"会文俱乐部"的初衷是合拍的。当然，花稿的撰写不能随心所欲，关键是尺度的把控，虽然狎妓冶游是一种司空见惯的社会现象，但如果在记载上任由笔管驰骋，突破了一定的界限（尽管此界限并无统一标准），就可能招致当局的惩罚和社会的谴责。张丹

---

① 马二先生：《〈晶报〉纪念号述旨》，载《晶报》1920年3月3日第二版。

翁写花稿就很有技巧，"（丹翁）固最善撰秽亵记事者。他人所记，不免贻有伤风化之讥，甚且被控罚金。丹翁乃能运其想入非非之笔，以极深奥曲折文字，描写不堪形容之异闻。……而丹翁文字，曾未撞祸，亦见丹翁笔墨之妙"①。而亭云撰写《续鞭记》就因"文词猥亵"被公共租界捕房刑事稽查科向会审公廨指控。②

对于《晶报》刊登花稿，也不是没有读者提出异议，但《晶报》的解释是："别的报纸为什么要登新闻，你必说，是因世界有新闻的了；我也说，登花事，也因社会有花事，并未尝禁花事，我并还要怪别的报纸为什么独不登花事。"③《晶报》并不想对花事的合理性作道德上的深刻思考，只想表明：花稿不过是对现实生活的一种反映罢了，没有什么不妥之处。而马二先生对花稿的态度是：不反对但又认为不能囿于这些内容，报纸不能只做"会文俱乐部"，应该首先凸显社会价值，次之兼顾自娱自乐。"报虽小，亦要多少与社会上有些关系，勿只谈花事，勿只评谭调、论梅腔，勿为某伶某娼作个人机关，勿只争笔墨意气。"④

如果说《晶报》早期的花稿还发挥着文人娱情悦性的功能，到了后来就日渐走向商业化了。有报人在谈论《晶报》时就说：

---

① 镇冠：《回忆张丹翁先生》（七），载《晶报》1937年11月9日第二版。
② 参见亭云：《续鞭记》，载《晶报》1925年3月27日第二版。按：关于该诉讼的报道，参见《本报控案纪实》，载《晶报》1925年5月18日第二版。此案由毕倚虹（振达）任辩护律师，最终公廨"查核《续鞭记》虽不无有猥亵之嫌，但尚无显著之猥亵文词，从宽开释"，免予处罚。
③ 丹翁：《答客问》，载《晶报》1919年11月3日第二版。
④ 马二先生：《北京的小报》，载《晶报》1920年12月12日第二版。按：此处"谭调""梅腔"分别指京剧名家谭鑫培和梅兰芳；"笔墨意气"是指1920年由《晶报》内部引起的关于戏剧的激烈笔战。

"现在各小报的趋势,每期必要刊上一二则花界新闻,一二张妓女照片,因为要采访这种新闻,要搜罗这类照片,所以一报馆里,多少有一二个人常常出入妓家。"①这一方面说明花稿拥有稳定的读者群,因为这正是他们每日经历或目睹的社会生活的写照,同时也适应了他们偷窥名人明星及其隐私的心理;另一方面,也说明小报对读者趣味的竭力迎合,因为读者的喜好就意味着持续的收益。

为投读者所好,《晶报》经常派人采写花稿。"《晶报》上花稿下的署名,终是'傍花'两字。有人说是余大雄做的,实在这一个是共用名字,凡是《晶报》记者,任何那(哪)一个人做的花稿,都署名为'傍花'。不过现在几期,花稿之下,不一定署'傍花'了,以'神雷'之名为多。'神雷'何人?……就是陈孝威(余大雄的亲戚——笔者注)的化名,他是常常出入堂子,对于妓界方面,非常熟悉。"②"陈孝威交游很广阔,也是花丛中的健将,在《晶报》也有一部分势力。他所做东西,极合小报笔路,清利宛转,还受读者的欢迎。"③此外,撰写花稿的还有刘天倪、毕倚虹、姚民哀等。

纵观《晶报》的发展史,其色情文字呈现阶段性特征。

一是自1919年3月创刊至1937年12月休刊期间,《晶报》的花稿较为繁盛。关于娼妓的纪事或品评包括外貌仪态、才艺性情、待客接物、身世行踪、评花选艳、法律诉讼、争风吃醋,等等。如下文对于外貌仪态的描绘:

---

① 林华:《上海小报史》(六),载《福报》1928年6月7日第二版。
② 同上。
③ 林华:《上海小报史》(五),载《福报》1928年6月4日第二版。

妩媚家有二姝，一老七，一老九。九以静逸胜，七以玲珑胜。以诗相拟，九如东野，七似玉谿。以画论，九如八大山人，七则近乎石谷。北里游冶，多好通脱，则七固优于九也。且七富肉感，竟体腴艳，前凸若蟠桃之初熟，后俊若垂柳之微飏。国人审美观念，今与昔异。昔主纤秀，故必缠足，作楚楚可怜之态。今则于袅娜中，须具有英隽之气。当其相接，玉软香温，非向之画上美人所可同日语矣。……①

《晶报》也有几次因过事描摹、语涉猥亵被科罚（当然只是被官方查处指控者）（见表6-1）。余大雄深望以后不再有秽亵文字"重渎诸公之观听"了。② 这时正是《晶报》的上升时期，余大雄还没有销量焦虑。

表6-1 《晶报》早期被指控的色情文字

刊登时间	刊登文字及其作者	指控理由	判决结果
1919年7月24日	《花国总理行香》③ 作者：护法军	语涉秽亵	科罚二十金
1919年9月12日	《爱克司光录》（小说）作者：李涵秋	登载秽亵文词	罚银饼三十

---

① 无净：《媚眼轻抛向九微》，载《晶报》1930年1月24日第三版。按：东野即唐代诗人孟郊；玉谿即唐代诗人李商隐；八大山人即明末画家朱耷，以花鸟画著称；石谷即明末清初画家王翚，工山水画。
② 大雄：《编辑纪略》（二十），载《晶报》1922年5月12日第三版。
③ 原文标题文字难以辨认，此处根据报人回忆修正。

续　表

刊登时间	刊登文字及其作者	指控理由	判决结果
1920年12月18日,1921年1月21日和30日	《宝盖图宫秘史》(小说) 作者:朦嫒	登载秽亵文字	罚金四十元,三日存报由捕房销毁
1923年12月21日	《记司古鲁仆欧事》 作者:乘化	登载污秽文词	查无猥亵字样,免予处罚
1925年3月27日	《续鞭记》 作者:亭云	文词猥亵	认为尚无显著之猥亵文词,从宽开释

1933年6月,《晶报》开始增添性知识文章。作者在西籍和中国古籍中广搜博采,几乎每日一篇,至1937年达到顶峰,譬如前戏、自慰、生育、不孕不育、性病、妓术、同性恋、人兽交、乱伦、偷情等,五花八门,光怪陆离,有些有悖伦理道德、社会心理和社会习俗,作者主要有州亚、九一三、走火。针对这一新的内容,张丹翁一语道破天机:"然如秽亵文字,虽为法律所不许,而读者未始不欣赏,但既度越竹马的年龄,难道除却那种之外,就没有妙文了么?"①看来,读者固然喜欢花稿,但这类文字往往容易描绘过甚,动辄招惹法律的惩罚。为了回避风险,《晶报》因而求诸相对保险的性知识文章以为助力了。《晶报》究竟是一家商业性的报纸,俯就读者的趣味是其本能。虽然花稿时有遭惩

---

① 丹翁:《十五周回想》,载《晶报》1934年3月4日第二版。

之虞,但《晶报》最终还是没有放弃这块市场,而是在保有这一阵地时又开辟了新的战场。问题是,这些文章从表面上看皆为性知识介绍,但如此无差别地公开传播在主客观上难免有诲淫意味。① 这一时期,《晶报》已经从1920年代的鼎盛转向1930年代的下滑了,它的处境有些窘迫,它需要寻求自救的途径。性知识文章和花稿在本质上有相通之处,都是在"性"上刺激读者的感官,只不过前者直露表述,后者婉转叙事。

二是自1938年1月复刊至1940年5月期间,《晶报》的色情文字,不但篇幅骤增,而且描写愈发露骨。一方面,除了专栏"肉市杂谭",有关冶游连载的篇章有醉隐的《花间醉语》、不平凡公子的《春江花乘》、流莺的《停车遇艳记》和《午夜探艳记》、白鸥的《乡佬艳遇记》、刀手的《杂谭韩庄》、阿骥的《花间小语》,不胜枚举。与此同时,有关性生理的文章主题不断翻新,旧话新说,如《双丸》《受孕》《生育力》《孕与节制》《乳峰十景》《臀与足的研究》《鹿·马·象》《笞与性激》,不一而足。这些文章都固定刊登在第三版以及扩版后的第五版或第七版,便于读者按图索骥。如此之多的文章大量涌现,《晶报》也"担心"会招致麻烦,连续多日发布"启事",提醒撰稿人勿寄类似的稿件:"本版同文,时有谈'性'之作,自即日起,除研究生理、有益卫生者外,余请不必赐寄,免触刑章法网,尤裨世道人心。作者鉴原,读者宥亮。"② 讽刺的是,就在刊登"启事"的同一版面又登载有《晶报》声言"禁

---

① 即便一个专事性知识文章写作的作者在讨论何为"猥亵"时也认为,"为挑动性感(欲)者,为违禁者"。他也谈到"叙述亵渎之事"是不适合儿童阅读的,"对于猥亵之念观……年龄亦不无关系也"。参见忆英:《"猥亵"真义》,载《晶报》1940年3月15日第五版。这也从侧面佐证在报纸上广泛传播性知识是不合适的。
② 《第五版编者启事》,载《晶报》1940年3月2日第五版。

刊"的文章。只能说,这是《晶报》在左右为难之间向当局和社会摆出的一种"自律"的姿态,因为此后这样的文章依然堂而皇之地出现在版面上。

不仅如此,《晶报》还时常通过直观的图画打"擦边球",吸引读者的视线。早在1933年8月25日,有作者投稿电影漫画《〈残春〉片中之徐来》,中有电影明星徐来在影片中的"裸影",编辑却改为《电影明星徐来女士写生》,故意将两者混为一谈,作者不得不致函更正。① 1936年2月,《晶报》刊登了一幅背对读者的裸体画像,标题是《怎不回过脸儿来》②,言语亵漫,故意挑逗读者。1939年1月,《晶报》又刊载一幅笔法夸张的漫画,引起读者的猜疑。画面是一个裸体女郎仰面躺于地上,双手枕头,一只小狗蹲坐其侧,口吐舌头,垂涎欲滴,标题是《喘气的小叭狗》。③ 对于读者的质疑,《晶报》解释说:"报纸所刊登漫画,辄以简单之线条,含有深长之寓意,不可只着画面,应该看到纸背。……实则作者真意,系描写在光天化日之下,竟有不肖之徒,利禄熏心,甘受侮辱,以致身败名裂,如该女卧于血泊中,尚不自悟,小叭狗见之,犹不免为之喘气。作者苦心,在对于社会上不肖之徒,痛下针砭,此则所谓看画须看到纸背也。"④ 如此辩解未免穿凿附会,难以令人信服。《晶报》不过是在洗刷嫌疑、掩饰动机罢了。

此外,对腐化堕落生活的纪事也完全打破了原来的克制,愈加大胆放纵,完全到了诲淫的地步。《晶报》复刊不久,就推出署

---

① 参见《晶报》1933年8月27日第三版。
② 参见《晶报》1936年2月29日第三版。
③ 参见《晶报》1939年1月24日第二版。
④ 《解答读者质疑》,载《晶报》1939年1月26日第二版。

名"一勺"的《一勺谭秘》系列文章。其中,作者对舞女下流淫秽的表演和一群男客的玩乐进行了绘声绘影的描写和赤裸裸的实录,场面不堪入目。① 1938年3月上旬,工部局警务处以两文"文字艳丽""妨害善良风俗"向法院提出控告,法院判处朱虚白罚金。② 实际上,《晶报》事后并未稍加收敛。1939年4月,特奥多罗任发行人。11月14日,特奥多罗就被警告停止"刊行淫荡下流的文章",但《晶报》又在1940年2月17日、18日和22日三日第五版分别刊登了《于今三响有传人》《锁》和《门帘之长短》三篇文章。4月15日《晶报》又在第三版刊载"相对低俗"的文章《破酒色两戒》。同月23日,特奥多罗被控四次刊登"下游、猥亵、淫秽的文章",被设于租界的美国法庭审问。特奥多罗表示服罪,被处以10美元的罚款,并在马尼拉服刑10个月,缓刑5年作为假释。24日,特奥多罗即脱离"惹是生非"的《晶报》。周天籁等在为《晶报》重新注册登记时,被警告一旦刊登有碍观瞻的文章就会取消执照。③

有小报报人观察到一种现象,当一种小报的印数处于一两千份的水平时,编者便会加重色情内容,而当销量很快增至五六千份,已经冒了被当局发现取缔的风险了,小报就会自动调整,减少色情内容。如此周而复始,几成惯例。④ 这一说法是有一定的道理的。说到底,小报就是把销售与色情文字联系起来,将

---

① 参见《裸舞热烛吸烟》和《裸舞衔法郎》,分别载《晶报》1938年2月19日和21日第三版。
② 桐叶:《本报香艳文字之讼》,载《晶报》1938年3月19日第二版。
③ 〔美〕贺萧:《危险的愉悦:20世纪上海的娼妓问题与现代性》,韩敏中、盛宁译,江苏人民出版社,2003年,第440页。
④ 转引自李楠:《晚清、民国时期上海小报研究——一种综合的文化、文学考察》,人民文学出版社,2005年,第59页。

色情内容当作刺激销量的撒手锏,轻易不出手,出手见效,见好就收。花稿是对妓界动态和一些市民生活的报道,确实是受部分读者欢迎的;但如果肆意描写,就会违反道德、触犯法律。显然,花稿是一种兼有收益性和危险性两种特性的文字(花稿的危险性在当时的社会环境下要低于涉及政治军事内容的报道和言论的危险性)。对于报纸来说,如何调节两者的关系至关重要。纵观《晶报》的发展史,《晶报》在1920年代有几次因花稿"文字秽亵"而遭到租界当局的惩罚,但多数时间平安无事,这时正是《晶报》蒸蒸日上的发展时期,不太倚重于花稿的过度描写,况且几次判罚也对《晶报》起到了惩戒作用。1930年代,《晶报》的经营形势渐见困窘,于是《晶报》改换方式,转而重点推出同样具有刺激性和诱惑力但安全性相对较高(所谓安全性是指当局难以查处)的性知识文字,即使在朱虚白接手主编《晶报》,为《晶报》重新定位之后也是如此,朱虚白反而因此遭受处罚。《晶报》内容的变化正好印证了上面的说法。或许还可以补充一句:当一张报纸色情文字泛滥成灾时,说明这家报纸已经濒于绝地,正在作最后的奋争了。

需要指出的是,性知识本身并不属于色情文字的范围,但对读者来说,它所起的作用与花稿是没有本质的区别的。那么,就《晶报》而言,它刊登性知识文章是否合适呢? 笔者认为是不合适的。一家报纸在创办之初,就要确立自己的编辑方针,即根据传媒所有人的意愿、办报宗旨、传播环境对传媒内容、形式及风格进行总体设计,以便引导报纸的采访和编辑工作。[①] 编辑方针一旦确定下来,应该保持相对的稳定性,不能"朝令夕改",让

---

① 童兵:《比较新闻传播学》,中国人民大学出版社,2002年,第160页。

读者无所适从。当然,编辑方针也不是一成不变的,它会根据社会环境的变化进行适当的调整。《晶报》自创刊就慢慢形成了"敢骂"、"敢言"、趣味性和丰富性的办报风格。1920年代中期以后,基于执政主体的变更和外部办报环境的恶化,《晶报》收敛了"敢骂"和"敢言"的锋芒,极力凸显内容的趣味性。1930年代中后期,内外因素的影响开始侵蚀《晶报》的生存能力,它频频休刊,经营每况愈下,这时候它不得不在保持内容趣味性的同时把性知识文章(当然也包括花稿)当作刺激读者神经的重要手段,其"救市"的企图是非常明显的。历史地看,《晶报》一直在通过与社会环境的互动调整自己的编辑方针,这是很正常的。问题是,《晶报》编辑方针的调适是越来越朝着迎合读者低下的趣味滑行的,这只能是一种饮鸩止渴的办报行为。正如有学者言:"报纸满足读者的需要不是无条件的。无原则地迁就一些读者不合理的或者有违报纸基本立场和理念的需求,并不能对报社的长期发展产生积极的作用……这样做必然导致报纸长期编辑方针的紊乱,即细分的目标市场的不确定,而仅仅是迎合一部分读者的短期的心理偏好。任何一家报纸的长期生存都必然依赖于读者长期稳定的需求和偏好。"①

如果因为《晶报》色情文字膨胀,就断言《晶报》是一家旨在诲淫的报纸多少有些武断。我们需要探讨一下《晶报》色情文字膨胀的原因是什么,根本原因是愈加恶劣的办报环境。1938年3月,《晶报》因刊登秽亵文字被法院判处罚金,它就此发表了一番感慨:"国事蜩螗,环境恶劣,纪事论时,动辄得咎。今时今地,记者之生涯亦苦矣。吾国历来黑暗时代,有'莫论国事,只谈风

---

① 金碚:《报业经济学》,经济管理出版社,2002年,第33、34页。

月'之谚,然风月之谈,未免香艳,便尔迹近妨害善良风俗。今而后,更知所慎矣。虽然,今而后,更将何处着笔耶? 兴念及此,不禁嗒然!"①原来,《晶报》不是不想遵循报纸的天职"纪事论时",只是由于环境的逼迫无从下笔,于是转向"香艳文字",而刊登"香艳文字"却又动辄得咎,《晶报》感觉自己已经无路可走,哀叹"何处着笔"。

这并不是《晶报》为自己开脱,只要考察一下《晶报》在整个1920年代的表现就知道了:前期,对北洋军阀嬉笑怒骂;后期,向国民政府建言献策,特别是这一时期,如果不是时常出现的妓界消息,《晶报》与严肃、庄重的报纸简直不分轩轾。当然,《晶报》是一家具有浓厚的商业性的报纸,它无法做到像《福报》所宣称的"不登花稿""不刊妓女小照""不载淫秽文字";相反,它始终把生存和盈利置于办报活动的首要地位,这就为《晶报》一味讨好读者,进而造成一系列的道德和格调问题埋下了隐患。这也难怪《晶报》面对读者的质问又要百般辩解了:"或曰:提倡歌舞,研究性欲,麻醉青年,散播毒素,何必有此刊物? 则应之曰:歌台鹊起,舞池如林,不待倡导,已成风气。至于男女居室,人之大伦,食色性也,卫生事大,海淫之说,非所敢承。低级趣味,偶或有之,麻醉术中,谈何容易? 见仁见智,是在高明。"②

《晶报》的性质和办报传统使得《晶报》始终无法摆脱色情文字的缠绕,即使"休刊之后从头再来"仍是如此。总之,大量登载色情文字成为晚期的《晶报》自救的方剂,但也只是徒然增加了

---

① 桐叶:《本报香艳文字之讼》,载《晶报》1938年3月19日第二版。
② 《本报恢复原有体裁小言》,载《晶报》1940年3月21日第一版。

《晶报》苟延残喘的时日。1940年5月24日,《晶报》出版最后一期,经过近21年的起起落落,终于盛极而衰,曲终人散,在曾经风光的小报舞台悄无声息地隐去了。

结　语

有学者说,作为一张民间报纸,《申报》记载了近一个世纪以来中国社会的变迁和发展过程。[①] 这样看来,如果说《申报》是一幅浩瀚恢宏的画卷,那么,《晶报》则是一幅幅连缀的注重细部的工笔画,它从普通市民的视角和有些琐碎的笔触反映了20世纪二三十年代上海市民日常文化娱乐生活的样貌。《晶报》是一张紧紧依附于租界娱乐业而生存的报纸,从传统的娱乐形式到新兴的娱乐形式,从妓界、伶界到游乐业、电影界、歌舞界等,从娱乐动态、明星小史到名人行踪、趣闻逸事、社会风尚、知识小品等,都被《晶报》一网打尽,搬上版面。《晶报》在晚期还开辟了《影城》《戏刊》和《舞国》等副刊,使娱乐内容拥有了专门的版面,材料更加丰富、充实。为了增添兴味,《晶报》连载了介绍邮品知识的《邮话》《说邮》,展现各种票据、证件的《字纸篓》,反映上海电影业概貌的《银海浮沉录》《银海珍闻》等文章,纷繁多姿,这些文章都是不可多得的历史资料,为研究当时的娱乐业提供了重要参考。从某个方面讲,《晶报》就是上海娱乐业沧桑变迁的记录者,同时也成为上海都市文化的一部分。虽是琐语闲谈、深街柳巷,却也见微知著,风月中见风云。

[①] 宋军:《申报的兴衰》,上海社会科学院出版社,1996年,第2页。

一、《晶报》与上海租界环境

纵观《晶报》的发展轨迹，我们说《晶报》的兴盛主要是由余大雄及其同人造就的，而《晶报》盛极而衰则主要是由外部环境造成的。自1919年创刊到20年代末，《晶报》正处于上海租界难得的平和时期，租界当局对报业管理松懈，租界经济运行平稳，人口数量庞大，文化市场机制成熟。正是在这样的环境里，《晶报》独具只眼，从租界日渐繁盛的娱乐业中获得了契机。娱乐活动需要信息传播，在进行信息传播的同时又可以提供其他文化娱乐产品和信息产品，《晶报》找到了自己的定位，成为一家娱乐消遣性小报。《晶报》以丰富驳杂的综合性和逗人发笑的趣味性相号召，以宣泄读者情绪的"敢骂"和"敢言"精神相标榜，与大报进行差异化竞争，赢得了读者的认可。《晶报》的内容与余大雄的经营才能相得益彰，《晶报》因而获得了丰盈的经济收入，声名远播。

这一时期《晶报》遭受的干预或影响，最主要的是国民党的新闻检查，造成的结果是《晶报》的"敢骂"精神发生偏转，由对北洋政府的嬉笑怒骂、激烈对抗转变为对国民政府的收敛锋芒、委婉以求。《晶报》舆论监督态度的转变遭到读者的质疑。出于对国民政府的拥护和自身生存的考虑，《晶报》不为所动。市场的力量终究超越不了政治的力量，前者可以减缓媒体前进的脚步，而后者可以让媒体失去立足之地。

受战争和经济因素的影响，《晶报》在整个20世纪30年代屡遭重创，饱受苦难。《晶报》多次休刊或停刊，最长时间达两个多月。日军的两次入侵使上海经济凋敝，民不聊生，《晶报》也蒙受较大损失,纸价飞涨,广告锐减,被迫两次缩减版面,两次停刊。特别是"八一三"事变直接导致《晶报》提前休刊。随着日军势力对租界的渗透,租界当局开始配合日军对报刊进行新闻检查。《晶报》由以前旗帜鲜明地宣传抗战变为婉转地表达一些爱国情绪,最后不得不摆出客观中立的面目来。为了免受干扰,《晶报》像其他一些报刊一样与洋商合作,但这个保护伞并非坚不可破,《晶报》还是时常遭到租界当局的处置。

《晶报》所处的政治环境,是由相对宽松向愈加紧逼转化的,特别是到了1930年代后期,《晶报》受到的压制更加严酷。从前国民党的新闻检查是导致报纸"开天窗",而租界当局则可以撤销一个栏目,甚至下令停刊。

1938年1月《晶报》复刊后,为顺应小报发展方向,开始借鉴《立报》的办报模式,实施"小报大报化"的办报方针。但三个月后,旨在发出自己声音的评论专栏"晶语"即遭租界当局扼杀,《晶报》从此结束了近二十年的言论历史,《晶报》的业务领域被蚕食。在此情况下,《晶报》只得将精力和篇幅放到其他内容上,新闻、副刊和小品文成为《晶报》的"三驾马车"。为了提高报纸格调,《晶报》创设了副刊《文化营》,但很快因"曲高和寡"被读者要求撤下,用来扩充小品文字。以上两项举措均遭挫折,《晶报》的"小报大报化"无果而终。《晶报》"小报大报化"的失败是政治因素和市场因素夹击的结果。在中日处于战争状态的租界,《晶报》不得不屈服于租界政治势力的压迫;为了生存,它又不得不屈从于读者市场的压力。《晶报》是身不由己的,它所走的道路就是两种力量各自发展所形成的合力为它铺就的道路,当然前者的力量要强大得多。实际上,《晶报》不进行"小报大报化"的革新,只在娱乐消闲领域流连,置身于动荡的世界局势和国内抗日救亡的现实之外,出路肯定不大,也不符合《晶报》复刊之初"忠实报道新闻,说人人要说的话"的办报理想;而施行"小报大报化"的革新,必然触及抗日救亡和鼓舞士气的敏感主题,为租界政治势力所不容而招致其粗暴的干涉,这又没有出路。成舍我在提到《立报》的停刊时曾说,如果不是日军的残暴侵略和"八一三"无情炮火毁灭了和平繁荣的上海,《立报》的成就将不可限量。[①] 这说明了政治势力、军事势力和社会环境这些报纸外部因素是如何左右报纸的生死的。可以说,《晶报》在错误的时间和错误的地点实施了"小报大报化",在此情况下"小报大报化"只能流于形式,演化为表面文章。《晶报》只是一家以娱乐消遣为宗旨的商业性小报,尽管它在不懈地寻求突破,但它无法做到为办报理想和政治理想而献身,它还未达到这样的觉悟和高度,它就是为生存和营业而活着,为朴素的爱国感情所驱使。

除了遭受各种政治势力的压迫,经济形势恶化也对《晶报》造成了严重打击。20世纪20年代末世界经济危机造成进口纸价高涨;1934年美国的白银收购政策又导致物价下跌,工商业不振;多种货币流通致使30年代末纸价飞涨。经济形势的任何变动使每个人、每个组织都不得不被牵连进去。纸价上涨,广告减少,经营成本居高不下,《晶报》只能通过提高报价来缓解财务压力,即使饮鸩止渴也只能执行下去。《晶报》采取的另一个办法就是减少版面。1939—1940年成为《晶报》的"紧缩年",从最多八版减至四版,可见削减幅度之大。经济环境恶化是导致《晶报》永久停刊的重要因素。

---

① 成舍我:《由小型报谈到〈立报〉的创刊》,载李瞻:《中国新闻史》,台湾学生书局,1979年,第380页。

连绵的战事致使社会局势动荡不安,凋零的经济导致《晶报》经营受挫,新闻检查又迫使《晶报》的内容日渐远离时代的需要。所有这些外部因素死死地扼住了《晶报》,使它动弹不得。披览那些版面文字,我们仿佛能够听到《晶报》报人深深的叹息,看到他们愁苦的面容和疲惫的身影,他们全然失却了往昔风趣洒脱、闲适狂狷的风貌,历史变迁在他们身上已经打上了沉重的烙印。《晶报》的生命力确实是顽强的,尽管频频停刊(休刊),但屡停屡办,它仍旧固执地生长着。然而,不管《晶报》如何挣扎,它的命运早已被中国残酷的现实所安排,挣扎不过是徒然延续一些时日罢了。

《晶报》的生命历程折射出当时中国民营报业遭受的苦痛:言论空间狭窄,报道领域紧缩,经济力量脆弱,前途飘浮不定。人们素来对上海小报的色情文字多有指责,但仔细探究就会发现,除了小报过度的商业化,租界政治军事势力对新闻言论的严厉钳制也起到了作用,小报不得不让出地盘,退缩到色情文字一隅,苟且生存。《晶报》一直生存于上海租界,虽然租界一定程度上避免了《晶报》遭受本国政府的干涉(指北洋军阀时期),但它并不是一个真正中立的自由世界和一张全天候的保护网。当日军势力侵入时,这张网立刻变得千疮百孔。不宁唯是,当租界当局为了维护自身的利益而为虎作伥时,《晶报》颠簸起伏的命运才真正开始。它像汪洋大海中的一叶扁舟,在狂风浊浪中寻觅安全的航程,企望停靠的海岸。

在自己的国土上办报却要寻求外人的庇护,同样也要遭受外人的蹂躏,这就是中国报人的悲苦和屈辱。1938年3月,《晶报》因"妨害善良风俗"被法院判处罚金时就愤懑地说:"上海今时,报章夥颐,然非英即美,亦德亦意。虽皆中华文字,却都洋商籍贯；既属洋商，便有领判权之保护，我捕房法院俱不能管辖也。"①（后来《晶报》也无奈地聘请美商为发行人了）此话真是意味深长。

二、《晶报》在抗战时期的政治倾向

《晶报》虽然一再声称自己是一家"无党派""不党不偏"②的报纸，但这并不表明它没有自己的政治立场。事实上，自创刊伊始，《晶报》就在不同的历史时期表现出不同的政治倾向。回顾20世纪20年代《晶报》的言论历程，我们可以非常清晰地发现，《晶报》的言论经过了北洋军阀统治时期的嬉笑怒骂、大胆放言和国民党执政时期的收敛锋芒、稳健建言两个阶段，这说明《晶报》还是能够探测历史发展的潮流，恰当地确立自己的政治取向的，而贯穿其中的是浓郁的爱国情愫。进入30年代，面对日本对中国的野蛮入侵，《晶报》采取的言论原则是：在环境安全时，大胆地表明自己的抗日爱国立场；当环境险恶时，则摆出中立、客观的姿态。总的看来，《晶报》对战争的态度随着日本侵略行为的不断升级和租界政治环境的日趋紧张，经历了旗帜鲜明的抗日立场、隐而不彰的爱国倾向和迫于环境的中立态度三个阶段。

自1931年"九一八"事变爆发到1937年11月日本占领上海，《晶报》对日本的侵华活动进行了大量的报道和分析。这时，《晶报》一面揭露日本施展的种种阴谋诡计，批评国民政府消极

---

① 桐叶：《本报香艳文字之讼》，载《晶报》1938年3月19日第二版。
② 分别参见微妙：《〈晶报〉十八周纪念献言》，载1937年3月3日第二版；《本报特增"医务问答"栏敬告读者》，载《晶报》1938年1月25日第一、四版中缝。

保守的抗战政策和外交政策,一面告诫国民要认清日本贪欲不止、阴险狡猾的本性,呼吁提高警惕,誓死抗战到底,同时抨击日本媒体肆意造谣,混淆视听,为自己的侵略行径鼓噪的可耻行为。其中以谛谛、侃侃、芳菲、天倪、苏非、春柳、微妙、晓波、秋水和七〇八等撰稿人的文章为最多。虽然《晶报》发表的观点不尽相同,甚至有时相互矛盾,或者将复杂的问题简单化,但总体来说,都是站在维护民族利益、坚决拥护抗日的立场上的。

1937年12月26日《晶报》休刊,不久又于次年1月19日复刊。这时《晶报》开始推行"小报大报化"的办报方针。而同时,日军的战线越拉越长,战事中心开始远离上海,租界局势渐趋和缓。租界当局在实行"中立"政策时,一面镇压抗日运动,讨好日本,另一面利用救亡运动与日本讨价还价,租界当局的新闻政策一定程度上趋于缓和。于是,《晶报》的言论专栏"晶语"应运而生。这些言论短小精悍,言简意赅,紧扣抗战的时代主题,贴近租界的现实生活,或鼓舞民众,或讥刺丑行,或颂扬壮举,希望人们从逆境中奋然而起,为国家和民族的前途尽力。在租界特殊的环境下,虽然这些充盈着激情、富于战斗精神的言论没有明确地喊出抗日的口号,但人们总能从字里行间感受到作者所要传递的拳拳爱国热情。可惜的是,这样的言论宛若朝露昙花,三个月后便杳无踪影了。纵论时事的豪情在残酷的现实面前只好遮蔽起来,《晶报》的言论历史至此走到了尽头。《晶报》的言论专栏倏然而逝,是租界办报环境日趋紧逼造成的。自国民党军队撤离上海之后,日军就向租界当局提出取缔一切反日宣传活动的要求。为了配合日军的新闻钳制政策,租界当局也加强了对租界报刊的监管。1938年4月,《晶报》向租界当局履行了登记手续。之后,《晶报》除在报头位置继续标示国民党政府部门的登记证号"内政部登记证警字一五二二号"和"中宣部登记证中字一二二六号"之外(这些登记证其实已经失效,徒有形式,在美商 A. L. 特奥多罗担任发行人之后就取消了),又加上了租界当局的登记证号"公共租界工部局登记证 C 字廿四号"。《晶报》的言论专栏从此被撤除了。生存总是《晶报》首先考虑的问题,它小心翼翼,宁愿与当局虚与委蛇,也决不会激化矛盾。

虽然"晶语"悄然消失了,但《晶报》仍旧采用中央社、路透社、海通社等国内外通讯社的稿件传达国民政府抗击日军以及日军进犯中国的消息。尽管这些新闻采用的是客观报道的方式,《晶报》的立场隐而不彰,但我们还是能够从新闻的措词和内容的选择中探知它的倾向性。比如,1938 年 3 月 7 日第一版《日军大举西窥宁甘　石友三部奋勇迎战》、1938 年 6 月 16 日第一版《我军克复前江口　日军沿江西犯受挫》,等等,几乎都是报道中国军队的战绩以及日本军队被动挨打的新闻。

1938 年 5 月《晶报》在公开答复一位读者的来信中说:"敝报忠实报道新闻,根据政府长期抗战之国策,在不骄不馁之原则下,决不敢以事实上所不可能之消息,铺张揭布,博读者一时之兴奋,谋报纸营业之发展。敝报虽格于环境,但处处以民族国家利益为前提,决不受人利用,亦无人敢利用本报二十年来之信誉也。"[①]《晶报》诚然受到租界当局和日军的新闻检查的压制,不能似从前那样昌言抗战,彰善瘅恶,但依然能够在不动声色的新闻报道中传达一些爱国的情绪。

1939 年 2 月 6 日,《晶报》主笔钱华被杀身亡。《晶报》被迫停刊。经过休整,4 月 21 日《晶报》再度复刊,此次延请美商特

[①] 《敬答〈晶报〉一读者先生》,载《晶报》1938 年 5 月 14 日第二版。

奥多罗为发行人。自中国军队西撤之后,日军强令所有华人报刊接受检查,否则不准出版。而美商报《大美晚报》和假美商之名的"洋旗报"《华美晚报》却因为洋商身份免于受检,因为日本此时还不敢贸然与英美等国为敌。于是不少爱国报人开始创办"洋旗报",高薪聘请外国人充当发行人或总编辑,在其所在国有关机构登记注册,然后打出"洋商"旗号。①《晶报》聘请特奥多罗为发行人,显然是为了摆脱接受检查的困境。

自从《晶报》变成美商报之后,它就在形式上体现出中立的面目来,如在措词上称中国军队为"华军""国军",而不是从前的"我军"了(其他"洋旗报"也是如此)。这时的《晶报》虽然有美商的庇护,却并没有像其他一些"洋旗报"那样表现出鲜明的抗日态度,但也没有退步。比如,1939年4月21日也就是复刊之日第一版的新闻《各路华军大举反攻 克复大石龙包围南昌》《宿涟沐灌各县 华军甚得手》《开封城紧闭 日伪钞大跌》等,都是倾向于国民党军队的。又如,5月12日第一版《日军向乐化溃退 鲁华军克复费县》,也是如此。

抗战以来,汪精卫的亲日倾向愈加明显。1938年12月汪精卫发表呼应第三次近卫声明的"艳电",建议国民政府与日本进行和平谈判,取消中国共产党的抗日活动等,公开亮出汉奸面目,投敌叛国了。1939年6月《晶报》就刊登了一则国民政府通缉汪精卫的命令。②《晶报》也能够表现出无所畏惧的精神。

就在同月,《晶报》又换发新的登记证("公共租界工部局登

---

① 蒋金戈:《略论"孤岛""洋旗报"》,载上海社会科学院新闻研究所:《抗战时期上海新闻史论集》,1991年,第153页。
② 《国府明令缉汪》,载《晶报》1939年6月9日第一版。

记证 C 字四八四号")。这时租界当局秉承日军的旨意不断迫害"洋旗报"及其他抗日报刊,勒令停刊成为租界当局惯用的迫害手段。1939 年,《晶报》"九月二日至十月六日奉工部局警务处命,停刊三十四天"①,但复刊后《晶报》的立场还是一如从前,只是关于欧战的报道越来越多,对于国民党军队的报道已是零零星星了。自 1940 年 3 月开始,《晶报》抛弃新闻报道,小品文字于是一统天下。这时的《晶报》已经完全是中立的姿态了,两个月之后《晶报》便退出了小报报坛。

综上可知,《晶报》对抗战的态度是由鲜明而日渐走向中立的。然而,学界对于《晶报》的政治定性可谓言人人殊,总体来讲分为两派:一派认为《晶报》是汉奸报纸。徐铸成在《报海旧闻》(修订版)中说:"那时(指'八一三'事变——笔者注)的《晶报》已经不再是一张消闲的小报了,……(而是)倡导'和平'和'共存共荣'的急先锋了。"又说,"听说,这几家'和平'报纸(指《晶报》等几家报纸——笔者注)后面总的提线人是钱芥尘和余大雄。……余是以办《晶报》起家的,出头露面、张牙舞爪的是他。"②《上海新闻志》记载:"抗日战争爆发后,余大雄和以后接办该报的钱芥尘都成为汪伪汉奸文人。该报日出两张,着重刊登为日伪张目献媚的新闻、电讯。侵华日军对上海租界华人报纸实行新闻检查后,该报改出一张,登载色情小品文章,兼登日伪新闻稿,为读者所不齿。"③《中国新闻事业通史》也记载:"(《晶报》)'孤岛'时期出盘给钱芥尘,投靠日本侵略者,沦为汉

---

① 《关于本报号数的一篇帐》,载《晶报》1939 年 11 月 1 日第四版。
② 徐铸成:《报海旧闻》(修订版),上海三联书店,2022 年,第 61、337 页。
③ 《上海新闻志》编纂委员会:《上海新闻志》,上海社会科学院出版社,2000 年,第 192 页。

奸报纸。"①另一派则认为《晶报》是抗日报纸。《中国大百科全书·新闻出版》记载:"余大雄沦为汉奸后,由钱芥尘接办并改革,成为一份时事政治性抗日小报。"②两派的说法针锋相对。

笔者认为,对一张报纸的政治定性要从它全部的发展史来考察,要观察它在各个阶段的具体表现,这样才能把握其全貌。同时,要以事实为依据,先入为主或者武断地下结论都是不可取的。

在笔者看来,说《晶报》是汉奸报纸似乎有些轻率,问题的症结在于人们有一种先入为主的思维方式:由于余大雄沦落为汉奸,而钱芥尘又政治面目模糊(有人认为他也是汉奸),所以他们曾经主持的《晶报》也是汉奸报纸。其实,余大雄落水为汉奸是他1938年初离开《晶报》之后的事,同时他还登报声明脱离关系,他不可能再对《晶报》实施控制。至于钱芥尘,其政治面貌确实很复杂。有学者评价说:"钱芥尘是旧时代的文人,行为举止自然不免旧时代的风气,这当然不足取法,但在当时却也不足为怪。然而,钱芥尘在大节上,还不算是糊涂人。民初时他曾经吹捧过袁世凯,但袁一称帝他即不再追随。与此相似,抗战时期的钱芥尘,虽也有过这样那样的趋时混世举动,但在绝不当汉奸的选择上,也是确定的。"③事实是,就在钱芥尘1938年初接办《晶报》(此时朱虚白任主笔)之后,《晶报》在前期还表现出明确的抗日爱国立场,可能这正是有人说《晶报》是"时事政治性抗日小

---

① 方汉奇:《中国新闻事业通史》(第2卷),中国人民大学出版社,1996年,第964页。
② 《中国大百科全书·新闻出版》,中国大百科全书出版社,1990年,第176页。
③ 关林:《钱芥尘其人其事》,载李果:《海上文苑散忆》,上海人民出版社,2006年,第132页。

报"的原因。

至于说《晶报》"日出两张,着重刊登为日伪张目献媚的新闻、电讯",令人费解。据考证,这时正是1939年4月至9月,也就是特奥多罗担任发行人的时间。《晶报》"挂洋旗"本身就是为了摆脱日军的新闻检查,它又怎么可能"刊登为日伪张目献媚的新闻、电讯"呢? 反而是在1939年9月,《晶报》被与日军合作的工部局警务处命令停刊。而当《晶报》改为一张四版时,已是1940年3月至5月,这时《晶报》完全是小品文字(包括部分色情文字)的天下,已经没有新闻、电讯,当然就不可能有日伪新闻稿了。

三、《晶报》的市场策略与商业化

《晶报》的成功有赖于其独到的经营理念,这对后起的小报形成了一定的影响。一是力求贴近受众的阅读喜好和文化水平。《晶报》是一张市民化小报,它摸透了市民的精神文化需求和消费习惯。因此,它始终关注娱乐业的发展动态和市民的娱乐生活状况。随着市民娱乐方式的变化,它从妓界、伶界一直追随到歌舞界、电影界等广泛领域。为了增加报纸的吸引力和可读性,《晶报》注重内容的趣味性,强调文字的短小精悍。针对市民对报纸内容的多样化需求,《晶报》把自己变革为一种内容驳杂的综合性小报,一报在手,新闻、言论、知识、娱乐,一应俱全,包罗广泛。针对社会对刺激性言论的偏好,《晶报》发挥舆论监督的作用,对北京当局和各种社会丑恶现象嬉笑怒骂,嘲讽调侃。《晶报》主要以上海、江浙一带中下层民众为传播对象,为适应这些人的文化水平和阅读心理,"我们《晶报》里的文字,常常的文言白话,兼收并蓄,不过《晶报》中的白话文,并不是近来所谓新文化家的白话文,为行文流利,雅俗共赏起见"①。《晶报》还突出语言的口语化,偶而还夹杂一些本地方言,比如,"《晶报》果然要用'晶评',倒真吭啥"②中就用了苏州方言"吭啥",表示赞扬的"不错"之意。再如,有文章写道:"近来的北方,很有种种幼稚行动,这种幼稚行动,能够合于世界的潮流吗?我把近来所知道的事,略述数端如下。"③就像与邻居倚门闲聊一样。口语和方言亲切自然,风趣活泼,生活气息浓郁,易于为读者所接受,也就增强了报纸的贴近性。

　　二是不断突破创新。创新是媒体竞争的主要手段之一,而竞争是市场永恒的主题。④《晶报》创刊之前,小报就已经存在了20多年的时间。这些小报大都是日刊,以传播新闻信息及其评介为主要任务,重视消息的趣味性或消息表达的趣味性,评论绝少书卷气的说教,常有文艺佳构。⑤《晶报》在继承传统小报特点的基础上,在刊期、内容和版面形式等方面推陈出新。比如,《晶报》根据办报实际首创三日一刊,声名鹊起,在1920年代开启了创办三日刊的潮流。后来《晶报》又革新编排方式,实行混合编排,以区别大报分栏编排的方式,形成差异。《晶报》曾经利用自己的品牌尝试异地办报,以形成一个"晶报系列",惜因多种原因未能如愿。在20年代初期《晶报》就能产生这样的构想,确属眼光超前,难能可贵。此后,直至1925年才出现成舍我的

---

① 天马:《上海各报记者的白话化》,载《晶报》1926年5月27日第二版。
② 丹翁:《评评》,载《晶报》1919年8月15日第二版。
③ 天马:《北方的种种幼稚行动》,载《晶报》1927年8月27日第二版。
④ 曹鹏:《中国媒介前沿:来自市场的观察报告》,新华出版社,2003年,第41页。
⑤ 马光仁:《上海新闻史(1850—1949)》(修订版),复旦大学出版社,2014年,第147、148页。

"世界报系"以及30年代的"大公报系"等报系。其他还有设计报徽、注册报名、宣示版权、自办发行,都是敢为人先的举措,都不同程度地为大报、小报所借鉴。"《晶报》虽不能算小型报纸的首倡者,《晶报》可算是小型报纸的改革者,在小型报纸中,总算是一种划时代的刊物。"①虽有些自吹自擂,但也道出了一些实情。

另一方面,《晶报》的过度商业化也是最受人们指责的地方。《晶报》是一家商业性报纸,它就是创办人(继任者)赚取利润的工具,它不会背负什么沉重的新闻理想,也不想承担什么崇高的社会使命(这是它想象不到的高度),它只想取悦读者。创办人直截了当地把办报行为当作一种经济行为,追求利益的最大化就是行为目标。那么,如何达到这个目标呢?有人说:"成功的报纸总是想方设法以新闻和各种信息来吸引读者,从而使得报纸对广告商更具吸引力,进而让广告商为报纸提供经济来源。"②也就是说,报纸要重视"新闻和各种信息"。创办人不仅看到了内容能够吸引广告商这一重要功能,而且还深刻地认识到了内容发挥这一功能的前提,这就是趣味性。只有富于趣味性的内容才能笼络读者,从而激发广告商的购买行为。趣味性的商业价值被发现,《晶报》所有的办报行为都是围绕这一核心展开的。刊登趣味性内容,寻求趣味化的表达方式,成为《晶报》突出趣味性的主要手段。由于租界缺少一以贯之的报纸监管行为,追求趣味性受商业性的驱使逐渐越出正轨,使得不少琐碎庸俗的内容登上报纸版面。

---

① 微妙:《一日三刊的〈晶报〉》,载《晶报》1936年3月3日第二版。
② 〔美〕阿尔伯特·格雷柯:《媒体与娱乐产业》,饶文靖、谢静颖、王茜译,清华大学出版社,2006年,第50页。

其一是色情文字大行其道。《晶报》对色情文字的态度是与它的经营状况紧密联系的。《晶报》在创办之初就开始登载花稿,有时会有一些露骨的描写(包括小说),曾因此有几次被租界当局起诉,但整个 20 年代的大部分时间还是比较"干净"的。进入 30 年代,由于战事绵延和经济不振,《晶报》的经营业绩不断下滑,《晶报》于是孤注一掷,利用具有挑逗性的性知识刺激读者的神经,以振作销售。之后,色情纪事不断增加,描写也不断突破尺度,最后成泛滥之势。色情文字是《晶报》经营状况的晴雨表,也是挽救《晶报》的强心针。如果说《晶报》在 20 年代财务状况良好,它收敛了不少的话,那么,在租界处于无政府状态时,《晶报》为了生存和谋利已是肆无忌惮了。30 年代末《晶报》曾经因刊登色情文字被法院判罚,《晶报》把"莫论国事,只谈风月"归咎于环境险恶,这并非全无道理。但《晶报》决不会像有的小报那样声言不刊色情文字,它缺乏这种自律意识。由于过度依赖市场,《晶报》始终没有尝试去摆脱色情文字的纠缠,反而极力为色情文字辩护。色情文字的危害是严重的,它靠着低级的精神抚慰制造一种虚幻的生活场景,使人们远离国危民苦的巨痛,沉湎于醉生梦死的颓废生活,败坏了社会风气。

其二是新闻娱乐化。新闻娱乐化只是指《晶报》在报道中出现的不好的方面,并不能因此抹煞《晶报》常常出现的较为严肃的报道态度。《晶报》的新闻娱乐化主要体现在两个方面:一是表达趣味化。《晶报》十分善于揣摩读者心理,为了激发读者的阅读兴趣,《晶报》在报道新闻时字斟句酌,以便寥寥几笔就能营造出诙谐风趣的韵味。1928 年 4 月 28 日至 29 日,上海特别市政府举办第一届卫生运动会。当天开幕式结束后,各重要官员开始上街扫地。此时,武装警察高度戒备,"殆因执帚者,都为上海之高级官员欤"。后来,上海警备司令钱大钧独自出队,踽踽而行,"仅一徒手之弁相从,反无武装护士",《晶报》于是议论道:"则其武装之目的,殆又不在防护最高长官也。"①因为钱氏的一个不经意行为就曲解安全警备的意义,《晶报》不失时机地拿一件严肃的事情开了一个玩笑。显然,《晶报》的表达方式扭曲了事实的本质。对《晶报》来说,报道新闻是次要的,而从中制造笑料才是重要的。二是报道琐碎化。《晶报》在报道新闻时,尽量避免那些陈义过高的话题和过于严肃的问题,而是放低视角,用大量的笔墨对并不重要的事件或细节进行绘声绘色的描述。1930年10月9日,上海市国货时装展览会举行。次日,《申报》进行了较为详尽的报道,包括"开幕秩序""主席致词""报告筹备经过""名人演说"和"大新绸缎局赠券"等内容。② 12日,《晶报》撇开这些有价值的信息不谈,捕捉一些生活化的镜头,用"晶报式"的语言极尽描摹。如,"(来宾中)有几位小姐,都喜欢说英国话,言语虽然非国货,但伊们的躯体是国货","当表演晚服时,(女诗人)虞岫云初出场,人们称赞伊'趣得来'(上海人称美为趣)。虞小姐道:'不要寻开心,我路也不会走了。'或言,此语有诗意"③。由此制造幽默效果。这是报道对象的选择,还有报道角度的选择。在前例中,上海卫生运动会的安全保卫其实有很

---

① 露珠:《卫生运动会之武装》,载《晶报》1928年4月30日第三版。原文为:"当卫生运动大会,在方斜路公共体育场开幕时,场内外武装警察,防范甚密。迨游行队抵西门,西门之武装警察,立将卫生桥一带遮断,同时带手枪及□子炮者,无不出鞘,以指抵枪机,以防意外。殆因执鞭者,都为上海之高级官员欤!然钱大钧司令在西门扫地,俟游行队向中华路进发后,即独自出队,踽踽向方斜路他去,仅一徒手之弁相从,反无武装护士,则其武装之目的,殆又不在防护最高长官也。"
② 《国货时装展览　昨日开幕盛况》,载《申报》1930年10月10日第十九版。
③ 微微:《时装展览之花絮》,载《晶报》1930年10月12日第二版。

多可以报道的方面,但《晶报》只是选取其中一个武装警备的场景予以描绘,传达现场的紧张气氛。如果说这与安全保卫的报道主题还有一些联系的话,那么接下来用三分之一强的篇幅报道钱大钧的个人行为,就很难说有多大意义了。《晶报》不过是满足了读者关注名人的心理。《晶报》的新闻报道有几个特点,那就是追逐名人,事无巨细,小处着眼,挖掘细节,平面展示,不求深度,目的就是让读者在轻松阅读中获得一些快意。

四、关于创办人余大雄的评价

余大雄是一个商人型的报人,他既有商人精明的经营头脑,也有商人趋利避害的特性。《晶报》能够在20年代的小报报坛独领风骚,离不开余大雄的经营才能。虽然同事一报,但与张丹翁、袁寒云的淡泊洒脱不同,余大雄精于算计,因而便有了先弃《神州日报》后舍《晶报》的举动,因为前者长期靠后者补贴,而到后来后者已经不能创造利润。对于余大雄来说,报纸就是为他获取利润的工具。为了利益,余大雄甚至不惜铤而走险,投身伪维新政府。余大雄唯利是图、见风使舵的性格特点最终葬送了自己。

余大雄在留日期间就表现出良好的报人素质。他常常给维新派刊物《留东新报》投稿,因此结识维新人士刘铁魂,刘铁魂誉之"才具卓凡",对其深为赏识。[①] 但余大雄对报业并没有多大热情。学成归国后,像一些留日学生一样,余大雄首先去了北京,想效仿苏秦上国策,写一个奏章呈送清帝,以便得到朝廷的

---

① 玖君:《报人外史(六八) 三日大王余大雄》,载《奋报》1939年8月17日第三版。

任命。于是,他花了半个月的时间完成底稿,又用了两个昼夜缮写。孰料,递送军机处时碰了钉子,他只好屈居末僚,暂时担任一个七品小京官(内阁中书)。在职三年,正当他想进阶晋职时,辛亥革命爆发,清帝逊位,他的仕途梦破灭了。① 民国成立后,袁世凯攫取权位,企图称帝,余大雄跑前跑后,在筹安会出出进进。段祺瑞当政后,他又在安福俱乐部摇旗呐喊,但都未能如愿。② 可见,余大雄是一个没有政治立场而又善于钻营的人。

余大雄在官场上屡屡失意,这才开始发挥他会耍笔杆的才能,向北京各报投稿,顿时声名鹊起,被上海的《民立报》等报聘为北京特约访员,成为北京记者界一个活跃人物。也就是在这时,余大雄才意识到自己的出路何在。之后,余大雄离京抵沪,加入《神州日报》,正式投身报业。综观余大雄的职业轨迹,可以说,余大雄踏入报界具有很大的偶然性,他是因为仕途堵塞才闯进这个行业的。以后,即使是长年的报业经营活动也没有使他将这份职业上升到钟爱的事业的高度,他终究是"人在曹营心在汉"。

钱芥尘经营《神州日报》毫无起色,1918年便将经理权交给余大雄,"大雄与钱君交至笃,遂亦强为承之"③。余大雄翌年便创办了《晶报》。余大雄有一个特点:做事不做则已,一旦去做就要做好。《晶报》于是渐有起色,发展势头超出余大雄的意料,不仅扭亏为盈,而且竟然能以其经营所得反哺苟延残喘的《神州日报》了。《晶报》的成功让余大雄信心倍增。1927年初他毅然

---

① 玖君:《报人外史(六八) 三日大王余大雄》,载《奋报》1939年8月17日第三版。
② 玖君:《报人外史(六九) 三日大王余大雄》,载《奋报》1939年8月18日第四版。
③ 好春簃主:《"神州"变迁史》,载《晶报》1927年1月3日第二版。

将《神州日报》出让,全身心投入《晶报》的经营。从这一取一舍之间可以看出余大雄是一个很现实的人,也是一个颇有商业眼光的人,他预感到了经营小报的美好前景。余大雄的苦心孤诣得到了回报,《晶报》如日中天。

虽然余大雄经营《晶报》收入颇丰,但他对撰稿人却有些吝啬。《金钢钻》披露:"毕君(指毕倚虹——笔者注)在日,先生倚之若左右手,今一旦溘逝,先生伤痛之忱,必有甚于考妣者焉。呜呼!毕君之死,死于环境不良,莫逆如先生,宜其知之审矣。然而既不闻先生有所以慰之于生前,又不闻先生赍致厚赙于死后……"①,指责余大雄作为老板未能尽体恤同人之责。实际上,《晶报》只是余大雄谋生营利的凭借,所以汲汲于财富的积累,也就不会为《晶报》的长远发展未雨绸缪了。

余大雄视野开阔,思维活跃,擅长经营。他在主持《晶报》时就亦"报"亦"商",掌管着一家久大茶号(与亲友合股)。余大雄祖籍安徽,家乡是产茶名区,自己又身在上海,于是他利用这个条件兼营茶叶生意。这个茶号为节省开支不设门面,靠做中介业务来博取佣金。由于余大雄"具国际贸易目光,茶叶出口,预测市价涨跌很准,因此,获利较他家优厚"②。余大雄确实是一个成功的商人。由于长期的商业活动的磨炼,像许多商人一样,余大雄也形成了趋利避害的习性。30年代中期《晶报》的经营形势每况愈下,余大雄力图扭转乾坤,但终未如愿。1937年底,鉴于《晶报》严重亏损,余大雄决然挥袖离去。余大雄离开他经营十八年之久的《晶报》犹如他离开经营近十年的《神州日报》一

---

① 《致余大雄书》(一),载《金钢钻》1926年5月20日第三版。
② 玖君:《报人外史(七四) 三日大王余大雄》,载《奋报》1939年8月25日第四版。

样，都是基于商业前景的考虑，了无难以割舍的感情。

余大雄脱离报界正是当时不少民营报业报人职业选择的一种现象：一有机会便跳槽，大多跳往政界和商界寻求发展，少有"回流"的现象。正如有学者所言：一些商人或为官之人因为某种动机或原因创办和经营了报业，但多是把它当作一种过渡，他们的办报动机和人生理想决定了他们一有机会就会脱离报界，仍去经营或为官。① 余大雄本就希望在政商两界发展，所以，舍《晶报》而他就，也就一点都不奇怪了。问题是，余大雄本身是一个没有政治立场的人，浓重的商人意识更是加重了他的政治立场的模糊性。名缰利锁最终使余大雄不惜投靠伪维新政府，名节不保。反而是他的继任者更具职业报人的品格，他们艰苦卓绝，力图擦亮《晶报》的金字招牌，一次又一次地拯救《晶报》于危境，令人不胜慨叹。同是从事办报活动，但办报精神何其悬殊！

余大雄从年轻时就对仕途有一种偏好，这种偏好使他在涉足报界近二十年后又回归仕途，但这一次却使他付出了生命的代价。1938年1月19日，余大雄在《晶报》上刊登了一则启事，宣布脱离《晶报》："鄙人因家事亟待整理，贱躯亦须调养，自今岁起，不遑兼理馆务，唯幸付托得人，责任有负。以后关于《晶报》事宜，可分向经理、编辑两部接洽。唯鄙人有所闻见，仍当时时贡献于爱读本报诸君之前，诸希鉴谅为荷。"②这不过是一个托词，实际情况是"'八一三'战起，余氏周转不灵，《晶报》不能维持，遂宣告停刊"③。余大雄将《晶报》出盘后另谋出路，不久便

---

① 曾宪明：《旧中国民营报人同途殊归现象分析》，载《新闻与传播研究》2003年第2期。
② 《余大雄启事》，载《晶报》1938年1月19日第二版。
③ 《余大雄之略历》，载《晶报》1938年10月18日第四版。

入伪维新政府实业部就职。就在他任职后的1938年4月,余大雄在自己经营的久大茶门前遭人枪击,虽没有受伤,但他惊恐万状,便搬进新亚酒店601号房间居住。10月17日凌晨四时左右,余大雄还是没有逃脱被追杀的厄运,被混入酒店的三个青年用利斧砍死。直到上午九时,才被"黄道会"巡逻员发现。现场留有一封信,信上说"奉命锄奸"。

余大雄到底缘何被杀?《晶报》在报道中推测可能是因为内讧所致,因为在上次针对余大雄的未遂谋杀中,嫌疑犯供认奉某方命令行刺。① 但到底是什么内讧,语焉不详。根据当时的历史背景推断,刺杀余大雄很可能是国民党特务组织的锄奸行为。② "八一三"战事爆发后,国民党特务机构就开始在上海租界活动,他们组织暗杀队,奉命剪除那些投靠日本的汉奸。在1939年2月针对伪维新政府的一个官员的暗杀中,他们先是将其击毙,接着把一张写有"杀死汉奸"等字样的纸扔在他身上。还有一次,这些特务在同时引爆几家舞厅时也在现场留下一封信,警告那些寻欢作乐、不顾国家危亡的跳舞者。③ 这与余大雄被刺杀时的情形极为相似。不管怎样,余大雄的汉奸身份已经使其声名狼藉。尽管余大雄曾经是《晶报》的创始人和主持

---

① 《新亚酒店内 余大雄被砍死 邵式军遇刺未中》,载《晶报》1938年10月18日第四版。而根据姚吉光和俞逸芬的说法,"当抗日战争江浙沦陷,由傀儡执政,江浙茶税的肥缺,余大雄便和日寇发生了关系,攫到了一个江浙茶税的肥缺,可是利之所在,觊觎者众,结果为了利害关系,被仇人在新亚饭店里活活地击毙"。参见姚吉光、俞逸芬:《上海的小报》,载《新闻研究资料》总第8辑,新华出版社,1981年。
② 徐铸成也说:"(余大雄)被'爱国志士'——军统特务劈死在新亚酒店(当时日本机关的巢穴)。"参见徐铸成:《报海旧闻》(修订版),上海三联书店,2022年,第337页。
③ 〔美〕魏斐德:《汉奸!——战时上海的通敌与锄奸活动》,吴晓明译,载《史林》2003年第4期。

人,但《晶报》在报道余大雄被杀之后就再无片语只言。这与此前主笔张丹翁病逝后《晶报》大量刊发回忆和纪念文章形成极大的反差,也说明《晶报》力图划清它与余大雄之间的政治界限。

若要给余大雄盖棺定论,可以说,就个人品格而言,余大雄利欲熏心,丧失民族气节,为人所唾弃。但在报业经营上,余大雄又确乎是一个不可多得的人才,从新闻业务到经营管理样样在行,"报坛俊杰"①并非浪得虚名。然而,即便余大雄对《晶报》不离不舍,苦心支撑,也不见得有更好的结果,《晶报》后来的结局就是明证。混乱专制的政治环境、日渐凋敝的经济状况和狼烟四起的战事形势,已经决定了余大雄和《晶报》等大多数民营报人和报纸的命运。或许,余大雄早已预感到报业经营的未来荆棘载途,所以爽性抽身而退。

五、关于《晶报》的评价

不管是时人还是当今学界,对于《晶报》(也包括其他小报)的误读都很深,这些误读既来自人们当时当地狭窄的阅读经验、业已形成的观念的影响,也来自研究者自身的评判标准和《晶报》某些方面的突出表现对研究者视角的牵引。一般来说,我们读到的许多关于《晶报》的回忆和记载只是作者事后有所选择的、偏于感性的所思所想,它是我们研究《晶报》的重要参考,但绝不能当作触及问题本质的最终材料。而往往有些有待商榷的

---

① 玖君:《报人外史(七六) 三日大王余大雄》,载《奋报》1939年8月27日第四版。

看法无形中被我们认可、放大并传播开来。囿于习惯思维的影响,我们常常站在政治、道德或专业的高度审视《晶报》,而《晶报》恰恰不是着眼于政治、经济、文化等重大新闻的正规大报,它只是供市民在劳作之余消遣娱乐的商业性小报。这样一来,《晶报》所提供的价值就成了批判的对象。从某个角度看,《晶报》确实是琐碎的、无聊的,甚至是下流的,但这又是一个简单甚至粗暴的结论。我们往往因为《晶报》在这些方面表现突出或为我们所特别关注而忽略了其他方面。

在笔者看来,评价《晶报》需要从历时的、多侧面的角度以及它所生存的社会环境来进行。从历时的角度看,如果以内容格调为观察点,可以发现,《晶报》在初创时期,文人名士唱和酬答的气息非常浓厚,评花品菊、无聊打趣的篇章热热闹闹,连创办人余大雄也附庸风雅写了好几篇凑趣的文章。20世纪20年代中后期,《晶报》继续刊载一般小报都有的捧伶捧妓、游戏逗趣、琐闻笑谈之类的文字,延续了以往不高的格调,但也说不上低级。但进入30年代,特别是后期,由于财务危机逐渐显露,出于自救的需要,《晶报》的色情文字不断膨胀,格调迅速下滑,变得庸俗起来,甚至到了诲淫的地步。可以说此时的《晶报》已经成为一张不折不扣的黄色小报了。所以,说"由于《晶报》的创刊,又引起黄色小报在20年代的大流行"①就显得有些武断了。事实上,捧花捧伶在晚清小报中就很盛行,不独从《晶报》开始。

如果以政治倾向为观察点,正如前文所述,《晶报》对腐败无能、蹂躏百姓的北洋政府充满了憎恶,因此对之口诛笔

---

① 刘家林:《中国新闻通史》(下),武汉大学出版社,1995年,第127页。

伐,奚落讥刺。而对国民党政府则是衷心拥戴的,既报道它开展的各项建设活动,又对其各方面的不足进行善意的批评。日本入侵中国后,《晶报》在日军占领上海之前以不少的篇幅揭露日军的野蛮行径和狼子野心,旗帜鲜明地宣传抗日救国;当日军控制租界后,《晶报》的态度发生了微妙的变化,开始隐晦地表达抗日爱国的情绪,直至以中立的面目出现。《晶报》并非无聊文人创办的报纸,虽然他们有时难免露出玩世不恭的做派,但那也是对社会现实不满的曲折的反应。当遇到大是大非的问题时,他们能够为朴素的爱国情感所驱使作出恰当的政治选择。

其实,《晶报》的特点就像其内容一样是驳杂的,有时甚至看似很费解,它就是一个矛盾统一体,这正是难以评判、得出一个简单的结论的原因。《晶报》最突出的一点就是严肃与低俗共存,庄重与滑稽同在。比如,上文论及的在国民党执政时期,《晶报》一边说说笑笑、打打闹闹,一边则严肃地就经济建设和市政建设等问题向国民政府和租界当局建言献策。30年代前期,《晶报》也是一面宣传抗日救亡,一面登载不合时宜的性知识文字。30年代后期,《晶报》一边推进"小报大报化"的办报方针,一边又刊载与其宗旨相冲突的色情文字。只能说,《晶报》的商业性决定了它必须将吸引甚至刺激读者的趣味性内容放在首位,因为其效果是即时的、显著的,一般不会受到官方的干扰。但在长期的发展过程中,《晶报》又不能不对现实社会、时代潮流进行反映,对自身发展作出思考,这既是它作为新闻媒体的客观要求,也是报人个人政治立场和态度的自然流露。当然,《晶报》是一张同人办的报纸,组织松散,无党无派,它的选稿标准就是兼收并蓄,这样,也使不同格调的内容同聚一报。

《晶报》是租界畸形发展的娱乐业和市民生活方式的产物。娱乐业和报纸是一种相互寄生的关系。报纸的宣传推广对娱乐业的发展起着助推作用,而娱乐业又为报纸提供了用之不竭的信息,养活了一大批报纸和报人。而这一切又根源于市民的娱乐需要,市民正是通过报纸来了解娱乐动态等休闲性内容的。小报的产生不是偶然的,它恰好契合了租界娱乐业的发展规律。在半个多世纪的时间里,租界前后创办了一千多种小报,说明它还是有着广阔的市场需求的,不然不会形成这么大的规模。事实上,从学生学徒、引车卖浆之流到达官贵人、文学名家、社会闻人,都未能"免俗",都曾经或长期阅读小报。无他,小报就是他们所亲身经历的或耳闻目睹的十里洋场生活的实录。国民政府和租界当局都曾经对造谣诽谤、文字秽亵的不良小报进行过打击,但都是治标不治本,这些报纸总是禁而不绝、打而不死。其实,问题的关键就在于中国半殖民地半封建的社会制度,正是这种怪胎似的社会制度才使上海的娼妓业等娱乐业得以长盛不衰,也才使得小报始终保持着生存的土壤。而国民政府和租界当局都不会也不能解决这个问题。"根除犯罪和色情业,重振社会道德,这是以往的统治者——不论是外国人还是中国人——从来没能实现的庞大计划,而在共产党执政后立即全面展开了。"[①]租界及其肌体上的这个毒瘤被一并铲除了,小报已无所附丽。这些小报都陆续停刊或被合并、改造。上海小报成为历史的陈迹。

---

① 〔法〕白吉尔:《上海史:走向现代之路》,王菊、赵念国译,上海社会科学院出版社,2005年,第302页。

《晶报》是复杂的,变幻莫测的社会环境和聚散不定的报人群体造就了它的复杂性。这就需要我们冷静而又宽容地考察它,给予"同情之理解",这样,才能拂去历史的尘埃,撷取事实真相,还其本来面目。对待其他小报也不外乎如此。

附录 《晶报》大事记

民国 8 年(1919 年)

3月3日 余大雄在主持《神州日报》的同时,在望平街与钱芥尘、张丹翁等人创办《晶报》,标明"文艺定期日刊",三日刊,从而在小报界掀起了开办三日刊的风潮。

5月3日 《晶报》改标"社会定期日刊",尝试将内容延伸到广阔的社会领域。

民国 9 年(1920 年)

2月 《晶报》撤销大部分栏目,由分类编排改为混合编排。

3月3日 《晶报》出版一周年纪念刊,以后每逢3月3日都例行出版纪念刊。

民国 10 年(1921 年)

3月初 《晶报》因小说《宝盖图宫秘史》"登载秽亵文字",被公共租界巡捕房控于会审公廨,被判罚金四十元,并将违章的存报交由捕房销毁。

8月 《晶报》在保留原有"天神驱恶魔图"作为报徽的同时,启用新报徽,报徽由三个"日"的变形字拼合而成。

民国 12 年(1923 年)

5月13日 《晶报》撰稿人李涵秋病逝,终年50岁。

民国 13 年(1924 年)

3月30日 《晶报》因"妓佣罢工事件"与《时事新报》展开笔战,4月6日结束。

民国 14 年(1925 年)

2月 《晶报》销量达到约9 000份,超过了大报《时事新报》,几与《新申报》持平,在上海报纸中位居第四。

5月18日 由亭云撰写的《续鞭记》被公共租界捕房刑事稽查科以"文词猥亵"为由向会审公廨指控,经毕倚虹巧为辩护,《晶报》侥幸逃脱。

民国 15 年(1926 年)

5月14日 《晶报》撰稿人毕倚虹病逝,终年35岁。

民国 16 年(1927 年)

1月 《晶报》脱离《神州日报》独立发行,余大雄同时将《神州日报》盘出,专门经营《晶报》。

民国 18 年(1929 年)

1月4日 《晶报》撰稿人孙㻞蝂因胃病去世。

民国 19 年(1930 年)

7月23日至8月7日 《晶报》被工部局警备处以登载被禁药品广告为由,控于上海特区地方法院,被判处罚金十五元。

民国 20 年(1931 年)

3月21日 《晶报》撰稿人袁寒云在天津病逝,终年41岁。

民国 21 年(1932 年)

1月 "一·二八"战事爆发。

2月1日至15日 《晶报》改为"临时特刊",编号从第1539号至第1541号,每期由四版减为两版(其中5日至14日无报)。

2月18日至3月24日 《晶报》"临时特刊"改为"号外",

编号从第 1542 号至第 1554 号,每期仍为两版;3 月 27 日接续编号,恢复为四版。

10 月 10 日　《晶报》改三日刊为每日出版,仍为每日四版。

民国 22 年(1933 年)

9 月 1 日　《晶报》撰稿人步林屋(林屋山人)病逝,终年 60 岁。

民国 24 年(1935 年)

8 月 10 日　《晶报》撰稿人张春帆(漱六山房)因病去世,终年 63 岁。

民国 26 年(1937 年)

3 月 19 日　《晶报》撰稿人刘襄亭因患肺炎去世,终年 51 岁。

8 月　"八一三"战事爆发。

8 月 17 日至 31 日　《晶报》改为"号外",编号从第 3320 号至第 3334 号,每日两版。

9 月　《晶报》仍标为"号外",依照出版日期分别为对应的"9 月号外第×号",每日两版。

10 月　《晶报》仍标为"号外",依照出版日期分别为对应的"10 月号外第×号",每日两版。

10 月 10 日　《晶报》取消"号外",接续 8 月 31 日编号,为第 3335 号,每日两版(至 12 月 25 日)。

10 月 11 日　因肠胃炎复发,《晶报》主笔张丹翁在苏州病逝,终年 61 岁。此前张丹翁为避战祸在苏州居住。

12 月 25 日　因周转不灵,不能维持,《晶报》发布《休刊赘语》,宣布提前休刊,实行休整。

民国 27 年(1938 年)

1月19日 《晶报》经过休整复刊,每日四版,由钱芥尘主持,朱虚白担任主笔(后由钱华接任)。同日,余大雄在《晶报》刊登启事,宣布脱离《晶报》。

1月25日 《晶报》刊登增设"医务问答"栏启事。

2月4日 《晶报》刊登特辟"法律问答"栏启事。

3月12日 为简化印刷流程,缩短印刷时间,《晶报》取消红色报眉。

3月19日 因刊登《一勺谭秘》系列文章,《晶报》被工部局警务处以"妨害善良风俗"为由控告,被判处罚金。

4月3日 《晶报》出版《晶报体育特刊》,共四版。

10月17日 《晶报》原创办人余大雄,时任伪维新政府行政院秘书、实业部参事和中华联合新闻社社长,在新亚酒店被人用利斧砍死。

民国 28 年(1939 年)

2月6日 《晶报》主笔、伪上海新闻检查所所长钱华被枪击身亡。

2月7日 《晶报》宣布因主持无人于次日停刊。

4月21日 《晶报》复刊,发行人为美国人特奥多罗(A. L. Teodoro),每日八版。同日创设《文化营》和《影城》两个副刊。

5月31日 《文化营》出版最后一期,此后应读者要求,《晶报》取消该副刊,扩充小品文字。

9月2日 副刊《影城》出版最后一期。

9月3日 因8月24日"误载"工部局会办何德奎关于"如何处置囤米奸商"的谈话,《晶报》奉警务处令停刊,经争取于10月6日提前复刊。

10月16日　因纸价上涨《晶报》由八版缩减为六版。同日副刊《戏刊》创刊。

11月1日　副刊《舞国》创刊,与《戏刊》同版。

民国29年(1940年)

3月21日　因成本高涨,《晶报》撤除新闻电讯,恢复小品文字。

3月21日　因纸价上涨,《晶报》由六版缩减为四版。

4月24日　因刊载低俗内容被法院罚款、判刑,发行人特奥多罗脱离《晶报》。周天籁等报人重新注册《晶报》。

5月25日　因"刊载沪西静安戏院之不堪广告",《晶报》被工部局警务厅惩处"暂时停刊",《晶报》从此停止出版。

参考文献

一、报纸

1. 小报

［1］《游戏报》,上海图书馆馆藏。
［2］《寓言报》,上海图书馆馆藏。
［3］《新世界》,上海图书馆馆藏。
［4］《劝业场》,上海图书馆馆藏。
［5］《晶报》,上海图书馆馆藏,国家图书馆馆藏。
［6］《金钢钻》,上海图书馆馆藏。
［7］《小日报》,上海图书馆馆藏。
［8］《福尔摩斯》,上海图书馆馆藏。
［9］《福报》,上海图书馆馆藏。
［10］《铁报》,上海图书馆馆藏。
［11］《笑报》,上海图书馆馆藏。
［12］《上海滩》,上海图书馆馆藏。
［13］《社会日报》,上海图书馆馆藏。
［14］《立报》,国家图书馆馆藏,舍我纪念馆馆藏。
［15］《奋报》,上海图书馆馆藏。

2. 大报

[16]《民国日报》,上海图书馆馆藏。
[17]《神州日报》,上海图书馆馆藏。
[18]《申报》,上海图书馆馆藏。
[19]《时事新报》,上海图书馆馆藏。

二、资料

[20] 何听雨:《报人外史》,上海大学出版社,2022年。
[21] 上海社会科学院新闻研究所:《抗战时期上海新闻史论集》,1991年。
[22] 上海通社:《民国丛书 第四编 80 上海研究资料》,上海书店,1992年。
[23] 上海通社:《民国丛书 第四编 81 上海研究资料续集》,上海书店,1992年。
[24]《上海新闻志》编纂委员会:《上海新闻志》,上海社会科学院出版社,2000年。
[25]《上海租界志》编纂委员会:《上海租界志》,上海社会科学院出版社,2001年。
[26] 文史资料工作委员会:《上海地方史资料》(四)(五),上海社会科学院出版社,1986年。
[27]《中国大百科全书·新闻出版》,中国大百科全书出版社,1990年。
[28] 中国人民大学新闻系:《新闻学论集》(第7辑),中国人民大学出版社,1983年。
[29] 中国人民大学新闻系:《中国近代报刊史参考资料》(上

册),1982年。
[30]《新闻研究资料》总第8、9辑,新华出版社,1981年。
[31]《新闻研究资料》总第15辑,中国展望出版社,1982年。
[32]《新闻研究资料》总第42、43、44辑,中国社会科学出版社,1988年。
[33]《新闻研究资料》总第53辑,中国社会科学出版社,1991年。
[34]张静庐:《中国现代出版史料 丁编》,中华书局,1959年。

三、著作

[35]〔美〕阿尔伯特·格雷柯:《媒体与娱乐产业》,饶文靖、谢静颖、王茜译,清华大学出版社,2006年。
[36]〔法〕白吉尔:《上海史:走向现代之路》,王菊、赵念国译,上海社会科学院出版社,2005年。
[37]包天笑:《钏影楼回忆录》,香港大华出版社,1971年。
[38]曹聚仁:《上海春秋》,生活·读书·新知三联书店,2007年。
[39]曹正文、张国瀛:《旧上海报刊史话》,华东师范大学出版社,1991年。
[40]曹鹏:《中国媒介前沿:来自市场的观察报告》,新华出版社,2003年。
[41]陈伯熙:《上海轶事大观》,上海书店出版社,2000年。
[42]程丽红:《清代报人研究》,社会科学文献出版社,2008年。
[43]程曼丽:《〈蜜蜂华报〉研究》,澳门基金会,1998年。
[44]〔美〕戴维·波普诺:《社会学》,李强等译,中国人民大学

出版社,1999年。

[45] 丁柏铨:《中国当代理论新闻学》,复旦大学出版社,2002年。

[46] 方汉奇:《中国新闻事业通史》(第2卷),中国人民大学出版社,1996年。

[47] 方晓红:《报刊·市场·小说:晚清报刊与晚清小说发展关系研究》,南京师范大学出版社,2000年。

[48] 范伯群:《中国现代通俗文学史》,北京大学出版社,2007年。

[49] 冯并:《中国文艺副刊史》,华文出版社,2001年。

[50] 〔美〕菲利普·科特勒等:《市场营销管理》(亚洲版·第二版),梅清豪译,中国人民大学出版社,2001年。

[51] 干春晖:《产业经济学:教程与案例》,机械工业出版社,2006年。

[52] 戈公振:《中国报学史》,商务印书馆,1935年。

[53] 韩冷:《现代性内涵的冲突——海派小说性爱叙事》,黑龙江人民出版社,2008年。

[54] 〔美〕贺萧:《危险的愉悦:20世纪上海的娼妓问题与现代性》,韩敏中、盛宁译,江苏人民出版社,2003年。

[55] 何宏玲:《晚清上海文艺报纸与近代文学变革》,人民出版社,2016年。

[56] 何修猛:《现代广告学》(第六版),复旦大学出版社,2005年。

[57] 〔法〕亨利·伯格森:《笑与滑稽》,乐爱国译,广东人民出版社,2000年。

[58] 黄旦、周奇:《报刊与近现代中国城市》,中国传媒大学出

版社,2021年。
[59] 黄华文:《抗日战争史》,湖北人民出版社,2007年。
[60] 黄天鹏:《新闻学名论集》,上海联合书店,1930年。
[61] 黄天鹏:《中国新闻事业》,上海联合书店,1930年。
[62] 洪煜:《近代上海小报与市民文化研究(1897—1937)》,上海书店出版社,2007年。
[63] 贾国飚:《媒介营销——整合传播的观点》,湖南人民出版社,2003年。
[64] 金碚:《报业经济学》,经济管理出版社,2002年。
[65] 居延安等:《公共关系学》(第二版),复旦大学出版社,2001年。
[66] 赖光临:《七十年中国报业史》,台湾"中央日报社",1981年。
[67] 乐正:《近代上海人社会心态(1860—1910)》,上海人民出版社,1991年。
[68] 李宝元:《广告学教程》(第二版),人民邮电出版社,2004年。
[69] 李长莉:《晚清上海社会的变迁——生活与伦理的近代化》,天津人民出版社,2002年。
[70] 李长莉:《微历史:近代中国人的生活世界》,社会科学文献出版社,2020年。
[71] 李长莉等:《中国近代社会生活史》,中国社会科学出版社,2015年。
[72] 李果:《海上文苑散忆》,上海人民出版社,2006年。
[73] 李康化:《近代上海文人词曲研究》,上海人民出版社,2009年。

[74] 李时新:《上海〈立报〉史研究(1935—1937)》,暨南大学出版社,2012年。

[75] 李楠:《晚清、民国时期上海小报研究——一种综合的文化、文学考察》,人民文学出版社,2005年。

[76] 梁景和:《中国社会文化史的理论与实践》,社会科学文献出版社,2010年。

[77] 刘家林:《中国新闻通史》(下),武汉大学出版社,1995年。

[78] 刘哲民:《近现代出版新闻法规汇编》,学林出版社,1992年。

[79] 楼嘉军:《上海城市娱乐研究(1930—1939)》,文汇出版社,2008年。

[80] 鲁迅:《中国小说史略》,人民文学出版社,2006年。

[81] 〔美〕罗伯特·皮卡特:《传媒管理学导论》,韩骏伟、常永新等译,人民邮电出版社,2006年。

[82] 罗苏文:《沪滨闲影》,上海辞书出版社,2004年。

[83] 罗苏文:《近代上海:都市社会与生活》,中华书局,2006年。

[84] 〔美〕塞伦·麦克莱:《传媒社会学》,曾静平等译,中国传媒大学出版社,2005年。

[85] 马光仁:《上海新闻史(1850—1949)》(修订版),复旦大学出版社,2014年。

[86] 〔德〕马克斯·韦伯:《新教伦理与资本主义精神》,于晓、陈维纲等译,陕西师范大学出版社,2006年。

[87] 〔美〕曼昆:《经济学原理》(第4版)(微观经济学分册),梁小民译,北京大学出版社,2006年。

[88] 孟兆臣:《中国近代小报史》,社会科学文献出版社,

2005年。

[89] 穆欣:《韬奋新闻工作文集》,新华出版社,1985年。

[90] 〔美〕尼尔·波兹曼:《娱乐至死》,章艳译,广西师范大学出版社,2004年。

[91] 闾小波:《百年传媒变迁》,江苏美术出版社,2002年。

[92] 彭敦文:《国民政府对日政策及其变化——从九一八事变到七七事变》,社会科学文献出版社,2007年。

[93] 秦绍德:《上海近代报刊史论》(增订版),复旦大学出版社,2014年。

[94] 〔法〕安克强:《上海妓女——19—20世纪中国的卖淫与性》,袁燮铭、夏俊霞译,上海古籍出版社,2004年。

[95] 宋军:《申报的兴衰》,上海社会科学院出版社,1996年。

[96] 谭军波:《发行中国》,南方日报出版社,2006年。

[97] 陶菊隐:《记者生活三十年——亲历民国重大事件》,中华书局,2005年。

[98] 汤克勤:《近代转型视阈下的晚清小说家——从传统的士到近代知识分子》,中国社会科学出版社,2012年。

[99] 童兵:《比较新闻传播学》,中国人民大学出版社,2002年。

[100] 王敏:《上海报人社会生活(1872—1949)》,上海辞书出版社,2008年。

[101] 王文彬:《中国报纸的副刊》,中国文史出版社,1988年。

[102] 王希杰:《汉语修辞学》(第四版),商务印书馆,2024年。

[103] 王晓华:《京华名士袁寒云》,中国社会科学出版社,2004年。

[104] 魏绍昌:《李伯元研究资料》,上海古籍出版社,1980年。

[105] 魏绍昌:《鸳鸯蝴蝶派研究资料》(上卷 史料部分),上

海文艺出版社,1984年。
[106] 吴飞:《新闻编辑学》,浙江大学出版社,2000年。
[107] 吴廷俊:《新记〈大公报〉史稿》,武汉出版社,2002年。
[108] 吴廷俊:《中国新闻史新修》,复旦大学出版社,2008年。
[109] 吴文虎、林如鹏、支庭荣:《新闻事业经营管理》(修订版),高等教育出版社,2010年。
[110] 薛理勇:《旧上海租界史话》,上海社会科学院出版社,2002年。
[111] 谢庆立:《中国早期报纸副刊编辑形态的演变》,学苑出版社,2008年。
[112] 徐甡民:《上海市民社会史论》,文汇出版社,2007年。
[113] 徐雪筠等:《上海近代社会经济发展概况(1882—1931)——〈海关十年报告〉译编》,上海社会科学院出版社,1985年。
[114] 熊月之、周武:《上海:一座现代化都市的编年史》,上海书店出版社,2007年。
[115] 徐铸成:《报海旧闻》(修订版),上海三联书店,2022年。
[116] 姚福申、管志华:《中国报纸副刊学》,上海人民出版社,2007年。
[117] 〔美〕威尔伯·施拉姆、威廉·波特:《传播学概论》,陈亮等译,新华出版社,1984年。
[118] 杨光辉、熊尚厚等:《中国近代报刊发展概况》,新华出版社,1986年。
[119] 〔美〕叶凯蒂:《上海·爱:名妓、知识分子和娱乐文化1850—1910》,杨可译,生活·读书·新知三联书店,2012年。

[120] 叶中强：《从想像到现场——都市文化的社会生态研究》,学林出版社,2005年。

[121] 虞宝棠：《国民政府与民国经济》,华东师范大学出版社,1998年。

[122] 忻平：《从上海发现历史——现代化进程中的上海人及其社会生活 1927—1937》(修订版),上海大学出版社,2009年。

[123] 禹建强：《传媒市场化的陷阱》,中国传媒大学出版社,2005年。

[124] 曾宪明：《中国百年报人之路(1815—1949)》,远方出版社,2003年。

[125] 张宏：《媒介营销管理》,北京大学出版社,2006年。

[126] 张昆：《大众媒介的政治社会化功能》,武汉大学出版社,2003年。

[127] 张仲礼：《近代上海城市研究(1840—1949年)》,上海人民出版社,2014年。

[128] 赵津：《中国近代经济史》,南开大学出版社,2006年。

[129] 赵君豪：《中国近代之报业》,商务印书馆,1940年。

[130] 郑逸梅：《书报话旧》,学林出版社,1983年。

[131] 郑逸梅著、朱孔芬编选：《郑逸梅笔下的文化名人》,上海书画出版社,2002年。

[132] 郑逸梅：《近代名人丛话》,中华书局,2005年。

[133] 郑逸梅：《清末民初文坛轶事》,中华书局,2005年。

[134] 郑逸梅：《南社丛谈：历史与人物》,中华书局,2006年。

[135] 周鸿铎：《传媒产业经营实务》,新华出版社,2000年。

[136] 朱春阳：《传媒营销管理》,南方日报出版社,2004年。

[137] 周榆华:《晚明文人以文治生研究》,广东高等教育出版社,2011年。

[138] 祝均宙、萧斌如:《萨空了文集》,上海科学技术文献出版社,2002年。

[139] David Johnson, Andrew J. Nathan, and Evelyn S. Rawski, *Popular Culture in Late Imperial China*, University of California Press, 1985.

[140] Rudolf G. Wagner, *Joining the Global Public: Word, Image, and City in Early Chinese Newspapers, 1870-1910*, State University of New York Press, 2007.

四、论文

[141] 付建舟:《旧上海文艺小报的历史分期及意义》,载《聊城大学学报》(社会科学版)2006年第5期。

[142] 郭延礼:《传媒、稿酬与近代作家的职业化》,载《齐鲁学刊》1999年第6期

[143] 何宏玲:《晚清上海小报与近代小说关系初探》,载《江淮论坛》2006年第1期。

[144] 胡根喜:《报业"四大金刚"与"四小金刚"》,载《传媒》2002年第3期。

[145] 黄雯:《鸳鸯蝴蝶派与民初办报热潮之关系》,载《贵州民族学院学报》(社会科学版)1999年第1期。

[146] 季宵瑶:《近代上海小报的话语策略与自我定位——以1920年代上海〈晶报〉为个案》,载《新闻大学》2006年第1期。

[147] 江上行:《旧上海的小报与报人》,载《上海滩》2000年第1期。

[148] 孟兆臣:《中国近代文化市场的稿费制》,载《通化师范学院学报》2005年第5期。

[149] 孟兆臣:《论中国近代小报的研究价值》,载《社会科学战线》2006年第5期。

[150] 冕良:《〈小日报〉与鸳鸯蝴蝶派》,载《苏州大学学报》(哲学社会科学版)1982年第1期。

[151] 李国平:《上海市民的精神"大世界"——民国小报巨擘〈晶报〉研究》,博士学位论文,苏州大学,2008年。

[152] 李佳欣:《试论版权观念的发展和一个国家的文化基础》,载《法制与社会》2008年第28期。

[153] 李楠:《晚清、民国时期上海小报和小报中的文化人》,载《中华读书报》2004年1月14日。

[154] 李楠:《游戏笔调之下的时评杂说和风月小品——上海小报(1897—1952)散文概貌》,载《广东社会科学》2005年第3期。

[155] 李楠:《京沪两地晚清、民国小报的语言文化现象》,载《复旦学报》(社会科学版)2007年第3期。

[156] 李时新:《论晚清及民国时期上海小报的限禁》,载《新闻与传播研究》2008年第5期。

[157] 李时新:《论近代上海小报的笔战——以〈晶报〉的笔战方式为例》,载《东南传播》2009年第12期。

[158] 李时新:《"大报小办"与"小报大办"——近代上海报业发展的两种取向》,载《湖北大学学报》(哲学社会科学版)2010年第3期。

[159] 李时新:《论民国时期上海小报的"花稿"——以〈晶报〉为考察对象》,载《理论界》2010年第9期。
[160] 李时新:《从滑稽到严肃——上海小报〈晶报〉媒介批评初探》,载倪延年:《民国新闻史研究(2015)》,南京师范大学出版社,2015年。
[161] 李时新、刘梦禧:《正当性的建构:近代上海小报与社会》,载《国际新闻界》2022年第6期。
[162] 李锡海:《色情文化的特征及其泛滥的成因和对策》,载《济南大学学报》(社会科学版)2007年第2期。
[163] 李小华、董军:《名人广告的心理效应》,载《社会》2000年第1期。
[164] 南溪:《闲看落红说春华——抗战胜利后上海方型周刊的兴衰》,载《新文学史料》2000年第4期。
[165] 沈飞德:《汤笔花忆旧上海的小报》,载《档案与史学》2001年第3期。
[166] 〔美〕魏斐德:《汉奸!——战时上海的通敌与锄奸活动》,吴晓明译,载《史林》2003年第4期。
[167] 王晶:《近代读者与大众媒介关系的历史解读——以民国二十年代京沪读者与报纸的关系为视角》,载《新闻与传播研究》2008年第5期。
[168] 吴福辉:《海派文学与现代媒体:先锋杂志、通俗画刊及小报》,载《东方论坛》2005年第3期。
[169] 许敏:《士·娼·优——晚清上海社会生活一瞥》,载《史林》1992年第2期。
[170] 薛飞:《旧中国的租界与报纸》,载《新闻与传播研究》1999年第4期。

[171] 杨嘉祐:《半个世纪的上海小报》,载《档案与史学》2002年第3期。

[172] 俞月亭:《小报史话》,载《中国记者》1989年第7期。

[173] 曾宪明:《旧中国民营报人同途殊归现象分析》,载《新闻与传播研究》2003年第2期。

[174] 张培德:《民国时期上海租界问题述论》,载《史林》1998年第4期。

[175] 周楞伽:《我与上海滩小报的因缘始末》,载《档案与史学》2000年第5期。

[176] 祝纪和:《上海解放后第一张小型报——大报》,载《新闻记者》1990年第1期。

[177] 祝均宙:《上海小报三题》,载《新闻大学》1998年冬季号。

后　记

选择《晶报》作为研究对象,是因为《晶报》在20世纪二三十年代的上海是一张有口皆碑的休闲小报。《晶报》前后存活了二十余年,这在小报界是不多见的。2006年7月,我来到上海图书馆近代文献阅览室开始阅读小报。原计划读一百份,但这个"宏图"刚刚露头就终止了:一是学制所限,时间有限,二是自觉功力不济。最后,还是主攻《晶报》为上,再根据小报发展的流脉,浏览一些较为重要的小报,以把握整个小报群落。我从那些琳琅满目的豆腐块文章中意外窥见不多见的报业动态、报人劳动、报人贫病死亡、报人互相扶持的材料,甚至报人家庭和感情生活的秘辛,这为研究《晶报》、研究《晶报》报人群体提供了实证资料。专门读一张小报确实比广撒网式的泛泛而读更有实感,也更易获得历史感。

对于《晶报》,自认为读懂了;但由于欠缺小报报人深厚的传统文化和文学文字功底,对于不少文章的奥义不甚了了。自感满意的是,这本《〈晶报〉浮沉录》以史料为依据,对于《晶报》报人的日常生活、勤勉治事、克己自制和彷徨无助进行了充分的描摹,也分析了《晶报》为摆脱小报困境所进行的"大报化"转型这一并不成功的自救尝试。

几百份小报起起落落,生生死死,承载着多少报人的价值追求、才情展演,也沉淀着养家糊口的现实考量,更暗藏着躲避喧嚣世界的矛盾挣扎。小报消失了,小报报人也隐入了故纸堆。不是研究,恐怕没有多少人会静下心来,翻读他们远去的岁月吧。

  本书是在我的导师张昆教授指导的博士论文的基础上修订而成。感谢张老师,让我从中找到了二十多年来的研究方向。这对于我来说,意义重大。

  责任编辑李婷老师为本书的出版付出了大量的心血。本书引用了不少文献史料,李老师反复核对引文,不放过史实细节的每个疑点,让本书增色不少。感谢李老师对于书名的妙思。

2025 年 3 月 28 日

图书在版编目(CIP)数据

《晶报》浮沉录:近代上海的小报江湖与社会变迁/
李时新著.--上海:复旦大学出版社,2025.5.
ISBN 978-7-309-18022-0
Ⅰ.G219.275.1
中国国家版本馆CIP数据核字第20255753R0号

《晶报》浮沉录:近代上海的小报江湖与社会变迁
JINGBAO FUCHENLU: JINDAI SHANGHAI DE XIAOBAO JIANGHU
YU SHEHUI BIANQIAN
李时新　著
责任编辑/李　婷

复旦大学出版社有限公司出版发行
上海市国权路579号　邮编:200433
网址:fupnet@fudanpress.com　http://www.fudanpress.com
门市零售:86-21-65102580　团体订购:86-21-65104505
出版部电话:86-21-65642845
常熟市华顺印刷有限公司

开本850毫米×1168毫米　1/32　印张10.625　字数239千字
2025年5月第1版
2025年5月第1版第1次印刷

ISBN 978-7-309-18022-0/G·2688
定价:48.00元

如有印装质量问题,请向复旦大学出版社有限公司出版部调换。
版权所有　侵权必究